VEILLÉES MILITAIRES

PAR

Alphonse **BALLEYDIER**.

RELIGION, HONNEUR ET PATRIE.

QUI VIVE? . . . . . FRANCE!

> Les bons chrétiens font les bons soldats.
> (GUSTAVE ADOLPHE.)
>
> Celui qui craint le plus les dieux redoute moins les hommes sur les champs de bataille.
> (XÉNOPHON.)

PARIS

COMPTOIR DES IMPRIMEURS-UNIS,

Vᵉ **Comon**, éditeur,

QUAI MALAQUAIS, N. 15.

VEILLÉES MILITAIRES

IMPRIMERIE W REMQUET ET Cie,
Rue Garancière, 5.

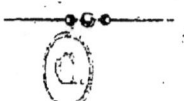

VEILLÉES MILITAIRES

PAR

Alphonse **BALLEYDIER**.

RELIGION, HONNEUR ET PATRIE.

QUI VIVE? . . . . . . FRANCE!

> Les bons chrétiens font les bons soldats.
> (GUSTAVE ADOLPHE.)
>
> Celui qui craint plus les dieux redoute moins les hommes sur les champs de bataille.
> (XÉNOPHON.)

PARIS

COMPTOIR DES IMPRIMEURS-UNIS,

Ve **Comon**, éditeur,

QUAI MALAQUAIS, N. 15.

1854.

VEILLÉES MILITAIRES.

AVANT-PROPOS.

C'est encore de l'histoire que nous vous offrons aujourd'hui, chers camarades; mais de l'édifiante et pacifique histoire, qui se lira sans provoquer le frisson de la terreur, l'hiver au coin du feu, l'été sous les frais ombrages, en tout temps au presbytère, à la caserne, derrière les grilles du couvent comme sous les soyeuses tentures du salon, dans le clair-obscur du cloître aussi bien que dans le demi-jour du boudoir, car le lecteur ne verra défiler sous ses yeux que de douces images.

Pour recueillir d'abord et coordonner ensuite les documents de ce livre, nous ne sommes point allé, cette fois, les chercher sous le canon des champs de bataille, embrasés par la guerre civile; sur le champ clos des insurrections en lutte avec le pouvoir; à travers les barricades des peuples égarés, ou sous le poignard des assassins stipendiés; partout, suivant l'accusation portée contre nous par un journal révolutionnaire, partout où naguère nous avons couru pour peindre d'après nature l'anarchie du fait brutal insurgé contre l'ordre régulier du droit. Non, nous avons trouvé les documents de ce livre en France, sous la main, pour ainsi dire; dans le cœur de nos braves soldats, sur le seuil de la caserne, dans les joyeuses causeries de la chambrée, sous la tente du camp, sur le banc vermoulu et boiteux du corps de garde, partout enfin où à ce cri : Qui vive? une voix répond : France, et ajoute : Religion, honneur et patrie. Ce livre donc, différent des ouvrages que j'ai écrits à la clarté des bombes en Italie, ou à la lueur des torches incendiaires en Bohême, en Autriche, en Hongrie, ne sera point à chaque page imprégné de l'odeur de la poudre à canon. La main qui le feuilletera ne craindra pas de rencontrer à chaque instant sous son doigt un cadavre et du sang; non : ce livre respirera les parfums modestes que le cœur trouve au contact d'une vertu ignorée, d'une pensée généreuse, d'une bonne action cachée sous le pli d'une âme, comme une violette sous la mousse d'un sentier.

AVANT-PROPOS.

Chacune de nos veillées militaires sera, en quelque sorte, le reflet daguerréotypé de la vie du soldat : elle sera en même temps la preuve de ces belles paroles prononcées un jour par Gustave-Adolphe : « Les meilleurs chrétiens font les meilleurs soldats; » elle sera un écho lointain de la grande voix de Xénophon disant aux soldats de l'antiquité : « A l'heure de la bataille, celui qui craint davantage les dieux redoute moins les hommes. » Sachez-le, chers camarades, depuis le grand Charlemagne jusqu'à Napoléon le Grand, nos gloires militaires sont en grande partie des gloires religieuses. Sans parler des illustres épées appendues par la main de la religion dans l'histoire des autres peuples, la France catholique ne peut-elle pas citer avec un noble orgueil des milliers de noms chrétiens baptisés par la gloire militaire? Louis IX, Bayard, Duguesclin, Crillon, Catinat, Vauban, Villars, Turenne, Condé, étaient sincèrement chrétiens; ils ne manquaient jamais, le jour même d'une victoire, d'incliner les lauriers de leurs fronts devant la croix qui les immortalise. Berthier, Oudinot, Cambronne, Drouot, Bertrand, Macdonald, étaient, comme les grands capitaines du siècle de Louis XIV, profondément, sincèrement chrétiens. Cambronne, au commencement d'une bataille, n'oubliait jamais de recommander son âme à Dieu et de signer son front devant tous.

AVANT-PROPOS.

« Que désirez-vous? demandait un jour Napoléon à Drouot.

— Être emporté en un jour de victoire par un boulet de canon, répondit le pieux guerrier, ou bien mourir le crucifix en main, sur la paroisse où j'ai eu le bonheur d'être baptisé! » C'était cependant un fier soldat que Drouot, un véritable héros d'Homère, coulé tout d'une pièce dans un moule antique. Il ne connaissait pas seulement le secret de ce courage brillant, *à giorno*, si ordinaire en France, et qui fait affronter la mort sur un champ de bataille, il possédait à fond la science bien autrement difficile de cette force morale qui nargue la mauvaise fortune dans les jours d'épreuve.

L'ancienne Rome peut-elle citer un exemple semblable à celui-ci? Lors des désastres de notre armée aux prises en Russie avec les éléments, Drouot ne manqua pas un seul jour de quitter son habit d'uniforme, d'ouvrir le col de sa chemise, de suspendre un petit miroir à l'affût d'un canon, et de se faire la barbe devant tous ses frères d'armes. Ceux-ci prétendaient qu'en agissant ainsi, leur général *rasait* chaque matin, et gratis, les aquilons du Nord. Bertrand avait la pieuse habitude de ne jamais passer près d'un frère des écoles chrétiennes sans faire le salut militaire au pauvre ignorantin, qu'il appelait avec raison le plus humble serviteur et le meilleur ami des enfants du peuple.

Sous la tente du soldat comme sous les lambris dorés des palais, dans les tumultes des camps comme dans les loisirs de la garnison, les généraux de l'empire aimaient, respectaient et honoraient la religion.

« Savez-vous, messieurs, demandait un jour le général Rapp à un jeune colonel qui faisait l'esprit fort le lendemain d'une bataille où vingt mille braves avaient été couchés sur le carreau; savez-vous ce que je dirais à un officier de mon grade qui oserait nier Dieu sérieusement devant moi?

— Que lui diriez-vous, général?

— Je lui dirais... » et Rapp, plaçant horizontalement sa main sur sa bouche, lâcha à couvert le fameux mot que Cambronne devait illustrer plus tard à Waterloo.

Le maréchal de Luxembourg, ce favori de la fortune militaire, dont la présence seule gagnait des batailles, disait sur son lit de mort : « Je donnerais toutes mes victoires pour un verre d'eau offert à un pauvre au nom de Jésus-Christ. »

. . . .

« Soyez braves autant que vous le voudrez, disait Henri IV à ses compagnons, mais n'oubliez jamais que l'honneur de Dieu doit marcher avant tout. »

. . . .

En 1828, au camp de Lunéville, le vieux maréchal de France, prince de Hohenlohe disait: « J'ai quatre-vingt-quatre batailles, siéges ou combats, mais il y a longtemps que j'aurais brisé mon épée et quitté l'état des armes, s'il eût été incompatible avec la religion. »

. . . .

« Par où commencez-vous la journée, demandait un général inspecteur à un caporal dont il voulait connaître l'exactitude dans les fonctions de son grade?

— Mon général, répondit carrément le soldat, je la commence par la prière.

— Alors, vous devez la bien finir, répliqua l'inspecteur. » Et le jour même, il demanda et obtint les galons de sous-officier pour le brave qui était aussi bon soldat que bon chrétien.

« Monsieur, dit un jour le vainqueur des Pyramides et de Marengo à un savant fort peu instruit en matières religieuses, *l'examen en fait de science, la foi en matière de religion, c'est là le vrai, c'est là l'utile.* »

Combien d'exemples concluants nous pourrions citer encore! « Le plus grand service que j'aie rendu à la France, répétait souvent Napoléon, c'est d'y avoir rétabli la religion catholique. Sans la religion, où en seraient les hommes? ils s'égorgeraient pour la plus belle femme ou pour la plus grosse poire. »

Dans les enivrements de la puissance et dans les tumultes de son génie, le grand empereur a pu s'écarter des règles et des devoirs pratiques de la religion, mais il n'a jamais oublié ni renié la croyance de ses pères.

« Je suis chrétien, catholique romain, disait-il souvent encore ; mon fils l'est comme moi, et j'éprouverais un chagrin mortel si mon petit-fils ne pouvait l'être. »

Mais c'est surtout à Saint-Hélène, lorsqu'il se retrouva seul en face de ses souvenirs, que le grand homme, qui si longtemps avait rempli le monde de son nom, fit briller sa foi dans toutes les splendeurs de sa gigantesque intelligence. Seule la religion pouvait adoucir les tristesses de l'immense capitaine qui, après avoir atteint le point culminant de la gloire humaine, était retombé aigle brisé sur l'angle d'un rocher perdu au milieu de l'Océan. Napoléon offrit à Dieu son calice de fiel et reçut en échange la coupe des consolations. Napoléon est mort en soldat chrétien.

. . . .
. . . .

D'après cet exposé rapide, vous avez compris, chers camarades, la pensée du livre que nous avons écrit à votre intention, sur des documents puisés dans la vérité historique des faits mentionnés. En effet, de ces veillées auxquelles nous convions votre cœur et votre esprit, il n'en est pas une qui ne soit historiquement vraie. Nous avons pensé que l'intérêt du récit serait assez grand par lui-même, sans que nous ayions besoin d'avoir recours aux couleurs de la fantaisie.

Parmi les noms que nous aurons souvent occasion de citer, il en est plusieurs que vous reconnaîtrez et qui vous sont chers : permettez-nous d'y joindre, en terminant cet avant-propos, celui d'un sincère et véritable ami,

Alphonse Balleydier.

PREMIÈRE VEILLÉE.

Héros et Martyr.

I.

Nous sommes au mois de janvier! Il est tard. La nuit est froide, le chemin crie sous le pied qui le foule en passant. Les bruits du jour ont fait place au silence des nuits : avançons. . . . .

Voyez ces fossés larges et profonds qui servent de ceinture au fort de Villeurbanne; ils sont remplis d'eau, mais cette eau glacée n'a pas la plus petite oscillation à prêter au vent du nord qui souffle.

Regardez le ciel. Comme il est pur, limpide et parsemé d'étoiles! on dirait le manteau d'azur de la Vierge Marie, ce manteau que notre imagination, étroite à l'endroit des choses célestes, nous représente broché de perles et de diamants par la main des anges et des vierges. Oh! qu'il fait froid! — Avançons encore, car le sang se glacerait dans nos veines. — Quelle heure est-il? — Minuit vient de sonner à la petite chapelle de Saint-Maurice. — C'est une heure fatale, dit-on, pour les esprits faibles, une heure de mort. — Prions pour les trépassés. — La prière est agréable à Dieu, surtout la nuit, lorsque le cœur et l'esprit veillent pendant le sommeil de la terre. —

Avançons toujours : — silence! — Voyez-vous maintenant cet homme, immobile et debout derrière ce tertre de gazon, auprès de cette embrasure? — Quel est cet homme? — Cet homme? c'est un héros, c'est l'image de la patrie, c'est l'épée, la fortune, l'honneur de la France ; c'est un soldat! —

Ou bien, ce soldat est moins qu'un homme; c'est une machine fabriquée par le sort fatal de la conscription, un automate payé tant par jour pour porter la tête haute et fixe, pour marcher au pas, faire la charge en plus ou moins de temps, si la pensée de son âme, renfermée sous les bornes étroites et purement matérielles de la discipline militaire, ne rapporte pas la sublimité de son infime position à l'idée divine qui fait mouvoir ici-bas, et comme il lui plaît, les peuples et les rois.

Mais non, c'est un héros, ce soldat; c'est un martyr de tous les jours, ce guerrier chrétien qui offre à Dieu et à la patrie les douleurs de sa passion, qui crucifie pendant sept années ses affections les plus chères, les affections de la famille, les joies du foyer domestique, les baisers de sa mère, les rêves aimés de son cœur, les plus belles années de sa vie, son indépendance, sa liberté! C'est un héros; car, malgré la plus dure de toutes les servitudes, son artère est pleine du sang qui bouillonne dans sa poitrine, et qu'il versera tout entier pour sa patrie quand l'heure des batailles sera venue. Eh bien! pendant que la gloire militaire de notre beau pays repose en paix à l'ombre de nos souvenirs, il le comprime, ce sang généreux, il l'arrête dans son impétuosité, il le réduit aux proportions pacifiques d'un état de garnison. — Le vieux lion dort... et il attend... Et cependant, au besoin, il aura le courage de parodier la guerre en temps de paix, la force de rompre sa volonté et son intelligence au simulacre des grandes luttes; il aura cette force et ce courage, parce que sa consigne le veut ainsi.

Voilà pourquoi cet homme, ce soldat, ce héros, cette trinité d'honneur que vous apercevez, immobile et l'arme au bras devant vous, est exposé cette nuit à mourir de froid, pendant que les heureux de la terre, qu'il protége et qui ne pensent pas à lui, dorment sur le velours ou la soie de leur sommeil égoïste, ou dansent couronnés de fleurs dans leurs salons dorés et parfumés.

L'entendez-vous? Il nous a aperçus, et c'est à nous qu'il s'adresse : Qui vive? — qui vive? — France! — Oui, France! brave soldat, car ce cri que nous te donnons en passant est le seul salut qui soit digne de toi, c'est le salut de la patrie reconnaissante!

II.

Le soldat, noble victime immolée chaque jour sur l'autel de la patrie, mourra, s'il le faut, esclave de sa consigne, et son sacrifice sera d'autant plus complet, absolu, qu'il n'aura pas de parents pour lui fermer les yeux, pour l'accompagner à sa dernière demeure, pour donner à sa tombe quelques larmes de regret, quelques fleurs d'espérance.

Sa vieille mère ne saura pas même trouver un jour la place oubliée où son fils mort repose loin de son pays; le pied incertain de la pauvre mère et son regard humide s'égareront dans le sinistre enclos, à travers les longues herbes, sans pouvoir rencontrer l'inscription funèbre qui dit : *Il est là!*

III.

Une fois, c'était au mois de novembre de 1840, les

eaux du Rhône, après avoir brisé leurs digues et quitté leur lit, s'étaient violemment répandues dans les rues, sur les quais de la ville de Lyon. Un grenadier se trouvait alors en faction à une distance assez éloignée de son poste. La faction ordinaire est de deux heures ; — il ne faut pas deux heures aux flots du Rhône pour atteindre la hauteur d'un homme, quand ce fleuve devient torrent et roule comme une avalanche. Il était nuit ; les pâles rayons de la lune éclairaient seuls cette scène de dévastation. Atteint subitement par les eaux débordées, le soldat en faction se retira sur les dernières limites que lui avait assignées sa consigne et que les flots avaient encore épargnées. Mais le Rhône grondait et grossissait toujours. Alors la sentinelle fit entendre un cri de détresse, mais sa voix, dominée par celle du fleuve en colère, ne fut point entendue ; personne ne vint à son secours. A quelques pas de là se trouvait un monticule assez élevé pour que le Rhône ne pût l'atteindre, c'était le port du salut. Mais entre ce monticule et le factionnaire débordé de toutes parts, il y avait une consigne immuable, sacrée, et au bout de cette consigne, la mort. Que fit alors le malheureux grenadier ? Se retira-t-il devant la vague qui s'avançait sans cesse ? Non. Il le pouvait, il le devait peut-être, il ne le voulut pas. Il redoubla ses cris de détresse, et déchargea même, dit-on, son arme, comme à l'heure de la surprise et du danger; mais ses cris et son coup de feu, emportés par la tourmente, se perdirent dans le bruit sourd de la dévastation. C'est une bien terrible mort que celle de la submersion, c'est la plus affreuse de toutes les morts. Le malheureux factionnaire le savait; — il était temps encore, il pouvait se sauver; il ne tenait qu'à lui d'échapper à l'horreur de l'agonie. — Il pria; — puis, l'arme au bras, immobile, il regarda sans pâlir les progrès du fleuve qui montait à chaque instant davantage, et il attendit... Quelques minutes après, le sol disparut sous ses pieds, et les flots du Rhône se refermèrent en grondant sur un nouveau martyr de la foi militaire.

DEUXIÈME VEILLÉE.

La Blessure d'un grenadier du 49me

ou

LA PREMIÈRE PIERRE D'UNE ÉGLISE.

La ville de Briançon est la plus triste garnison de France, aussi les régiments l'appréhendent-ils comme une Sibérie. C'est à tour de rôle qu'ils l'occupent et qu'ils se relèvent, à des époques assez rapprochées, fixées chaque année par les ordonnances ministérielles de la guerre.

Vous connaissez tous, chers camarades, le dicton que depuis longtemps vos aînés lui ont appliqué :

> Briançon
> Chien de garnison.

Rien de plus triste en effet, pour des hommes voués à la vie active, que cette ville, l'hiver surtout, quand les vents du nord soufflent avec furie dans les grands arbres des forêts voisines, que le pavé rocailleux des rues disparaît sous une épaisse couche de neige, et que vingt degrés de froid assiégent la sentinelle dans sa guérite. L'étude de la théorie et le jeu de domino sont alors les seules distractions des officiers, se plaignant avec amertume d'être réduits, pour huit à dix mois, à l'état de taupes, position sociale fort peu récréative pour des fils de Mars et de Bellone. Aussi c'est avec un plaisir suprême que nos braves soldats voient percer à travers un ciel brumeux les premiers rayons de soleil du printemps. Ils le saluent avec bonheur, car il leur annonce, avec l'arrivée des beaux jours, la reprise des exercices et des maneuvres. Ce rayon de soleil est pour eux ce que la brise est au marin dont les voiles impatientes sont restées longtemps endormies dans les calmes de l'Océan.

Ce fut donc un beau jour, celui de l'année 1845, qui, après un long et rigoureux hiver, vit le 49me régiment de ligne se diriger, tambours en tête et drapeau déployé, vers l'esplanade de la commune de Chauvet, théâtre accoutumé des évolutions militaires! Comme le ciel, le front des soldats s'était déridé, ils allaient enfin sentir la poudre et jouer au simulacre de la guerre. En effet, le colonel avait choisi ce jour-là pour reprendre l'exercice du tir. Les grenadiers et les voltigeurs rivalisèrent d'adresse et de précision, la cible fut criblée comme une écumoire. Non loin de là, un homme vêtu de noir se promenait à pas lents, les yeux fixés sur un livre ; son front méditatif reflétait les pieuses pensées de son âme ; c'était l'homme de paix et de bonne volonté que Dieu a choisi pour représentant sur la terre, c'était le modeste curé du village de Chauvet, récitant à voix basse les psaumes de son bréviaire. Indifférent aux bruits qui s'agitaient à ses côtés, il semblait absorbé dans la pensée du Seigneur, quand tout à coup de grands cris se firent entendre, un fusil venait d'éclater, et un grenadier avait été grièvement blessé. Le curé fut bientôt auprès de lui. Ce brave homme n'était pas uniquemeut guérisseur des âmes : inspiré par la charité, il avait consacré les loisirs du sacerdoce à l'étude de la médecine élémentaire, pour appliquer les secrets de la docte science aux maladies ordinaires des habitants de la campagne. Il remplaça donc auprès du blessé le chirurgien-major, qu'une indisposition avait retenu à Briançon. Le grenadier, transporté dans son humble demeure, fut déposé dans son lit, et reçut de ses mains les premiers secours. Comme la blessure était trop grave pour que l'on songeât à conduire le grenadier à l'ambulance de la ville, le bon curé demanda et obtint du colonel l'autorisation de garder le blessé, et de le soigner à son presbytère.

« Je vous le rendrai bientôt guéri, dit-il, à moins que la Providence, dans ses mystérieux desseins, n'ait résolu de l'appeler à lui. Dans tous les cas, je préparerai son âme aux félicités célestes. » Un instant après le tambour battit et le régiment reprit le chemin de Briançon. La maladie du grenadier fut longue; pendant plus d'un mois, le bon curé le soigna avec cette intelligence et ce dévouement que la science sanctifiée par la religion peut seule donner; pendant plus d'un mois, il ne le quittât que pour vaquer aux exercices de son saint ministère. C'était un touchant spectacle à voir, que celui de ce pauvre prêtre, riche de sa charité, se courber le jour sur le chevet du malade, et s'étendre la nuit à ses pieds, sur une simple paillasse, n'ayant pour unique couverture qu'une soutane, noble uniforme vieilli dans les fonctions du sacerdoce. Ses soins furent couronnés de succès; au bout de cinq semaines, le grenadier put se lever, et quelques jours après rejoindre son corps. Ainsi qu'il l'avait dit, le bon curé, l'accompagnant à Briançon, le rendit complétement guéri à son drapeau.

Le dimanche suivant, le colonel du 49ᵉ et tous les officiers du régiment se rendirent à Chauvet pour offrir au bon curé l'hommage de leur reconnaissance. Ils étaient à peine arrivés au presbytère, qu'un de ces violents orages, si communs dans les pays montagneux, se déclara tout à coup : de larges éclairs, accompagnés de sourdes détonations atmosphériques, déchiraient les nues; une pluie mêlée de grêle tombait, et pénétrait par les déchirures du toit dans l'humble demeure du prêtre. Les officiers durent chercher un abri dans l'église, mais le temple du Seigneur n'était pas en meilleur état que la demeure de son ministre : d'énormes nappes d'eau inondaient les dalles du sanctuaire. Le colonel ne put s'empêcher de témoigner sa surprise à la vue d'un pareil dénûment; ce dénûment était-il le résultat d'une coupable indifférence, ou celui d'une inexorable pauvreté? Le curé satisfit à cette question, en disant que depuis longtemps il réclamait en vain l'intervention du gouvernement, et que les ressources de sa fabrique n'étaient pas suffisantes pour entreprendre les réparations nécessaires. « Cependant rien ne me semble plus facile, répliqua le colonel, vous avez tous les matériaux sous la main, des bois en abondance, et des pierres en quantité suffisante pour construire dix capitales comme Paris.

— C'est la main-d'œuvre qui nous manque, répondit le curé, et nous ne sommes pas assez riches pour la faire venir du dehors. » Dans ce moment, un capitaine s'approcha du colonel, et lui dit à voix basse quelques paroles auxquelles le colonel répliqua par une muette pression de main. Les nobles cœurs se comprennent si vite ! Sur ces entrefaites, l'orage s'était calmé, le tonnerre ne grondait plus qu'au loin et à de rares intervalles, la pluie avait cessé; le colonel, donnant le signal du départ, prit congé du bon curé, ravi d'une démarche qui l'honorait autant que ses visiteurs reconnaissants.

Le lendemain matin, le bon curé de Chauvet récitait son bréviaire devant la porte de son presbytère, lorsque tout à coup il vit au loin, marchant en ordre, mais sans tambours, une forte compagnie de soldats armés de toutes sortes d'instruments et précédés de sapeurs ouvrant la marche avec la hache sur l'épaule; les uns portaient des pioches, les autres des sacs, ceux-ci des truelles, ceux-là des marteaux, tous, le front serein et le cœur content, s'approchaient de la cure en chantant cet air populaire :

>Du courage
>A l'ouvrage,
>Les amis sont toujours là.

« Bonjour, monsieur le curé, » dit le plus ancien de la bande en faisant le salut militaire, et se mettant au port d'armes : c'était un vieux sous-officier; sa lèvre était illustrée par une belle moustache grise, et son bras portait en lignes transversales trois sardines appétissantes pour l'ambition des braves, qui possèdent dans leur giberne le bâton de maréchal de France : « Bonjour, mes amis, répondit le bon curé en fermant son livre de prières; que venez-vous faire dans ces parages avec ces outils d'ouvriers?

— Nous venons acquitter une dette de reconnaissance, monsieur le curé, comme qui dirait solder une lettre de change souscrite en faveur du bon Dieu par le 49e régiment de ligne.

— Quelle dette? mes enfants.

— Celle que nous avons contractée envers vous, le jour où vous avez soigné et guéri notre pauvre camarade blessé.

— Je n'ai fait que mon devoir.

— Et nous faisons le nôtre en venant construire une église pour le bon Dieu et une cure pour son digne ministre.

—Serait-ce vrai!.. s'écria le curé avec une exclamation de joie.

— Rien de plus vrai, et dès aujourd'hui nous allons nous mettre à l'œuvre. »

Du courage
A l'ouvrage,
Les amis sont toujours là.

Ce jour-là même, en effet, les soldats du 49e de ligne, transformés en maçons, menuisiers, charpentiers et tailleurs de pierre, se mirent à l'œuvre avec courage. La petite esplanade qui sert de place à la commune de Chauvet se convertit bientôt en un vaste chantier de construction. La forêt voisine et les rochers des environs fournirent de magnifiques matériaux. Chaque soir, les soldats du 49°, heureux et contents, reprenaient la route de Briançon pour revenir le lendemain continuer leurs travaux interrompus la veille. Leur zèle, stimulé par un généreux dévouement, faisait des merveilles. Un lieutenant, remplissant les fonctions d'architecte, dirigeait les travaux avec intelligence.

— Dans quelques jours, disaient ces braves gens, le bon Dieu et son ministre auront une église et un presbytère à l'abri des orages et des intempéries de l'hiver. Cette pensée multipliant leurs forces, ils avançaient rapidement ce qu'ils appelaient l'œuvre de la reconnaissance.

Deux mois à peine s'étaient écoulés depuis le jour où ils avaient posé la première pierre, bénite par le bon curé, qu'un énorme bouquet, formé de branches de sapins, couronnait l'église destinée au bon Dieu et la maison blanche destinée au curé. Quelques jours plus tard, les ornementations de l'intérieur furent complétement terminées. La satisfaction du bon curé devint si grande alors, que son cœur se trouva, pour ainsi dire, trop étroit pour la contenir.

Les joies trop vives produisent parfois les mêmes

effets que les grandes douleurs; le bon curé tomba sérieusement malade un samedi soir, la veille du jour où le 49ᵉ régiment devait assister, en armes et en grande tenue, à la bénédiction de l'église si rapidement construite par le zèle d'une charité qui ne devait pas se borner à l'arrangement architectural des matériaux empruntés aux bois et aux montagnes de Chauvet.

II.

Un poëte sous-officier, ou plutôt un sous-officier poëte, voulant mettre à profit la maladie du bon curé, improvisa un vaudeville de circonstance et en distribua les rôles à ses camarades les plus intelligents. Six jours suffirent pour apprendre et répéter, en acteurs consommés, les diverses parties qui leur avaient été confiées. Le septième jour, la ville de Briançon fut conviée à assister à la première représentation, dont le produit devait être consacré à la décoration de l'église de Chauvet. Pour la première fois peut-être, le bon Dieu devenait, selon l'expression pittoresque du tambour-major du régiment, le bénéficiaire d'une comédie.

La ville entière répondit à l'appel de la pieuse charité tendant la main sous les oripeaux du théâtre. Cette première représentation fut aussi brillante que productive. En effet, les acteurs recueillirent, avec de nombreux applaudissements, une somme importante, qui fut doublée le lendemain, et s'éleva la soirée suivante à la somme de dix-huit cents francs. Les officiers, sous-officiers et les soldats eux-mêmes, l'augmentèrent encore de sept cents francs, au moyen d'une cotisation générale et volontaire.

Ces 2,500 francs furent remis à deux officiers qui se rendirent immédiatement à Lyon pour y faire les achats nécessaires aux embellissements de l'église. Pendant ce temps, le bon curé, admirablement soigné à son tour par le chirurgien du 49e, entrait en convalescence ; quelques jours encore, et il pourrait reprendre le cours de ses saintes fonctions. Les soldats, de maçons devenus décorateurs, profitèrent de ce délai pour orner l'église neuve et utiliser artistiquement les emplettes faites à Lyon. Un chemin de croix divisa en quatorze stations les murailles blanches ; de beaux chandeliers dorés se dressèrent majestueusement en amphithéâtre sur les rayons de l'autel, paré d'une nappe neuve ; un tabernacle crenelé, en forme de tour, prit place entre les candélabres ; un riche ostensoir en vermeil, supporté par deux anges, et un élégant ciboire brillèrent dans l'ombre mystérieuse du tabernacle ; une bannière aux couleurs chatoyantes, portant l'image de la Vierge immaculée, fut arborée vis-à-vis de la chaire, enfin, un tableau de huit pieds de hauteur, et représentant l'image du patron de la commune, domina le maître-autel. Rien n'avait été oublié : les fleurs brillaient dans les vases, près de la croix ; les aubes, les chasubles, les chapes, un missel neuf, les encensoirs, un beau tapis de laine devant les marches de l'autel, complétaient l'ensemble de cette pieuse mise en scène et faisaient honneur au goût des vaillants sacristains. Une cloche sonore remplaçait même, au haut du clocher, la vieille cloche fêlée, enrhumée, ainsi que le disaient les troupiers dans leur langage coloré, pour avoir trop chanté l'alleluia des jours de fête et les *de Profundis* des jours de mort. Enfin, le moment solennel arriva. Un dimanche matin, le 49ᵉ régiment se rangea en bataille devant l'église, un détachement d'honneur forma la haie dans la nef, et la musique prit place au chœur, devant le pupitre du lutrin. Les habitants, ravis, se pressaient à genoux dans les parties latérales du lieu saint ; tout respirait un air de bonheur et de fête : le front des soldats était rayonnant ; on voyait, au feu de leur regard, qu'ils avaient le sentiment d'avoir fait une généreuse action. A dix heures, le bon curé de Chauvet, pâle et portant encore la trace de ses récentes souffrances, parut à l'autel ; des larmes brillaient dans ses yeux, mais c'était des larmes de joie et de reconnaissance. A sa vue, la musique militaire joua le prélude du *Te Deum*, auquel toutes les voix s'unirent pour chanter en chœur cet hymne de triomphe.

III.

Quelque temps après cette imposante cérémonie, une triste nouvelle se répandit dans la commune de Chauvet, le 49ᵉ régiment de ligne allait quitter Briançon; un ordre ministériel l'appelait en Afrique, pour continuer l'œuvre glorieuse de l'armée française. Le régiment devait partir dans les quarante-huit heures. Il n'y a pas un instant à perdre, pensa le bon curé de Chauvet, inspiré par une pensée subite; et, sortant d'un tiroir poudreux deux couverts d'argent, qui ne voyaient le jour qu'aux époques solennelles de l'année, il se rendit à Lyon, où le régiment devait arriver le cinquième jour. En effet, le bon curé n'avait pas un instant à perdre pour mettre à exécution le projet qu'il avait conçu. Son premier soin, à son arrivée dans l'ancienne capitale des Gaules, fut d'aller trouver un orfévre du quai de la Saône. Celui-ci ne put s'empêcher de sourire à la vue du vénérable prêtre couvert de poussière, portant à la main un gros bâton noueux, et, aux pieds, d'énormes souliers ferrés.

« D'où venez-vous donc comme ça, monsieur le curé?

— De Chauvet, monsieur.

— Connais pas ce port de mer. Où se trouve-t-il creusé?

— Dans les montagnes des Alpes, près de Briançon. Mais je ne suis pas venu ici pour faire un cours de géographie, ajouta le curé, en déployant lentement le papier dans lequel il avait roulé son précieux trésor, j'ai fait le voyage de Lyon pour vendre ces deux couverts; voulez-vous les acheter?

— Vous avez entrepris un si grand voyage pour si peu de chose?

— La chose la plus minime possède souvent une valeur cachée, monsieur. Maintenant, répondez, voulez-vous acheter mes couverts?

— Leur valeur ostensible n'est pas considérable, répliqua l'orfévre en les pesant dans sa main, car ils ont fait, comme votre soutane, un long usage.

— Combien valent-ils?

— Trente francs pièce.

— C'est peu, fit le bon curé, en fouillant dans le gousset de sa culotte de velours noir; et cette montre en argent, combien vaut-elle pour vous?

— Guère plus, monsieur le curé, car elle aussi a fait un long service. Ah çà! vous mettez donc toute votre maison aux invalides?

— Il ne s'agit pas de cela. Combien vaut cette montre?

—Je commence à comprendre, monsieur le curé, vous travaillez pour vos pauvres en ce moment?

— Non, monsieur, répondit le curé avec un sourire, car ceux auxquels je destine le produit de cette vente sont plus riches que vous et moi... Encore une fois, combien vaut cette montre?

— Vingt-cinq francs?

— Donnez-moi quatre-vingt-cinq francs, et la montre ainsi que les deux couverts sont à vous. »

L'orfévre compta immédiatement cette somme au bon curé, qui, racontant alors l'histoire de la construction de son église, lui fit part de son projet : il voulait offrir au 49ᵉ de ligne un souvenir de reconnaissance. L'orfévre, qui sous une enveloppe caustique possédait cependant une belle âme, voulut s'associer à la généreuse pensée du prêtre.

« Vous êtes un digne ministre du bon Dieu, lui dit-il, je compléterai la somme dont vous avez besoin, si celle-ci n'est pas suffisante à la réalisation du projet que vous avez conçu. »

IV.

Le jour où l'avant-garde du régiment en route

rangea ses armes en faisceaux devant l'Hôtel-de-Ville, le curé de Chauvet était parti depuis le matin pour aller à la rencontre des braves auxquels il devait sa cure et son église.

« Comment, vous ici! s'écria le commandant Peyre, en l'apercevant dans la plaine de Saint-Fond; par quelle heureuse circonstance?

— Vous le saurez bientôt, commandant; en attendant, j'ai une grâce à vous demander.

— Deux plutôt qu'une, je n'ai rien à vous refuser.

— Voulez-vous assister à ma messe de demain?

— Volontiers! nous acceptons votre invitation, monsieur le curé; qu'en dites-vous, messieurs, ajouta le commandant, en se tournant vers les officiers du taillon.

— De grand cœur, commandant.

— Eh bien, messieurs, répliqua le curé, à demain. Je vous donne rendez-vous à l'église de Saint-Irénée.

— Nous y serons : d'ici là, je ne vous quitte plus; vous serez notre aumônier, et vous partagerez mon billet de logement. » Disant ainsi, le commandant Peyre descendit de cheval, prit le bras du respectable prêtre, et tous les deux, à la tête de la colonne en marche, ils firent leur entrée dans la bonne ville de Lyon.

Le lendemain, le bataillon du 49ᵉ de ligne gravit

en grande tenue, tambours en tête, la montée du chemin neuf. Le curé de Chauvet attendait à la porte de l'église de Saint-Irénée.

« Vous voyez que nous sommes de parole, lui dit le commandant en lui serrant la main.

— Merci, commandant. Maintenant, avant de célébrer la sainte-messe, et d'appeler sur vous, ainsi que sur tout le régiment, les bénédictions du Dieu des armées, j'ai à vous demander la seconde grâce que vous m'avez promise hier.

— Adjugé, monsieur le curé, quelle est-elle ?

— Veuillez me permettre de vous offrir une médaille que les habitants de Chauvet m'ont chargé de remettre au régiment, comme le gage de leur éternelle reconnaissance : la voici. » A ces mots, il offrit au brave commandant une forte médaille en argent, avec cette inscription sur la face principale :

Religion, Honneur et Patrie,

et au revers :

Les habitants du village de Chauvet
au 49ᵉ régiment de ligne.

Le commandant Peyre, se jetant dans les bras du bon curé, lui dit : « Venez, monsieur le curé, venez bénir cette médaille, pour que désormais elle soit le plus précieux trésor du régiment. »

TROISIÈME VEILLÉE.

Un Tambour du 51ᵉ régiment de ligne.

Les mauvais livres sont les auxiliaires les plus puissants de l'oisiveté, qui est elle-même la mère de tous les vices. Aussi, dès les débuts de sa mission militaire à Lyon, l'abbé Faivre résolut de combattre sans relâche les mauvaises lectures du corps de garde et de la caserne. L'entreprise était difficile, ardue, au-dessus peut-être de ses forces et de son courage ; mais Dieu, venant à son aide, lui inspira un moyen infaillible.

Un jour que le brave et excellent lieutenant-général baron de Lascours se plaignait avec amertume des ravages que le suicide exerçait dans les rangs des troupes confiées à son commandement, et qu'il ne voyait aucun remède efficace pour guérir cette fièvre impie. « Je le trouverai, mon général, lui dit l'abbé Faivre.

— Je vous proclamerai alors le premier médecin de la terre...

— De la terre, non, mon général, car ce n'est pas un remède humain que le prêtre doit employer pour combattre les maladies de l'âme.

— Quel moyen donc espérez-vous trouver?

— Un moyen infaillible, dont je suis prêt à répondre par une science plus certaine que celle de Raspail et d'Orfila.

— Dans quelle docte pharmacie pensez-vous l'élaborer?

— Dans ma bibliothèque, dans la vôtre, peut-être.

— Dès maintenant, je la mets à votre disposition, mon cher abbé.

— Merci! mon général, j'accepte. Deux causes principales conduisent par deux chemins semblables au suicide, le malheur et l'impiété. Nous devons donc combattre le malheur, *laudaniser* le désespoir par l'espérance; nous devons également attaquer de front l'impiété par la foi qui donne l'espérance. Il faut, pour obtenir ces deux résultats, frapper le mal dans sa racine, dans son essence primitive; il faut un antidote au poison des mauvais livres; qui s'infiltre dans les veines des natures faibles et impressionnables; il faut interdire les mauvaises lectures aux troupes qui vous sont confiées.

— Mais c'est impossible, mon cher abbé, ce que vous dites là.

— Rien n'est plus facile. Je le ferai, moi, sans qu'elles s'en doutent, en remplaçant les mauvais ouvrages par les bons, les lectures immorales par des lectures intéressantes, instructives, des lectures qui reposeront l'âme et le cœur au lieu de les pervertir.

Au camp de Boulogne, il y avait sur le bord de la mer une guérite fatale; il ne se passait pas de nuit qu'une sentinelle ne s'y brûlât la cervelle. « Qu'on livre aux flammes cette guérite, s'écria l'empereur, et qu'on en jette les cendres aux flots de l'Océan. » Ainsi que le grand homme l'avait ordonné, la guérite fut brûlée, sa poussière jetée aux vents de la mer, et de quelque temps il n'y eut pas un seul suicide dans les rangs de l'armée française. Nous ne brûlerons pas, nous, tous les mauvais livres que les mauvaises passions ont mis dans la main de vos pauvres soldats, mais nous les remplacerons ainsi que je vous l'ai dit, mon général; le voulez-vous?

— Je vous l'ordonnerais, mon cher abbé, si vous étiez sous mes ordres.

— Cela me suffit, à demain.

L'abbé Faivre passa toute la nuit qui suivit cette conversation dans sa bibliothèque, à choisir sur ses rayons poudreux, au milieu d'énormes in-folio, les livres d'histoire et de morale qui lui semblèrent les plus convenables à seconder son projet. Le lendemain, il renforça son choix de trois à quatre cents volumes triés dans la bibliothèque du bon général, dans celles de plusieurs personnes pieuses, et trois jours après il se trouva à la tête de douze cents volumes, très-beau corps d'armée recruté parmi les intelligences d'élite de notre belle France. La littérature étrangère lui fournit également son contingent. Le Tasse, Walter-Scott, Cooper, figurèrent dans ses rôles catalogués, parmi Bossuet, Fénelon, Corneille, Chateaubriand, de Barante, etc., etc.

Dès lors il organisa son plan de campagne de la manière suivante : appuyant le centre de ses opérations sur la bonne volonté et sur l'alliance du digne lieutenant-général baron de Lascours, il fractionna ses richesses littéraires en divisions égales au nombre des casernes et des corps de garde de la garnison de Lyon, et les mit sous la surveillance immédiate des chefs de poste. Dès lors, chaque homme put choisir à son gré le livre qui lui convenait; les corps de garde et les casernes se métamorphosèrent aussitôt en cabinets littéraires, où la tabagie fit place à l'étude de l'histoire et des sciences. La garnison tout entière applaudit à cette manœuvre, dont elle ne comprit pas immédiatement la pensée première.

L'abbé Faivre se trouvait sur le chemin de la victoire, car le succès dépend presque toujours de l'entrée en campagne; il marcha donc rapidement en avant, sans s'inquiéter de quelques échecs qu'il rencontra sur sa route; il s'était préparé aux chances de la guerre. Un matin, il se présenta à l'un des postes de Perraches, portant sous son bras plusieurs volumes du *Génie du Christianisme*. Les hommes de garde étaient, les uns étendus encore sur leur lit de camp, les autres réparant les désordres de leur uniforme; un tambour, assis sur sa caisse comme un académicien dans son fauteuil, pérorait un groupe de voltigeurs. Le sujet de son discours devait être fort plaisant sans doute, car les éclats de rire se répandaient au dehors; ils redoublèrent à l'arrivée du prêtre, surtout au moment où le tambour, le montrant du doigt, s'écria: « Tiens, voilà le curé qui vient nous *embêter* avec sa messe. Repassez demain, monsieur le curé, nous n'avons pas de vin dans nos burettes pour le quart d'heure; voulez-vous accepter un petit verre du cognac de grenouille? » Disant ainsi, il montrait à l'abbé la cruche banale remplie d'eau, qu'un soldat buvait dans ce moment à la régalade. L'abbé Faivre, allant directement à lui, lui répondit: « Ton cognac ne me convient pas, je t'en offrirai de meilleur quand tu voudras; mais auparavant, mon camarade, je dirai que tu as tort d'insulter un prêtre qui t'apporte des livres pour distraire ton esprit et pour instruire ton cœur; tu as tort de rire de la messe, que tu n'as jamais comprise, tu en conviendras franchement; et tu me feras des excuses, à moins que ta *caboche* ne soit aussi vide, aussi creuse que l'intérieur de ta caisse.

— Bravo! bien répondu! le *tapin* est enfoncé! » s'écrièrent en riant de lui tous les voltigeurs, qui précédemment avaient ri de l'abbé.

Le tambour, honteux et confus, baissa la tête en balbutiant quelques paroles perdues sous sa moustache. L'abbé lui prit la main, et la serrant dans la sienne, lui dit: « Toutes les positions sont relatives, et par conséquent estimables. Le pauvre prêtre est à l'évêque ce que le *tapin* est au colonel; tous les deux nous battons la caisse pour marquer le pas aux hommes qui marchent après nous; je suis tambour aussi, mais le tambour de Dieu. Donc je t'estime et je t'aime, mon camarade: je t'aime, parce que tu es mon frère en Jésus-Christ; je t'estime, parce que je connais tous les mérites du tapin; je sais toutes les difficultés qu'il a dû vaincre pour arriver à la perfection de son art; je sais que pour faire un bon tambour il faut une bonne caisse, de même que pour un civet il faut un lièvre.

— Non pas, monsieur l'abbé, reprit le tambour en

relevant la tête ; notre cantinière prétend que pour un civet, un bon matou vaut mieux qu'un lièvre.

— Il faut, te disais-je, une bonne caisse en cuivre doublé ; il faut que ta peau de timbre soit de basane mince et déliée ; il faut que ta peau de batterie soit épaisse et de bon veau ; il faut que cette caisse ait dix tirants et un cordage bien ficelé ; il faut plusieurs années d'études, de patience et de courage, pour bien apprendre les *papa maman,* les *flats* et les *rats*, les *coups anglais*, les coups forts et les coups faibles, les ratées sautées, les rats de cinq, de neuf et de onze, les roulements continus et la mère Michel. Est-ce vrai, tapin ?

— C'est vrai, monsieur l'abbé.

— Le tambour est l'instrument le plus difficile. Le piano possède Litz, Thalberg, Dolher ; le violon, les demoiselles Milanolo ; le violoncelle, Batta ; la flûte, Tulou : le tambour n'a pas encore trouvé son Paganini. Est-ce vrai, tapin ?

— C'est vrai, monsieur l'abbé.

— C'est le tambour qui sert d'accompagnement aux concerts de nos grandes batailles ; c'est le tambour qui sert de premier dessus à la basse-taille du canon, quand le canon chante pour la France. C'est encore le tambour qui donne le pas à la Gloire, quand la Gloire française prend la fantaisie d'aller se promener à travers l'Europe, et de goûter les meilleurs vins dans la cave des rois et des empereurs ; c'est toujours le tambour qui sonne l'heure de la victoire, quand la victoire embrasse les drapeaux de la patrie. Est-ce vrai, tapin ?

— C'est vrai, monsieur l'abbé.

— Voilà pourquoi, mon camarade, j'aime et j'estime le tambour ; voilà pourquoi je ne l'insulte jamais ; voilà pourquoi je lui pardonne quand il m'insulte, moi, pauvre prêtre qui ne lui veux que du bien.

— Pardonnez-moi, monsieur l'abbé.

— Embrasse-moi, camarade. » Et le tambour se jeta dans les bras de l'abbé, qui le serra sur sa poitrine, et l'on vit alors plus d'une larme rouler dans les yeux des voltigeurs, témoins silencieux de cette scène. « Ce n'est pas tout, mon camarade, reprit le prêtre : pour t'empêcher de rire désormais de la messe, je veux te l'expliquer. As-tu le bonheur de posséder encore ta mère ?

— J'en rends grâces à Dieu.

— Sais-tu écrire ?

— Non, malheureusement.

— Quand tu veux lui demander de l'argent ou lui donner de tes nouvelles, comment fais-tu, quel est le moyen que tu emploies ?

— Je vais trouver mon caporal, qui est mieux *éduqué* que moi.

— Et tu lui dis : Caporal, *tapez-moi ça soigné et au bon coin.*

— Comme vous le dites, monsieur l'abbé.

— Et quand tu as reçu une lettre de ta bonne vieille mère, que fais-tu encore?

— Je vais toujours trouver mon caporal, pour qu'il m'en fasse la lecture.

— C'est juste. C'est donc ton caporal qui est ton interprète auprès de ta mère : c'est lui qui te donne des nouvelles de toutes les affections que tu as laissées au village, lorsque le numéro du sort t'a appelé sous les drapeaux de la France ; c'est par les lèvres de ton caporal que tu reçois les baisers de ta mère, de ta sœur, de tes neveux et nièces ; c'est par sa bouche que t'arrivent les caresses de ta fiancée fidèle et désolée. Tu es heureux alors, n'est-il pas vrai?

— Oh! bien heureux, monsieur l'abbé.

— Et tu ne ris pas de ton bonheur?

— J'en pleurerais plutôt.

— Pourquoi donc as-tu ri de la messe, qui est tout cela?

La messe, camarade, c'est une correspondance entre les hommes de la terre et les anges du ciel ; mais comme il n'y a pas d'hommes qui connaissent suffisamment la langue du ciel, Dieu voulut y pourvoir en choisissant les interprètes des hommes parmi les prêtres, véritables amis du pauvre, de l'ignorant et du malheureux. Le prêtre est donc l'écrivain public des hommes simples et bons qui veulent écrire et parler à Dieu. C'est le prêtre qui rédige leur correspondance mystérieuse et sacrée, non pas dans une échoppe au coin d'une rue, mais dans un lieu trois fois saint, dans l'église, dans la maison de Dieu, à la clarté de la lampe qui brûle éternellement devant la face du Roi des rois ; il l'écrit, non pas sur une table boiteuse et vermoulue d'un corps de garde, mais sur l'autel de la Divinité ; non pas avec une encre humaine que le temps efface, mais avec du sang divin. Sais-tu l'histoire de ce vieux grenadier *de la vieille,* que l'empereur décora sur un champ de bataille, le jour même d'une grande victoire ?

Ce brave soldat avait été blessé grièvement, mais le bonheur lui fit oublier sa blessure ; il n'eut en vue qu'une chose, la joie que sa mère éprouverait en apprenant que Napoléon lui-même avait attaché sur sa poitrine la croix de l'honneur ; il voulut lui écrire le jour même et dater sa lettre du champ de bataille. Mais il n'avait point d'encre, point de plumes ; les géants de l'empire n'avaient pas le temps d'écrire. Que fit-il ? il trempa sa baïonnette dans les lèvres de sa blessure, et il écrivit avec son sang ces magnifiques paroles :

« Aujourd'hui nous avons vaincu ; Napoléon m'a

décoré lui-même. Je t'embrasse. Vive la France et l'empereur ! »

Comme ce vieux grenadier, nous écrivons tous les jours à Dieu, qui est notre père à tous, non pas avec notre sang, du sang d'homme, mais avec le sang de Dieu lui-même. A la fin du sacrifice, au moment où le prêtre se retourne vers les assistants, l'*Ite missa est* qu'il prononce alors d'une voix haute veut dire : *Votre lettre est écrite*, elle est partie, vous pouvez vous retirer heureux et consolés. En effet, les lettres écrites avec le sang divin, scellées par l'hostie sainte, ont pris la route du ciel. Voici l'explication de la messe, mon camarade, l'as-tu comprise ?

— Parfaitement, monsieur le curé.

— Je ne t'ai pas dit de venir à la messe, mais puisque tu as prononcé le mot, viens-y, et ton sac en sera plus léger. Cette messe sera comme celle du curé de ton village, celle qui te fut chère. Viens demain assister à la mienne : me le promets-tu ?

— J'irai. »

Le tambour fut exact au rendez-vous. L'abbé Faivre le fit déjeuner avec lui, et après déjeuner, il acheva de gagner sa confiance en battant de la caisse comme l'aurait fait un tambour-maître, aussi bien qu'il la battait lui-même. « C'en est fait, dit le tambour, vous battez le rappel à mes souvenirs d'enfant.

Si j'osais, monsieur le curé, je vous ouvrirais mon cœur tout entier.

— Il n'y a que les lâches qui n'osent pas, camarade ; les troupiers français ne connaissent ni la honte, ni la peur : parle.

— Eh bien, monsieur le curé, vous connaîtrez la position dans laquelle je me trouve ; je n'ai pas fait encore ma première communion.

— Tu la feras dans quinze jours, si tous les matins tu viens me trouver pour apprendre ton métier de chrétien aussi bien que tu sais celui de tambour. » Le moyen de refuser quelque chose à un prêtre qui joue de la caisse ! Le tambour vint trouver l'abbé pendant quinze jours, au bout desquels, rangé en ligne avec vingt-cinq hommes du 4ᵉ régiment d'artillerie, il reçut pour la première fois, et avec des sentiments d'amour et de reconnaissance, le pain des forts, qui donne la vie éternelle.

. . . .
. . . .

Depuis ce jour, le *tapin* du 51ᵉ est aussi bon catholique qu'il est excellent tambour; il va à la messe tous les dimanches, se confesse au moins une fois l'an, et ne rit plus des *robes noires*.

QUATRIÈME VEILLÉE.

Un Brave du 25ᵉ léger (1).

I.

Vers les derniers jours du mois de décembre 1849, un jeune soldat du centre, portant une de ces bonnes et honnêtes figures qu'on aime à rencontrer sur son chemin, se présenta au bureau de la poste militaire, situé rue du Corso, à Rome, pour échanger une modeste pièce de cinq francs contre un mandat de la même valeur.

« A quelle personne désirez-vous envoyer ce petit mandat ? lui demanda M. Lambelin, excellent homme qui remplissait à cette époque les fonctions de directeur de la poste et celles de payeur de l'armée.

---

(1) A l'époque de notre séjour à Rome, nous avons communiqué ce fait à un journal qui lui a donné une grande publicité.

— A ma vieille mère, répondit le jeune soldat.

— Pour ses étrennes, sans doute?

— Oui, monsieur le payeur.

— C'est bien, mon camarade; les étrennes de la piété filiale portent bonheur à celui qui les donne autant qu'à celle qui les reçoit. Comment vous appelez-vous?

— Bois.

— De quel régiment?

— 25ᵉ léger, 5ᵉ du second.

— De quel pays êtes-vous?

— Du département du Cher.

— Où demeure votre mère?

— Aux Communs, près d'Aubigny.

— Votre nom ne m'est point inconnu, car, si je ne me trompe, ce n'est pas la première fois que vous m'apportez le fruit de vos petites économies.

— Petites, vous avez raison, monsieur le payeur, car il faut bien du temps à un pauvre troupier pour économiser une pièce de cinq francs sur une solde de cinq centimes par jour.

— Cette économie me semble même impossible.

— Rien de plus véritable, cependant, puisque j'ai eu déjà le bonheur d'envoyer à ma pauvre mère une somme de soixante-dix francs.

— Soixante-dix francs? Depuis combien de temps?

— Depuis deux années que j'ai l'honneur de servir mon pays.

— Votre calcul me semble inexact, car un sou mis de côté chaque jour ne doit produire au bout de deux années que trente-six francs cinquante centimes ; comment avez-vous fait pour vous procurer la différence ? et comment faites-vous pour m'apporter si souvent des épargnes qui dépassent le chiffre de votre paye ordinaire ?

— Rien de plus simple, monsieur le payeur ; j'ai fait ce que je fais encore chaque fois que l'occasion se présente. Le jour, je monte des gardes ou je fais des corvées pour les camarades plus riches que moi ; la nuit, je raccommode leurs pantalons, leurs chemises ou leurs guêtres.

— De cette manière, vous cumulez les bénéfices du métier de soldat et de la profession de tailleur.

— Cette industrie me rapporte chaque jour quelques centimes, que je conserve soigneusement jusqu'à ce que je puisse les changer contre une pièce ronde comme celle-ci.

— Vous n'allez jamais au cabaret, sans doute ?
— Jamais.
— Vous n'aimez donc pas le vin ?
— J'aime mieux ma mère !
— Cependant quelques distractions deviennent parfois nécessaires à la vie laborieuse du soldat.

— Aussi suis-je bien loin de m'en priver.

— Où les prenez-vous ?

— Cela dépend. Un jour à Saint-Louis, la paroisse des Français de Rôme, où de braves curés du bon Dieu nous apprennent toutes sortes de jolies choses sur le pays que nous occupons. Un autre jour, à la Trinité-du-Mont, où de bonnes religieuses qui ne sont pas fières nous font chanter des cantiques qui me rappellent la messe de mon village. Un autre jour encore, aux catacombes, au Colisée, au Forum, où un évêque, qui nous appelle ses enfants, monseigneur Lucquet, nous raconte des histoires de *vaillantise*. Il paraît, monsieur le payeur, que les Romains étaient de fameux troupiers ; comme qui dirait les Français de l'ancien temps..... Ces distractions-là, voyez-vous, monsieur le payeur, valent bien celles du cabaret.

— C'est bien, mon camarade, votre conduite est digne d'éloges.

— Des éloges à qui fait son devoir ! oh ! non, monsieur le payeur ; mais, sans vous commander, permettez-moi de me retirer, car mon service me rappelle au quartier. Adieu, Monsieur.

— Au revoir, mon camarade. »

II.

Pendant que cette conversation avait lieu à l'hôtel

de la poste militaire, les habitués de la table de l'hôtel de la Minerve, le meilleur hôtel de Rome, tenu par M. Sauve, le meilleur homme du monde, remarquaient l'absence prolongée du payeur, réputé pour son exactitude.

« Lambelin est diablement *lambin* ce matin, disait le colonel *** avec un sérieux qui contrastait avec les éclats de rire provoqués par son mauvais jeu de mots.

— Il aura sans doute reçu cette nuit un fourgon de baïoques françaises, répliquait Robin, mort depuis à Versailles.

— La caisse de Lambelin est le Pactole de l'armée, ajoutait Lacauchie.

— Fameux torrent que celui-là! disait à son tour un autre colonel, aujourd'hui général de brigade : il est fâcheux qu'il soit si souvent à sec, et que nous ne puissions pas y désaltérer *nos doigts* comme nous le voudrions. »

C'était, d'un bout de la table à l'autre, un feu roulant de bons mots, de saillies piquantes assaisonnées par cet esprit pétillant qui ne fait jamais défaut à la gaieté française, lorsque Lambelin entra dans la salle : son arrivée fut saluée par un tonnerre d'applaudissements.

« Quelle nouvelle apportez? lui demanda-t-on.

— Je vous la dirai au dessert ; elle vous fera trouver votre café meilleur, » répondit Lambelin. Au dessert, en effet, le payeur de l'armée nous raconta l'histoire du soldat Bois, sans retrancher un mot du récit que nous venons de faire.

« La conduite de ce soldat est d'autant plus belle qu'elle est plus rare, nous dit alors un officier supérieur, le doyen de nos commensaux ; je prendrai des informations sur l'ensemble de la vie de Bois depuis qu'il est sous les drapeaux, et si elles répondent à la bonne opinion que nous devons avoir, nous viendrons à son aide en faisant quelque chose pour sa vieille mère. » Cette ouverture fut accueillie avec enthousiasme : comme l'honneur, la générosité est une vertu solidaire entre les soldats français.

Le bruit des belles actions, sans être aussi rapide que celui des chroniques scandaleuses, se propage cependant quelquefois avec promptitude. L'histoire du soldat Bois nous avait déjà devancés au café Neuf, où, tous les matins, après le déjeuner de l'hôtel de la Minerve, nous avions l'habitude d'aller prendre notre tasse de moka. Une vingtaine d'officiers jouaient, dans les jardins de l'établissement, une partie de bouchon au bénéfice du héros de cette veillée. Le café Nuovo venait de changer son nom contre celui de café Militaire. Ceux d'entre vous, chers camarades, qui ignorent la cause de cette transformation nous sauront gré, sans doute, de la leur apprendre.

Dans les premiers jours de l'occupation, deux officiers s'étaient présentés au café Neuf, jadis l'un des foyers les plus ardents de la démagogie italienne. C'était là que, pendant trois mois, s'étaient formés les complots contre l'autorité du saint pontife qui avait inauguré son règne par l'acte miséricordieux de l'amnistie. Les démocrates romains, qui continuaient à fréquenter, par habitude, cet établissement, devenu le point de réunion des chefs français, accueillirent les deux officiers par un silence accompagné de marques non équivoques d'antipathie. Le maître du café, s'avançant alors vers nos deux compatriotes, leur avait adressé ces paroles :

« Que désirez-vous ?

— Deux tasses de café.

— Il n'y en a plus.

— Allez-en chercher.

— Je n'ai pas le temps.

— Eh bien ! donnez-nous deux tasses de chocolat.

— Nous n'en faisons pas.

— Servez-nous alors un bol de punch.

— En fait de punch, nous n'avons ici que le journal anglais de ce nom.

— Eh bien ! servez-le-nous, dit un des officiers,

qui commençait à comprendre les intentions hostiles du cafetier.

— Il est en lecture, répondit celui-ci.

— Avez-vous des glaces?

— De fort belles, vous pouvez vous y voir des pieds à la tête.

— Avez-vous de la bière ?

— Nous l'avons achevée ce matin.

— Eh bien, mille tonnerres! servez-nous un verre d'eau, vous devez en avoir.

— Pas davantage : les Français ont brisé l'aqueduc qui nous l'apportait.

— Il suffit !... » alors les officiers, maîtrisant leur colère prête à éclater, se retirèrent.

Les habitués du café Neuf riaient aux éclats et félicitaient le maître de l'établissement sur son facile courage, lorsque tout à coup un bruit confus de pas et de crosses de fusil retentit dans les escaliers. Au même instant, une compagnie de grenadiers parut et se rangea en bataille dans le premier salon ; un des officiers qui la commandaient, s'approchant alors du cafetier épouvanté, lui dit à son tour : « On ne peut pas avoir de café dans votre boutique ; vous ne faites pas de chocolat, en revanche vous faites de mauvais jeux de mots à propos de glaces et de punch ; vous n'avez plus de bière, vous refusez même de l'eau à la soif des consommateurs : ce local ne peut donc pas servir à un cafetier ; il rendra plus de services lorsque nous l'aurons transformé en caserne. » Le café Neuf avait été immédiatement évacué et fermé ; mais au bout d'un mois, le cafetier était venu faire amende honorable auprès de l'autorité française, qui lui avait accordé la permission de rouvrir son établissement, en lui imposant la substitution que nous venons de mentionner. Revenons à Bois.

III.

Ainsi qu'il l'avait dit, l'officier supérieur se procura le jour même les renseignements qu'il désirait avoir sur le compte du soldat Bois. Ils étaient excellents ; la conduite de ce jeune homme était exemplaire ; depuis qu'il était au régiment, il n'avait pas fait une seule punition, et il s'était fait remarquer pendant les opérations du siége par son courage et par son sang-froid. Aussi bon fils qu'il était brave soldat, il portait jusqu'au sacrifice le culte de la piété filiale ; il se privait même de la pipe, consolation du troupier, afin d'arrondir plus vite la modeste pièce de cinq francs qu'il avait l'habitude d'envoyer à sa mère, dès que le centième sou si péniblement économisé complétait son pieux trésor. La conduite du soldat Bois était non-seulement digne d'éloges, mais elle méritait une récompense, qui lui fut décernée quelques jours après dans les conditions suivantes, à l'hôtel de la Minerve. Préalablement, chargé par mes commensaux de prier à dîner le bon fils et le brave soldat, je m'étais acquitté de cette mission sans le prévenir du nombre et de la qualité des personnes près desquelles il devait se trouver. Ainsi que nous l'avons déjà indiqué, l'hôtel de la Minerve recevait à sa table l'élite de l'armée française. Aussi je vous laisse à penser, chers lecteurs, quels furent la surprise et l'embarras de ce pauvre soldat du centre, se trouvant tout à coup assis à une table splendidement servie, en face et à côté de colonels et d'officiers supérieurs en grand uniforme. Il voulait se retirer, mais les paroles bienveillantes de ses chefs le retinrent cloué, cloué c'est le mot, à la place que je lui avais réservée près de moi.

« Je voudrais bien m'en aller, me dit-il tout bas à l'oreille, en tordant dans ses mains une serviette dont il ne savait que faire.

— Restez, mon ami, lui dis-je; vous ferez un dîner de prince.

— J'aimerais bien mieux la *boustifaille* des camarades.

— Vous ne direz pas cela quand nous serons au dessert.

— Au dessert! qu'est-ce que c'est que cela?

— Vous verrez, camarade; en attendant goûtez-moi ce vin-là. »

Bois passa le revers de sa main sur sa moustache et avala tout d'un trait, sans le déguster, un verre d'excellent vin de Bourgogne; puis il repassa une seconde fois, mais en sens inverse, sa main sur sa moustache, en disant : « Ce vin là est bon, mais j'aime encore mieux la boisson de mon pays.

— Attendez, vous en boirez du meilleur dans un moment. »

Bois mangeait et buvait surtout avec une discrétion extrême, osant à peine lever les yeux à plus de quatre-vingt-dix centimètres de son assiette; cependant, encouragé par les regards bienveillants et les félicitations unanimes des officiers, il finit par retrouver un peu plus d'assurance; il commençait même à convenir que la cuisine de l'hôtel de la Minerve valait bien celle de la cantine, lorsqu'un domestique de l'hôtel me remit une boîte portant cette suscription : *A M. Bois, chasseur au 25ᵉ léger, 5ᵉ du second;* je la remis au destinataire, qui me pria de l'ouvrir. Elle contenait une paire d'épaulettes de laine rouge, une petite boîte en carton, soigneusement cachetée, et une lettre également adressée à Bois : celui-ci, me la rendant sans la lire et pour cause, m'invita à lui en dire le contenu; elle était ainsi conçue : « Toute bonne action doit avoir sa

» récompense : vous avez été bon fils et bon soldat;
» voici pour le soldat. » Nous lui remîmes alors les
épaulettes de carabinier. « Vous avez été bon fils;
» voici pour votre mère. » La petite boîte en carton
contenait une somme de cent francs, véritable fortune pour celui qui en deux années, et au moyen des
plus généreux sacrifices, n'avait pu réaliser, sou
par sou, que soixante-dix francs.

La joie que ressentit alors le jeune soldat est une
chose qui se comprend, mais que nulle expression
humaine ne saurait rendre. Le nom de Dieu et celui
de sa mère s'unissaient, sur ses lèvres tremblantes
d'émotion, aux sentiments de reconnaissance qui
débordaient de son cœur : « Que vous êtes bon, ô
mon Dieu! disait-il, vous avez eu pitié de ma pauvre mère! Désormais à l'abri du besoin, la pauvre
chère femme aura du bois l'hiver pour réchauffer
ses membres glacés par la vieillesse, du pain en
toute saison, du pain pas trop dur et pas trop noir;
merci! merci, mon Dieu! » Et des pièces de cinq
francs qui frétillaient dans ses mains, comme des
poissons dans les mailles d'un filet, ses yeux mouillés de larmes se reportèrent sur nous tous : « Oh!
que vous êtes bons aussi, vous, mes chers bienfaiteurs, ajoutait-il, car je le vois bien, c'est vous que
le bon Dieu a choisis pour enrichir ma mère! soyez,
soyez bénis! »

Dans ce moment, le brave colonel Devaux, élevant son verre plein de champagne, s'écria : « Messieurs, je vous propose un toast ! buvons à la santé de la digne femme qui a créé et mis au monde un vrai modèle de la piété filiale ! A la mère Bois, messieurs ! »

Bravo ! colonel, répondirent en chœur toutes les voix... et toutes les coupes pétillantes se vidèrent pour se remplir, et confondre dans un même choc la santé du fils et de la mère... Malgré les témoignages flatteurs dont il était l'objet, et les encouragements de ses amphitryons, Bois buvait, ainsi qu'il avait mangé, avec une discrétion extrême ; ses lèvres seules touchaient la coupe aux bords écumeux.

« Comment, mon brave, tu méprises ce liquide-là ! lui dit le médecin en chef de l'armée, l'excellent et spirituel Lacauchie, mort depuis, victime de son zèle et de son amour pour la science.

— Ainsi que vous tous, il possède mon estime, mes respects.

— Eh bien ! prouve-le en lui faisant honneur.

— Je le voudrais bien, mais j'ai quelque chose là, répondit Bois, en montrant la place où battait son cœur, j'ai quelque chose là qui m'étouffe.

— Raison de plus pour boire. Allons, une, deux, trois, et encore une fois à la santé de ta mère ! buvons.

— Rubis sur l'ongle, bravo ! encore un coup.

— Assez, cette *piquette* est la meilleure que j'aie bue de ma vie, mais elle grise, et je suis trop heureux aujourd'hui pour m'exposer à faire connaissance de la salle de police.

— Le bonheur *enivre*, répliqua le colonel ***, mais il ne grise pas..... Ainsi, avant de nous séparer, messieurs, buvons à notre mère à tous, à la France! Républicaine aujourd'hui, elle n'en est pas moins ce qu'elle a toujours été et ce que toujours elle sera, la reine des nations!

— A la France! »

Un instant après, Bois, éprouvant par lui-même la vérité de l'axiome énoncé par Lacauchie, *le bonheur enivre, mais il ne grise pas*, regagna le quartier pour jouir seul de sa joie, et penser à sa mère... Les autres personnages de la scène que nous venons de conter se rendirent au café Français, pour terminer vis-à-vis d'un bol de punch au kirch une journée dont, avec raison, ils auraient pu dire comme Titus: *Encore une de gagnée!*

CINQUIÈME VEILLÉE.

Une Adoption militaire en 1848.

« Le troupier français, irrésistiblement appelé par vocation au noble métier des armes, a, de sa nature, plus d'un rapport avec la race féline; il s'agit ici, bien entendu, des qualités et non pas des défauts généralement attribués à celle-ci : chaque médaille a son revers, et chez les bêtes comme chez les gens, la perfection n'existe pas en ce bas monde. Ainsi que le chat, le soldat français est essentiellement attaché au foyer qui longtemps a abrité son drapeau. Le chat quittera difficilement l'humble cuisine où, dans un coin, il a reçu le jour, fût-ce pour vivre dans l'opulent office d'un riche palais; de même, le soldat ne s'éloignera pas, sans éprouver une tristesse au cœur, de la caserne où longtemps il aura vécu de la plus dure des servitudes, la discipline militaire ! » Ainsi disait, à la fin de 1848, dans une réunion militaire où je me trouvais, un ancien officier de la garde royale, ex-officier de la garde municipale, depuis officier de la garde républicaine, et présentement officier de la garde de Paris. Pour compléter ou plutôt pour prouver sa comparaison, le brave officier, qui, par des circonstances indépendantes de sa volonté, avait subi, en si peu d'années, de si nombreuses transformations, nous raconta comment, après les journées de juillet 1830, on voyait rôder par habitude, autour de leurs anciens quartiers, de mâles et nobles figures prudemment déguisées en visages de pékins; comment en dernier lieu, après les journées de février 1848, on voyait passer lentement, à certaines heures, devant les postes des Minimes et des Célestins (1), des blouses d'emprunt portées militairement comme des uniformes.

« Ainsi que les cadres de la garde municipale s'étaient ouverts devant un certain nombre de gardes royaux, ajouta l'officier narrateur, les cadres de la garde républicaine s'ouvrirent à de nombreux gardes municipaux, qui, soit dit en passant, n'étaient pas les moins crânes troupiers de ce corps, assemblage étrange d'éléments opposés et divers. » Après un moment de silence, pendant lequel l'officier

(1) Principaux quartiers de la garde municipale.

roula son épaisse moustache entre l'index et le pouce de sa main droite, légèrement humectés avec ses lèvres, il reprit: « Ce sont en grande partie d'anciens municipaux ou des hommes depuis longtemps rompus au service militaire, ces braves gens de la compagnie Saint-Just, qui, dans les plus mauvais jours de cette année, ont réhabilité, pour ainsi dire, l'un des plus exécrables noms de la terreur pour l'appliquer à une bonne action.

— Quelle est-elle? demanda l'un des auditeurs.

— C'est une histoire bien attendrissante, dont je ne connais que la première partie...... la seconde appartient à l'avenir.

— Contez-nous-la, capitaine, nous vous en prions, s'écrièrent à la fois plusieurs voix de femmes.

— Volontiers, répondit l'officier. » Et, prenant position dans un large fauteuil placé commodément à l'angle de la cheminée, il conta avec une certaine émotion ce qui suit :

« Une compagnie de la garde républicaine, celle que les montagnards de Caussidière avaient cru illustrer de l'atroce nom de Saint-Just, le conventionnel aux traits de femme, mais au cœur de léopard, se trouvait un jour de garde au Palais-de-Justice. C'était au mois d'avril; une soirée humide et froide avait succédé aux rafales et aux giboulées qui de cette journée avaient fait l'une des plus tristes de la saison. Les hommes de garde, rangés en demi-cercle autour d'un poêle rouge de chaleur, faisaient assaut de saillies et de bons mots : c'était entre eux un feu roulant de réflexions excentriques, d'expressions imagées, de contrastes bizarres, de traits variés par l'esprit frondeur de l'enfant de Paris et le langage accentué du vieux soldat.

Dans l'intervalle d'une salve d'éclats de rire et d'un silence mis à profit pour donner une énorme pâtée au poêle qui, de rouge devenait noir, le sergent chef du poste, retirant de sa poche une vessie sèche et racornie, la frappa contre ses mains, disant : — A propos de *blagues*, je m'aperçois qu'il n'y a plus rien dans la *mienne*. Holà ! tapin.

— Présent, mon sergent.

— Avance à l'ordre.

Et le tapin, un enfant de quinze années au plus, à l'œil ouvert, à la mine avenante, accourant à l'appel de son chef, reçut une pièce de dix centimes, que celui-ci lui remit pour aller l'échanger contre du *caporal* au bureau de tabac voisin.

Un quart d'heure, vingt minutes même, s'étaient écoulés depuis le départ du tambour.

Vingt minutes sont presque aussi longues qu'un jour sans pain pour le troupier qui a sa bouffarde vide entre les dents ; aussi le sergent, impatienté par le retard prolongé de son commissionnaire, frisait-il sa moustache de dépit. — Je parie, dit-il, que le gredin est allé lire la *gazette* ou bien jouer au bouchon dans quelque atelier national! Gare à son cuir.

— Ne vous fâchez pas, sergent, s'écria le tambour en arrivant sur ces entrefaites tout essoufflé au corps de garde, me voilà.

— D'où viens-tu comme cela, méchant tapin? répliqua le sergent, en faisant un geste approprié à la circonstance. Si tu n'avais l'honneur insigne d'être citoyen *frrrancé*, je logerais le bout de ma botte en garnison d'hivernage dans tes *pays bas*, département du Bas-Rhin.

— Mauvaise garnison, sergent, que celle-là, répondit le spirituel gamin, en portant la main *quelque part;* votre botte, avec la meilleure volonté, ne saurait passer les frontières..... regardez, elles ont à cette heure un cordon sanitaire. Malheureusement pour le tambour, sa main, qui, placée *quelque part*, servait de cordon sanitaire, tenait encore le cornet de tabac du sergent.

— Tu veux donc me *chloroformorthériser*, gredin! s'écria celui-ci, en lui allongeant une taloche que le tapin parvint à éviter en faisant le simulacre d'un plongeon.

— *Ne vous faites pas de bile*, sergent, riposta l'enfant, écoutez le motif de mon retard, et après, si cela vous convient toujours, vous donnerez à votre botte une feuille de route signée saint Crépin : voici la chose :

Comme je sortais de chez la *mère au caporal*, vous savez cette grande et belle femme brune, dont les yeux regardent en Champagne si la Bourgogne brûle, j'aperçus au coin de la rue une jolie petite blonde, blottie contre une borne, et portant sur son sein une espèce de petit paquet qui de loin me fit l'effet d'un manchon. Je m'approchai d'elle, — simple histoire de curiosité ! — et je vis que le manchon présumé était... devinez, mon sergent, je vous le donne en cent.

— Un matou volé sans doute à un concierge, et que la commère réservait à un civet de lièvre.

— Plus souvent.... je vous le donne en mille.

— Dis-le-nous en une, cela sera plus tôt fait, répondit le sergent, que le récit du tambour commençait à intéresser.

— Le paquet en question, reprit le tapin, visiblement satisfait de l'attention qu'on lui prêtait, n'était ni un manchon ni un matou, c'était simplement un tout petit moutard, bien emmailloté, et rouge comme notre poêle, non de chaleur, mais de froid... Le mioche pleurnichait, la mère pleurait, et moi je ne riais pas, car j'étais bien ému. J'avais envie de passer mon chemin, mais quelque chose me retenait près de cette femme qui avait l'air si malheureux.

— Ah! çà, ma petite mère, lui dis-je en m'approchant d'elle, qu'avez-vous donc à vous lamenter ainsi, comme *la biche de Geneviève à Brabant?*

— Mon enfant a bien froid et il a grand'faim.

— Et vous?

— Comme mon enfant, j'ai grand froid et j'ai bien faim.

— Eh bien! il faut vite rentrer chez vous pour vous réchauffer et pour *casser une croûte.*

— Je n'ai plus de *chez nous;* le propriétaire m'a chassée de mon garni, parce que je ne pouvais plus le payer, et le boulanger ne me donne plus de pain pour la même raison.

Dans cet instant, une voix isolée au milieu du groupe des auditeurs interrompit le récit du tambour et dit : De tout temps et chez tous les peuples, les propriétaires et les boulangers ont été des *aristos.*

— Silence dans les rangs! s'écria le chef de poste; et d'un signe plein d'anxiété, il fit signe au narrateur de continuer. Celui-ci, de plus en plus ravi de l'effet qu'il produisait, reprit en ces termes :

— Quoi qu'il en soit, dis-je à la pauvre femme, dont les pleurs étaient devenus des sanglots, vous ne pouvez pas rester ainsi exposée aux intempéries de la saison comme les oiseaux du bon Dieu; vous avez bien quelque ami par le monde.

— Le malheur n'a point d'amis.

— A quoi servent-ils donc, alors?

— La misère n'a que des indifférents.

— Vous vous trompez, ma petite mère... Allons, du courage.... ne pleurez pas ainsi, c'est contagieux, et attendez-moi.... Sergent, voici la cause de mon retard, voici votre tabac, me voilà, mais la pauvre mère m'attend là-bas.

Ce récit avait produit une telle impression sur l'esprit des gardes, que plus d'une larme faussement honteuse s'était furtivement dérobée aux regards. Le sergent lui-même avait détourné la tête pour.... bourrer sa pipe. Le tambour, maître de lui-même et de la position reprit : — Camarades, nous ne sommes ni des Crésus, ni des Rothschild, nous n'avons pas nos tuniques cousues de pièces d'or, mais nous sommes de bons enfants, et nous avons du cœur plein la poitrine; nous ne pouvons donc pas laisser cette jeune femme exposée à mourir de faim et de froid, elle et son enfant. Qu'en dites-vous, sergent?

— Je dis, tapin, que tu es un bon b..... Le mot n'est pas académicien, je le sais, j'en demande mille pardons aux immortels, mais il rend ma pensée; je te rends mon estime! donne-moi ta main.

— Les voici toutes deux, sergent, cinquante centimes à chacune feront un franc pour la pauvre femme.

— Voici quarante sous, c'est toute ma fortune

pour le quart d'heure; tiens, prends. Et le chef du poste glissa une pièce de deux francs dans la main du tambour.

—Merci, sergent. Au tour des camarades, maintenant. *N'oubliez pas la veuve et l'orphelin, s'il vous plaît!*

Tous les gardes, entraînés par l'exemple du chef de poste et par celui du tambour, qui venait de jeter dans son képi six gros sous gagnés la veille, au bouchon, à une *pratique* du citoyen Émile Thomas (1), se cotisèrent et réunirent onze francs soixante-quinze centimes. Cette somme était une fortune pour la malheureuse mère qui n'avait cette nuit, pour elle et son enfant, pas même l'abri des oiseaux du bon Dieu. C'était presque la vie pour la pauvre abandonnée qui avait froid et faim.

Alors, le front serein et l'âme heureuse des joies que procure toujours une bonne action, le tambour, heureux interprète de la charité de ses camarades, s'échappant comme un trait du corps de garde, s'empressa de rejoindre la femme désolée, dont l'espérance avait pendant quelques instants suspendu les larmes à moitié glacées aux cils de ses paupières.

— Tenez, ma petite mère, lui dit-il en accourant tout essoufflé près d'elle, prenez cette petite somme

(1) Émile Thomas, directeur des ateliers nationaux.

en attendant mieux, et suivez-moi. Puis, lui montrant le chemin, il la conduisit dans un hôtel garni du voisinage, où il lui fit donner aussitôt une petite chambre et lui fit servir, auprès d'un bon feu, de la soupe et du pain. L'enfant, réchauffé par la flamme pétillante du foyer, ne pleurait plus; la mère elle-même, quoique silencieuse, semblait moins triste : il suffit parfois d'un rayon pour colorer la plus sombre douleur! Elle mangeait avec un appétit qui faisait plaisir à voir; la pauvre femme était à jeun depuis vingt-quatre heures.

Un instant après avoir terminé son modeste repas, elle manifesta le désir de se reposer, car depuis deux jours, disait-elle, le sommeil l'avait abandonnée.

— Je comprends alors que vous devez avoir besoin de *taper de l'œil,* répondit le tambour, je vais donc vous laisser dans les bras de *l'orfévre* (1), comme dit mon caporal. Bonne nuit, ma petite mère. Et, prenant congé d'elle, il lui promit de revenir la voir le lendemain, à huit heures du matin, avant la descente de la garde.

Quand il rentra au poste, le sergent se promenait de long en large, fumant sa pipe et jetant de temps en temps un regard sur une partie de cartes vigoureusement engagée entre les hommes de service.

(1) Orfévre pour Morphée.

Ces braves gens jouaient au bénéfice de la malheureuse inconnue une partie de leur prêt futur. Le tambour se jeta sur la première planche venue, où il ne tarda pas à s'endormir, bercé doucement par l'avant-goût de rêves heureux et sonores. En effet, un instant après, il se mit à ronfler d'une telle force, qu'il put affronter impunément les deux ou trois bordées de sifflets que ses camarades lui décernèrent, suivant un vieil usage. — Décidément, il paraît que ce gaillard-là tient à faire du bruit dans le monde, dit le sergent, il faut qu'on l'entende même la nuit.

Le lendemain matin, à huit heures, le généreux enfant de Paris, exact au rendez-vous indiqué la veille, entra en chantant un air plus ou moins girondin dans la chambre de sa protégée, mais en partie cette chambre était déserte; la malheureuse femme avait disparu, l'enfant seul était resté et dormait du sommeil des anges dans le lit de sa mère... de sa mère qui, après lui avoir donné son dernier baiser peut-être, avait attaché aux plis de ses langes un petit billet ainsi conçu :

« Généreux protecteur,

« Pardonnez-moi si je pars ainsi sans vous témoigner verbalement ma reconnaissance pour tout le bien que vous nous avez fait. Ne me condamnez pas surtout, je vous en prie, dans mes sentiments de mère, car une mère qui abandonne son enfant doit être bien malheureuse ou bien coupable pour se décider à un pareil sacrifice. Il y a dans la vie de ces fatalités devant lesquelles le cœur le plus tendre se brise et la volonté la plus forte échoue. Mon enfant, après la pensée de Dieu, qui défend le suicide en ce monde et le punit dans l'autre, mon enfant était le seul lien qui me rattachât à la vie, et cependant je dois rompre ce lien dans l'intérêt même de mon enfant. Sans asile, sans pain, sans parents, sans amis, privée de toutes ressources, je n'ai pas le courage de faire partager à mon enfant le malheur qui pèse dans ma vie ; voilà pourquoi j'abandonne... je confie, veux-je dire, à votre générosité une pauvre petite créature qu'en des jours plus heureux peut-être je pourrai venir vous réclamer. En attendant, vous serez pour elle le père que la Providence lui aura envoyé dans sa miséricorde; vous continuerez l'œuvre sainte que vous avez si bien commencée hier, et Dieu, qui pèse en ce moment l'énorme douleur de mon âme, Dieu vous rendra un jour au centuple les bénédictions de la mère.

» *P. S.* Mon enfant n'a pas encore été baptisé, je désire qu'il le soit le plus tôt possible. Encore une fois, et pour toujours, reconnaissance à vous qui avez eu pitié de la mère et de l'enfant. »

Après avoir parcouru rapidement le contenu de ce billet, qui révélait une âme d'élite, une éducation supérieure et une immense infortune, le tambour prit doucement le pauvre abandonné dans ses bras et déposa un tendre baiser sur son front. Le petit orphelin, se réveillant sous ses caresses, lui adressa un joyeux sourire et le doux gazouillement de l'alouette qui déploie ses ailes aux premiers rayons du soleil.

— Pauvre cher enfant, s'écria le tambour en lui donnant un second baiser, par ta mère et au nom de la mienne, qui, dans le ciel sans doute, à cette heure, ratifie mon serment, je jure de ne jamais t'abandonner.

Alors, plus fier de son précieux dépôt que Jason ne dut l'être de la conquête de la toison d'or, il reprit le chemin du corps de garde, où quelques instants après il fit une entrée triomphale, aux acclamations de tous ses camarades. Il leur raconta en peu de mots la disparition de la mère, l'abandon de l'enfant, et leur communiqua le billet qu'il avait trouvé fixé aux langes du pauvre délaissé.

—Le mioche est beau, dit le sergent en le prenant dans les mains du tambour; ce serait vraiment pécher que de le mettre aux Enfants-trouvés. Tous les hommes de service applaudirent à ces généreuses paroles. — Qu'en ferons-nous, cependant? reprit le sergent ; nous connaissons peu le métier de nourrice, et il m'est avis que dans nos biberons le moutard trouverait plus souvent de l'eau-de-vie que du lait. Qu'en dis-tu, tapin?

— Je dis que je serais bien heureux si vous vouliez me confier le soin de l'existence de cet enfant, auquel j'ai promis de servir de père.

— Et avec quoi le nourriras-tu, farceur? avec les tirans et la basane de ta caisse, sans doute... Merci de l'ordinaire !

— Le tapin est égoïste, ajouta l'un des gardes, vieux troupier d'Afrique, il veut à lui seul avoir les honneurs d'une paternité que nous réclamons tous. Tout beau, tapin ! il y a ici une bonne action, comme qui dirait un gâteau de roi, nous en voulons tous notre part; c'est mon opinion. Qu'en pensez-vous, camarades?

La réponse affirmative ne se fit pas attendre : alors, résumant le désir et la pensée de ses frères d'armes, le chef de poste reprit : —*Primo.* La compagnie Saint-Just servira de mère et donnera son nom à l'orphelin ci-présent.

Secundo. La compagnie Saint-Just reconnaît aujourd'hui et adopte à l'unanimité un enfant du sexe masculin, abandonné par une mère *antérieurement* inconsidérée et *subséquemment* malheureuse.

Tertio. La compagnie Saint-Just lui prêtera sa vi-

UNE ADOPTION MILITAIRE. 71

vandière, pour subvenir à ses besoins physiques et moraux.

Quarto. Le tapin de la compagnie Saint-Just lui donnera les flats et les rats, les *papa maman,* les ratées sautées, la *mère Michel,* en un mot les coups les plus mélodieux de sa caisse, pour récréer ses oreilles le jour et endormir son sommeil la nuit.

— Bravo! bravissimo! sergent, s'écria le corps de garde en masse, *en voilà un décret un peu bien soigné;* nous l'adoptons à l'unanimité, et jurons tous de faire ainsi que vous l'avez dit.

Quelques jours après, la compagnie Saint-Just, voulant ratifier sa promesse au pied des saints autels et prendre Dieu à témoin de la parole donnée à l'orphelin, se trouva tout entière en grande tenue dans l'église de Saint-Paul, où l'enfant reçut le baptême sous les noms de Louis-Joseph-Célestin Saint-Just.

La compagnie se réunit de nouveau le soir même, sous la présidence de ses officiers, pour s'asseoir fraternellement à la table d'un joyeux banquet, et fêter le verre à la main l'adoption de l'enfant abandonné.

Depuis ce jour-là, le petit Saint-Just n'a cessé de recevoir les soins les plus assidus de sa *bonne mère* la compagnie Saint-Just, devenue, à l'époque de la réorganisation de la garde, la 4ᵉ compagnie du 2ᵉ bataillon. Tous les hommes de cette compagnie ont fidèlement tenu les promesses du programme rédigé par la charité militaire au corps de garde du Palais-de-Justice, et consacré par la religion dans l'église de Saint-Paul. »

SIXIÈME VEILLÉE.

Le Musicien Pierrot.

I.

Ne riez pas au nom du personnage que j'ai l'honneur de vous présenter au commencement de cette veillée militaire, car à ce nom plus ou moins comique, j'en conviens, se rattache une touchante histoire. Nous passerons rapidement sur les premières années de la vie de notre héros, élevé chrétiennement par une mère vertueuse, mais entraîné bientôt loin des sentiers du bien par les séductions des mauvais exemples et par leur impétueux auxiliaire, la fougue de la jeunesse. Pierrot était, nous en demandons mille pardons à sa mémoire, le plus franchement mauvais sujet du pays, lorsque la loi de la conscription, glissant dans sa main un numéro infime, l'appela sous les drapeaux de la France.

Jouissant d'une santé robuste et ne manquant pas d'une certaine éducation, bon musicien et d'excellente humeur, Pierrot cultivait avec amour le vin, le jeu, en un mot, toutes les passions mauvaises et désordonnées qui grouillent au fond de la bouteille. Avec ses goûts et ses inclinations, vous comprenez bien, camarades, que notre ami Pierrot dut trouver durs et longs les premiers jours de son apprentissage de soldat. Le moyen d'aller au cabaret, je vous le demande, le jour, quand, dès cinq heures du matin, au premier cri du coq, un caporal vous apprend à envisager, d'une tête haute, droite et fixe, le noble métier des armes; le soir, quand le tambour de la retraite vous rappelle, comme des poules, au quartier, où la salle de police attend sans façon les retardataires!

Ainsi que nous l'avons dit, Pierrot était artiste; il jouait avec assez d'agrément le flageolet, la guimbarde, le mirliton et toute espèce d'instruments à vent. Cependant l'ophicléide, instrument précieux pour la musique militaire, était son instrument de prédilection. Entre la théorie du fantassin et la méthode de l'artiste, Pierrot n'hésita pas, car il savait que la position de musicien au régiment est appelée en certains cas à jouir d'une indépendance relative, dans les grandes villes surtout, où les salles de bal et de spectacle, sans compter les bastringues, font une grande consommation de mélomanes. Quinze jours après son incorporation au régiment, Pierrot, tout de neuf habillé, remplissait, en chef et sans partage, le rôle de premier ophicléide. Ainsi qu'il l'avait prévu, cette position devint pour lui une source de douceurs inconnues au commun des martyrs en pantalon garance. Presque chaque jour, l'hiver surtout, lui procurait, indépendamment d'une permission qui souvent dépassait dix heures, les moyens de satisfaire en grand toutes ses passions. L'embouchure de son ophicléide était pour lui celle du Pactole. Il faut avouer que, sans être d'une force de Paganini, il connaissait assez les ressources de l'instrument pour aborder les plus grandes difficultés. C'est ainsi qu'une fois, dans un concert au bénéfice d'un *Robert-le-Diable* quelconque, il enleva tous les suffrages en exécutant, avec autant de verve que d'esprit d'à-propos, des variations de sa compositions sur le thème si connu de :

> Au clair de la lune,
> Mon ami Pierrot.

Comme vous le voyez, chers camarades, notre ami faisait franchement les honneurs de son nom, en le chantant au besoin lui-même sur tous les tons.

Malgré tous les avantages dont il jouissait au

corps, Pierrot n'était pas complétement heureux ; et cependant il aurait pu l'être autant que la perfection dans le bonheur est chose possible en ce bas monde. Retenu par le frein de la discipline militaire sur le plan incliné de ses passions, il était constamment en lutte avec ses instincts, auxquels bien souvent il cédait, sans songer aux punitions suspendues sans cesse, comme une épée de Damoclès, sur la tête du soldat.

Pourquoi Pierrot n'était-il pas heureux ? Parce qu'il cherchait le bonheur là où il n'existe pas ; parce qu'il le demandait à de folles joies qui ne le donnent point ; en un mot, parce qu'il avait conservé sous son uniforme de troupier ses goûts et ses habitudes de pékin.

D'après le proverbe *qui a bu boira*, il buvait roide et sec, à rendre huit points sur douze à un capitaine polonais en retraite ; puis, quand il buvait ainsi, il noyait dans le vin bleu de son verre le souvenir de son pays et de son enfance, la mémoire de sa vieille mère qu'il avait quittée en pleurant, et les pieux conseils qu'elle avait mêlés à ses larmes.

Ne croyez pas cependant que Pierrot fût d'une méchante et perverse nature, vous seriez dans l'erreur : Pierrot n'avait point tout oublié ; il avait conservé avec sa foi son cœur d'honnête et brave garçon ; il aurait bu volontiers dix bouteilles de vin

plutôt que de donner une croquignole à un gamin.
« Soyez tranquille, écrivait-il un jour que par hasard il se trouvait complétement à jeun, soyez tranquille, bonne et chère mère; je ne pratique point comme vous le désirez la religion, c'est vrai; mais je la respecte et l'estime; et qui le sait! bientôt peut-être votre fils, déposant au pied des saints autels l'instrument qui a célébré les pompes de Satan, n'exaltera plus que les louanges de Dieu. »

Notre ami Pierrot ne se doutait pas, en signant cette lettre, qu'avant trois mois le mot *peut-être* se changerait en celui de *réalité*. Un jour, son régiment tenait alors garnison à Clermont-Ferrand, le premier ophicléide, allant voir son camarade, la première clarinette, malade à l'hôpital, entra, sans but arrêté, par un mouvement de simple curiosité, dans la chapelle où, devant un certain nombre de convalescents, un prêtre prêchait sur les félicités du ciel.

L'orateur sacré parlait bien : il y avait tant d'onction dans sa voix, tant d'inspiration dans son regard quand il s'élevait au ciel dont il décrivait les joies divines, il y avait tant de logique dans son argumentation, que tout l'auditoire semblait suspendu à ses lèvres.

Pierrot prêta d'abord l'oreille à l'accentuation de la voix, qu'il appelait avec raison la musique de la parole; puis, captivé par le choix du thème, il écouta avec une plus sérieuse attention les poétiques modulations qui tombaient de la chaire sacrée.

A mesure que le prêtre développait son sujet, Pierrot, de plus en plus attentif, cloué sur place, terrassé pour ainsi dire par une clarté subite, dans l'humble chapelle d'un hôpital, comme saint Paul sur le chemin de Damas, Pierrot sentait naître en lui le principe d'une vie nouvelle; ses yeux, dégagés du voile qui jusqu'alors avait servi d'éclipse à sa foi, lisaient couramment dans les mystérieuses profondeurs de l'avenir : son âme, dépouillée des langes terrestres qui la retenaient comme sous un linceul, se dilatait avec amour sous les doux rayonnements du flambeau de la foi... Touché de la grâce divine, Pierrot voyait... il croyait... et le prêtre avait cessé de parler qu'il l'écoutait encore.

Se relevant tout à coup de l'espèce d'extase où la grâce l'avait plongé, il se dirigea rapidement vers la sacristie. Le prêtre venait de quitter son surplis, et il se disposait à sortir. Pierrot se plaça devant lui.

« Mon père, écoutez-moi, lui dit-il.

— Que désirez-vous, camarade?

— Me confesser.

— Il y a-t-il longtemps que vous n'avez approché des sacrements?

— Depuis ma première communion.

— Depuis quand désirez-vous revenir à Dieu?

— Depuis que vous me l'avez montré dans les joies du ciel, il y a cinq minutes.

— A genou, mon enfant, et commencez au nom du Père, au nom du Fils, au nom du Saint-Esprit..

. . . . »

Un peintre célèbre de notre époque, Biard, a fait un délicieux petit tableau de genre, intitulé, je crois, les Gros Péchés. Un tambour-major haut de six pieds, le visage enluminé, portant d'énormes moustaches frisées sous une imposante rouge trogne, est pieusement agenouillé sur le second marche-pied d'un confessionnal; sa canne à pomme d'or et son chapeau à plumes flottantes sont déposés près de lui à terre; sur le second plan, un peu dans l'ombre, un respectable curé de campagne, à la figure bonhomme et simple comme le cœur d'un villageois qui n'a jamais mis le pied dans une grande ville, écoute la confession du vieux *troubadour*, confession brûlante, sans doute, car le bon curé, épouvanté, détourne la tête avec stupeur, et semble repousser avec ses deux mains *les gros péchés* de son pénitent. Nous ignorons si la confession de notre ami Pierrot produisit une impression semblable sur l'esprit et les gestes du prédicateur qu'il avait choisi pour interprête, entre Dieu et lui, mais nous savons que lorsqu'il se releva sous la bénédiction du prêtre, son front était rayonnant de bonheur.

« Eh bien! mon ami, lui dit le prêtre, êtes-vous heureux d'avoir fait ce premier pas vers Dieu.

— Oh! oui, mon père, répondit avec effusion Pierrot, car votre bénédiction vient de mettre en mon cœur le ciel que vous avez prêché hier. »

Trois jours après, il s'approcha de la table sainte, et reçut avec les sentiments d'une foi vive le pain des forts et des vaillants.

De ce moment-là, renonçant à ses vieilles habitudes, il divorça complétement avec la bouteille, ne voulant plus, dit-il, *d'autres canons que ceux de l'église, cent fois préférables à ceux du marchand de vin.*

II.

En renonçant à l'usage immodéré de la bouteille, qui procure l'ivresse et devient l'occasion première des principales fautes du soldat, Pierrot, renonçant également à la fréquentation des bals et des spectacles, avait promis de consacrer entièrement, uniquement à la gloire de Dieu, son talent d'artiste et le service de son instrument.

C'était le seul moyen qu'il avait de témoigner à

Dieu son amour et sa reconnaissance. Il tint parole : en effet, chaque dimanche et chaque fois que les exigences du service militaire le lui permettaient, on le voyait accompagnant avec son ophicléide les antiennes de la grand'messe à l'église de Saint-Pierre-les-Minimes, et on le retrouvait, à une heure, à la petite chapelle de l'hôpital; à deux heures, à l'église de la paroisse, soutenant toujours avec son instrument les psaumes des vêpres et le beau chant du *Magnificat*. Pierrot n'était plus le même homme : adoré de ses camarades, estimé de ses supérieurs, cité par ceux-ci comme un modèle à imiter, il ne jurait plus, ne se grisait plus, et n'était plus chagriné de punitions. Ainsi que le disaient ses camarades, *le diable s'était fait ermite*. Sur ces entrefaites, une maladie épidémique se déclara dans la ville et sévit avec rigueur au sein de la garnison; c'était dans les premiers jours de décembre... Pierrot, atteint l'un des premiers, fut transporté dans une des salles de l'hôpital où naguère il avait retrouvé la guérison de son âme.

Dès les premiers symptômes, il ne se fit aucune illusion sur la gravité de sa position : « Je suis perdu pour la vie de ce monde, » dit-il; et, voulant se mettre en règle pour la vie de l'autre, il appela près de lui le prêtre dont la parole inspirée lui avait donné un avant-goût des joies célestes, et dont, suivant son expression pittoresque, l'absolution devait *parapher* sa dernière feuille de route. Calme et résigné sur son lit de douleurs, le pauvre malade n'éprouvait qu'un chagrin, celui de ne pouvoir suivre dans la chapelle les exercices d'une retraite que le vénérable ecclésiastique prêchait à ses camarades pour les préparer aux fêtes de Noël. « Oh! mon père, dit-il un jour au prédicateur, quelle privation Dieu m'impose en me retenant ici, moi qui donnerais un doigt de ma main pour suivre vos prédications.

— Consolez-vous, mon ami, lui répondit le prêtre; je viendrai chaque fois au pied de votre lit, vous répéter en substance ce que j'aurai dit dans la chapelle.

— Vous êtes mille fois bon, mon père, et je vous en aurai beaucoup de reconnaissance; cependant ce ne sera pas la même chose.

— Pourquoi, mon ami?

— Parce que la répétition de vos paroles, privées de l'harmonie du geste et du génie de l'inspiration, sera plutôt une causerie qu'un discours.

— Eh bien! puisque vous le désirez si vivement, je vous promets de réunir un soir auprès de votre lit tous vos camarades qui ne seront pas alités, et de la place où je suis en ce moment, je leur parlerai du ciel et de Dieu. »

Ce projet ne tarda pas à parvenir à la connaissance

des militaires malades. Ceux-ci, jaloux de la préférence accordée au musicien, envoyèrent une députation au prédicateur de la retraite pour le supplier de changer ses dispositions en faveur des pensionnaires de la grande salle, qui se trouvaient en grand nombre, et, comme Pierrot, dans l'impossibilité absolue, les uns de se rendre à la chapelle, les autres de se lever de leur lit.

« Mon père, lui dit le chef de la députation, vieux troupier, le bras illustré de trois chevrons, sauf le respect que je vous dois, permettez-moi de vous dire une chose.

— Parlez, mon brave.

— Puisque vous avez la bonté de vouloir bien nous donner un ordre du jour au nom du bon Dieu, il n'est pas juste que le *croqueur de si bémol* soit le seul à en profiter. En conséquence, nous venons vous prier, *sans vous commander*, de faire votre sermon dans la grande salle, où les *clarinettes de cinq pieds* sont en majorité... Voilà !

— Je ne demande pas mieux, mes chers camarades, mais permettez-moi de vous faire observer que l'ophicléide a sur la majorité l'avantage de la priorité de la demande ; il ne serait donc pas juste que, seul, il fût privé du bénéfice de l'idée dont il a eu l'initiative.

— Nous l'entendons bien ainsi, mon père ; aussi,

quand vous serez prêt, nous transporterons Pierrot sur un matelas, et nous le déposerons dans la grande salle, le plus près du lieu où vous prêcherez, comme qui dirait à la place d'honneur.

— Puisqu'il en est ainsi, mes chers amis, je vous donne rendez-vous pour aujourd'hui même, à six heures, dans la grande salle.

— Nous y serons... Merci, monsieur le curé. »

Et la députation, prenant congé du vénérable prêtre, s'empressa d'aller rendre compte aux camarades du succès de sa mission.

Le soir, quelques minutes avant l'heure indiquée, quatre vigoureux grenadiers, recrutés parmi les convalescents les plus forts, transportèrent, ainsi qu'ils l'avaient promis, le pauvre Pierrot dans la salle à prédication. Une jeune sœur de charité, semblable à l'un des anges chargés par Dieu le Père de guider l'étoile des Mages, portait un flambeau à la main, pour guider, elle aussi, le triste cortége qui s'apprêtait à entendre la parole de Dieu le Fils. A six heures précises, le prédicateur parut dans la salle, et, prenant place non loin du poêle, près duquel les grenadiers avaient déposé sur un matelas leur pauvre camarade, il annonça la bonne venue du Christ, qui, dix-huit siècles plus tôt, était du ciel descendu sur la terre pour sauver le monde et briser les fers du genre humain. Après avoir montré, dans une première partie, les apôtres, illuminés par le Saint-Esprit, brisant partout les images des faux dieux, et jetant sur les ruines de leurs autels les bases d'une religion divine, il attaqua dans une seconde partie, et réduisit à sa juste valeur, cette phrase inventée pour l'usage des prétendus esprits forts : *La religion n'est bonne que pour les femmes.*

Après avoir enfin démontré que si la religion, bonne pour tous, pouvait admettre des catégories, elle serait plus nécessaire aux hommes qu'aux femmes, en raison des dangers immenses auxquels les exposent leur éducation, leur tempérament et l'indépendance de leur nature, il termina par une courte et brillante péroraison, promettant les récompenses éternelles aux hommes de paix et de bonne volonté.

L'heure, le lieu, la pâle clarté des lampes entourant d'un clair-obscur les silhouettes maladives de ces pauvres soldats, formant le cercle devant deux longues files de lits blancs, les pieuses attitudes des sœurs, plongées dans le recueillement, ce prêtre parlant de Dieu à ces hommes dont plusieurs devaient bientôt comparaître à son divin tribunal, tout donnait à cette scène un caractère étrange et fantastique, une couleur d'outre-tombe digne du pinceau de Rembrandt.

Le lendemain, le prédicateur vint faire sa visite accoutumée au bon Pierrot, qui l'attendait avec une impatience surexcitée par les ardeurs de la fièvre. « Eh ! bien, mon ami, lui dit-il, comment allez-vous dans ce moment?

— Beaucoup mieux, mon père, puisque je vous vois et qu'il m'est permis de vous témoigner toute ma reconnaissance pour le bien que vous m'avez fait hier. Vous n'aurez pas prêché dans le désert, car à vos saintes paroles, bien des yeux ont retrouvé ce secret des larmes qu'ils avaient perdu, bien des cœurs se sont ouverts pour confier bientôt au vôtre les fautes que vous pardonnerez au repentir. »

Trois jours plus tard, à l'issue de la messe solennelle qui se célèbre dans la nuit de Noël, Pierrot eut la consolation de recevoir plus encore que la parole divine, mais il reçut Dieu lui-même, caché, par un miracle perpétuel de sa toute-puissance, sous les apparences du pain.

Le pauvre malade touchait à ses derniers moments; il le savait, et cependant, résigné, calme, immobile devant la mort qui approchait, il ne regrettait de n'avoir qu'une seule vie à offrir au juge suprême.

« Savez-vous, mon père, disait-il au prêtre qui l'assistait dans ses souffrances, savez-vous ce que je regrette le plus au monde après vous, ma mère et mon ophicléide? C'est ma place au lutrin.

— Consolez-vous, mon enfant, lui répondait le

prêtre, le bon Dieu vous en prépare une bien meilleure dans les concerts de son beau paradis.

— Eh bien! dans cette place-là, soyez sûr, mon père, que je ne vous oublierai pas. »

L'instant suprême approchait. Pierrot pria le prêtre de lui prêter un crucifix; il le prit avec transport, le colla sur ses lèvres, murmura doucement les noms de Jésus, Marie, Joseph, et rendit sa belle âme à Dieu.

D'après cette sainte et pieuse mort, il est permis de croire qu'il n'y a pas eu un long intervalle entre la joie que le héros de cette histoire éprouvait à s'associer sur la terre aux chants de l'Église militante, et le bonheur qu'il a dû obtenir de s'associer dans le ciel aux hymnes des séraphins.

SEPTIÈME VEILLÉE.

Une Charité à propos de bottes.

I.

Ainsi qu'aux mauvais jours de la révolution, l'honneur, proscrit par le bourreau devenu roi, s'était réfugié dans les camps de l'armée française, de même aux mauvais jours marqués dans le calendrier des misères humaines par le froid et la faim, la charité, cette vertu sublime, ignorée du monde ancien et apportée sur la terre par le Fils de Dieu fait homme, de même, disons-nous, la charité se retrouve dans le cœur et dans la main du soldat français.

En effet, dans ces tristes jours où la misère, activée par le chômage des travaux publics, engendre des souffrances d'autant plus vives qu'elles sont plus cachées, combien de tristesses mystérieuses sont soulagées, combien de larmes sont taries, combien de désespoirs sont consolés par vous, braves soldats de la France ! que de généreuses actions, que de beaux traits ensevelis dans le silence de votre vertu ! que de nobles exemples donnés incessamment à de plus riches que vous ! Dans ces tristes jours, saint Vincent de Paul en capote bleue et en pantalon garance distribue, à la porte des casernes, des soupes copieuses, dîmes prélevées souvent sur son nécessaire. Il fait des visites domiciliaires dans les plus sombres réduits, pour y découvrir les misères timides qui se cachent au grand jour et qui, s'insurgeant contre la publicité, préfèrent à l'obole du secours l'agonie des souffrances muettes. Ici, dans les villes de province privées de théâtre, il étudie quelque vaudeville bien spirituel, quelque drame bien pathétique, et se drapant dans les haillons de Bilboquet ou de César de Bazan, il s'écrie en tendant la main : « N'oubliez-pas les pauvres, s'il vous plaît. » Là, il remplace par des litières fraîches, artistement rangées en forme de nattes africaines, la paille humide et brisée qui sert de grabat aux malheureux qui n'ont pas de charbon, qui n'ont pas même une couverture pour neutraliser le froid de leurs mansardes. Partout il prouve que la charité chrétienne, fille du dévouement chrétien, est la sœur jumelle du courage.

L'aumône faite avec discernement est une lettre

UNE CHARITÉ A PROPOS DE BOTTES. 91

de change tirée sur le bon Dieu, et cette lettre-là n'est jamais protestée... Il est rare même qu'elle ne soit acquittée avant le terme, à de gros intérêts. Le héros de cette veillée va nous en fournir une preuve.

Il y avait une fois, en 1848, dans l'hôpital militaire d'une grande ville que des scrupules incompris, mais respectés, car ils partent de haut, nous empêchent de nommer, il y avait un canonnier nommé François et appartenant au...... les mêmes scrupules m'ordonnent encore de laisser en blanc le numéro du régiment d'artillerie qui tenait alors garnison dans cette grande ville.

Pardonnez, chers camarades, ma discrétion involontaire.

François, né dans un petit village d'Alsace, département du Bas-Rhin, se trouvait donc malade dans l'hôpital militaire de la grande ville en question. Le docteur qui le soignait prétendait que le plaisir exagéré de retourner définitivement à son village, car François avait fini son congé, était la principale cause d'une sérieuse indisposition, à laquelle cependant se mêlait bien un peu de pleurésie. L'excès en tout est un défaut. Quoi qu'il en soit, notre brave artilleur ne devait point encore passer *l'arme à gauche* pour aller se ranger, selon toute probabilité, à la droite du Seigneur, le divin chef de file, car François était aussi bon chrétien que brave soldat.

Durant les sept années qu'il avait passées sous les drapeaux, il ne se reprochait sérieusement qu'une seule faute, celle d'avoir donné, son corps défendant, un coup de sabre à l'un de ses camarades qui s'était permis de parler mal de la Sainte-Vierge devant lui. Longtemps même il avait cru que le *coup de torchon* donné pour un si bon motif devait être chose agréable à Dieu.

La veille du jour où François, parvenu aux dernières limites de la convalescence, s'apprêtait à quitter l'hôpital pour rentrer dans ses foyers, il apperçut dans un des longs corridors de l'établissements un étranger, grand et vigoureux jeune homme, que des fatigues de voyage avaient retenu quelques jours à l'hospice. Cet étranger, nommé Thomassin, devait également se mettre en route le lendemain, et son départ était en ce moment le sujet de la conversation qu'il avait avec l'aumônier.

« Monsieur l'abbé, disait-il au respectable ecclésiastique, j'ai retrouvé la santé dans cette sainte maison, complétez cette œuvre de miséricorde en me faisant donner une paire de souliers, car les grandes routes que je parcours depuis un mois ont déchiré les miens... donnés ou obtenus par vous, des souliers me conduiront peut-être sur le chemin de la fortune.

— Je vous donnerais volontiers ceux que je porte

l'hiver au confessionnal pour me préserver du froid, lui répondit l'abbé, mais ils n'iraient pas à votre pied, vous êtes plus grand que moi... Je verrai... je chercherai...

— Ne cherchez pas, monsieur l'abbé ! s'écria François en s'approchant des deux interlocuteurs, je les ai trouvés, moi.

— Où donc?

— Dans mon sac.

— Mais ne vous sont-ils pas nécessaires?

— Je n'ai besoin que d'une paire, et j'en ai deux ; il est vrai que ce sont des bottes, mais presque neuves; elles n'en vaudront que mieux, et si Monsieur, dont le pied semble avoir pris la mesure du mien, veut me permettre de les lui offrir, elles sont dès à présent à sa disposition. »

Le voyageur étranger s'empressa d'accepter une offre faite de si bon cœur, et donnant son nom au généreux artilleur, il lui demanda le sien, celui de son pays, de son village, et lui dit :

« Qui donne au pauvre
Prête à Dieu.

— Ce que le bon Dieu rend au centuple, » ajouta l'abbé.

Le lendemain de grand matin, l'étranger et le canonnier, tous les deux le sac au dos, le bâton à la main, en costume complet de voyageur, se retrouvèrent, sans s'y être donné rendez-vous, à la chapelle de l'hôpital. Tous deux étaient chrétiens et tous deux, sur le point de commencer un long voyage, voulaient le mettre sous la protection de celui dont la main puissante mène à son gré les hommes qui s'agitent.

Tandis que François, le cœur joyeux et la bourse légère, s'avance en chantant un refrain de son enfance, sur la route de son village... suivons le jeune voyageur qui s'éloigne tristement de son pays pour aller chercher la fortune dans les mines aurifères de la Californie.

Joyeux enfant du Languedoc, Thomassin bien jeune encore avait perdu, avec le dernier membre de sa famille, le modeste héritage que son père lui avait laissé en mourant. Initié par les soins d'un vieux curé de village aux premiers éléments d'une éducation religieuse, il avait appris plus tard à l'école des frères le secret de vivre en honnête jeune homme, et l'art de dessiner fort agréablement pour vivre. Thomassin se serait fait artiste, si l'art honnête et consciencieux ne lui eût pas semblé de nos jours le chemin le plus court qui conduit à..... l'hôpital......... l'hôpital qu'il avait trouvé cependant entre l'humble école des frères et les rêves dorés qui lui montraient la Californie comme une terre promise. Le voilà donc lancé, bien triste mais bien portant, bien vêtu, et surtout bien *botté*, sur le chemin de la fortune.

Un de ses *pays*, ami d'enfance, commandait en second un navire du Havre, prêt à mettre à la voile pour l'Eldorado californien. De la grande ville que nous ne pouvons nommer, au Havre, il y a plus de cent lieues, et cent lieues paraissent plus longues que larges, au triste voyageur qui, la bourse légère, n'a d'autre voiture à sa disposition que celle de la *mère Thomas*. Thomassin, nullement effrayé par une si grande distance, cheminait bravement devant lui, mangeant le jour le morceau de pain économisé la veille, se désaltérant comme le poëte dans l'eau du torrent, et recevant la nuit, presque partout et toujours, une hospitalité payée le lendemain matin par une pochade au crayon dur, représentant plus ou moins le portrait ou la caricature de l'aubergiste.

Cheminant ainsi pendant quinze jours, notre courageux voyageur arriva au Havre, la veille de celui où le trois-mâts en partance devait appareiller. Son ami le reçut avec cordialité, et l'installa aussitôt comme aide de cuisine dans la cabine réservée au Vatel du bâtiment. Le lendemain, le navire, favorisé par un bon vent, mit à la voile, et Thomassin, debout sur le pont, se découvrit pieusement devant la croix de *Notre-Dame-de-Grâce*, modeste chapelle qui couronne la colline de Honfleur; puis les yeux pleins de larmes, mais le cœur rempli d'espoir, il adressa un dernier salut aux rives de la France.

II.

Passons les incidents et les ennuis inséparables d'une longue traversée, les grains et les coups de mer, les tempêtes et les avaries, les *écoles* de l'aide de cuisine, que les officiers du bord appelaient *un empoisonneur*, passons tout cela pour arriver au débarquement, qui s'opéra dans les premiers jours de septembre 1848. Thomassin, fort et vigoureux, doué d'un courage à toute épreuve et d'une énergie peu commune, se mit aussitôt à l'œuvre, et dès le principe, ses travaux, sanctifiés par Dieu qu'il ne cessait d'invoquer soir et matin, furent couronnés d'un succès inouï. Sage, économe, évitant les séductions de la fortune, qui souriait en aveugle à ses désirs, et fuyant les plaisirs, dangereux écueils où venaient se briser tant de ses malheureux compagnons, il se vit, au bout de quinze mois, possesseur d'une somme considérable, réalisée en or : cinq cents quarante-sept jours avaient suffi pour le rendre millionnaire. Thomassin, après avoir rendu de ferventes actions de grâces à celui qui avait fertilisé ses sueurs, repartit aussitôt pour la France. Pendant qu'il navigue en paix sous les doux rayons de l'étoile propice aux marins, *Stella matutina*, revenons à l'autre voyageur que nous avons laissé chantant sur la route de l'Alsace.

III.

Moins heureux que son compagnon d'hôpital, François l'artilleur avait revu son village, son vieux père et sa tendre mère, mais trois jours avant son retour au pays, la maison paternelle avait été dévorée par les flammes, et sa famille se trouvait à cette heure complétement ruinée. Ce cruel sinistre glissa bien un peu d'amertume aux larmes qu'il versa dans les rides de ses vieux parents, mais fort dans l'adversité de la force qui vient d'en haut, il trouva au fond de son cœur des paroles d'espérance et de consolation. « Rassurez-vous, disait-il, aux membres
« de sa famille réunis autour de lui, Dieu ne vous
« abandonnera pas; prions-le avec ferveur, et
« notre maison se relèvera de ses cendres, et la
« grêle épargnera nos maisons, et le soleil fécondera
« nos vignes; vous verrez. » Et François pria si bien que le bon Dieu lui envoya, pour le consoler à son tour, un de ses plus doux anges, une sainte et jeune fille qu'il avait autrefois appelée sa petite sœur, et qu'il appellera demain sa femme.

Le premier soin de Marianne, devenue madame François, fut de relever de ses ruines, avec les écus de sa dot, la maison brûlée.... Et comme la grêle épargna les moissons, tandis que le soleil fécondait les vignes, la famille si tristement éprouvée se crut un jour riche : elle n'avait pas vingt écus vaillants, mais elle avait payé toutes ses dettes, et madame François venait de donner à son mari une charmante petite fille, jolie comme sa mère.

On devait la baptiser un samedi matin, et lui donner le prénom de Marie, en l'honneur de sa marraine, la jeune sœur de François, et celui de Joséphine, en l'honneur du parrain, ancien brigadier du père de l'enfant, excellent homme lui-même, et nouvellement retiré du service dans un village voisin. Le parrain devait venir le vendredi pour passer la soirée et la nuit dans la maison des heureux époux, pour faire connaissance avec sa filleule et se trouver frais et dispos à l'heure du baptême. Or, huit heures venaient de sonner à l'horloge du village, et le brigadier n'était point encore arrivé. La nuit était sombre, le vent du nord soufflait dans les grands arbres de la forêt voisine, et par intervalle une pluie mêlée de grêle fouettait les vitres de la maison, où l'heureuse famille attendait avec une impatience qui devint de l'inquiétude, quand l'horloge de l'église eut sonné neuf heures. François, ne pouvant plus se tenir en place, tambourinait avec ses doigts contre les vitres de la croisée une marche de son régiment. Sa femme, assise dans un grand fauteuil dont l'étoffe jaune datait au moins du règne du bon roi Dagobert, lisait dévotement dans un livre de prières. Le grand-père, vieux grenadier de la vieille garde, astiquait dans un coin le fusil de chasse ; la vieille grand-mère astiquait de son côté le visage barbouillé de l'enfant, qu'elle couvrait de baisers en disant : Pauvre chérubin du bon Dieu, comme il ressemble à son père ! Tous les nouveau-nés ressemblent à leur père, c'est convenu. Sur le second plan, Marie, la jeune sœur de François, contemplait avec une certaine émotion le portrait colorié d'un dragon en grande tenue, et encadré dans une bordure de noyer passé à l'encaustique.

« Décidément, Simon ne viendra pas ce soir, dit tout à coup François, en rompant le silence, qui depuis quelques instants régnait dans la pièce où se trouvait réunie la famille : la pluie redouble ; les chemins sont affreux et le ciel est noir comme une bouteille d'encre... Allons nous coucher, mes enfants.

— Attendons encore un instant, lui répondit sa femme ; tu sais bien que M. Simon vient toujours après neuf heures.

— Oui, mais il en sera bientôt dix.

— Attendons jusque-là. » Dans ce moment, un large

éclair sillonna les nues, et un affreux coup de tonnerre ébranla la maison. Les trois femmes se signèrent. « Tiens, s'écria en riant le vieux grognard de la vieille, il paraît qu'il y a ce soir école de nuit au polygone du bon Dieu.

— Ou bien, c'est saint George, répliqua François, qui tire des salves en l'honneur de son camarade saint Martin, dont c'est aujourd'hui la fête ? Quelles illuminations ! » Le ciel était tout en feu. « Allons, mes enfants, allons nous coucher, répéta François, dix heures ont sonné, Simon ne viendra pas... » Et donnant le bonsoir à ses père et mère, qu'il honorait suivant le saint précepte, afin de vivre longuement comme ils avaient vécu, il s'apprêtait à se retirer avec sa femme, quand tout à coup le galop d'un cheval se fit entendre au loin.

« C'est le cheval de Simon, dit le vieux grognard, je reconnais son allure.

— Plus rapide que de coutume.

— Parce qu'il est en retard. »

Le bruit, se rapprochant de plus en plus, s'arrêta bientôt à la porte de la maison. François s'empressa d'ouvrir la porte, et s'écria : « Ce n'est pas lui. »

Au lieu de Simon, c'était un étranger de haute taille, enveloppé dans un grand manteau bleu, le visage encadré dans une épaisse barbe noire et la tête couverte d'un chapeau en toile cirée : « *Ce n'est pas lui*, c'est vrai, dit l'étranger, c'est son représentant ; je suis chargé de vous remettre une lettre de sa part.

— Dans ce cas, soyez le bienvenu, répliqua François, et donnez-vous la peine d'entrer. » Tandis que le vieux de la vieille conduisait à l'écurie le cheval de Simon, François parcourut rapidement la lettre, ainsi conçue :

« Mon vieux et bon camarade,

« Pardonne-moi si des raisons importantes, que tu connaîtras bientôt, m'empêchent de *nommer ton enfant*. C'est un énorme sacrifice que je fais à l'amitié. Quoi qu'il en soit, et comme il faut un parrain à ta fille, je t'envoie un autre moi-même, s'appelant aussi Joseph ; tu n'auras donc pas un *iota* à retrancher des prénoms arrêtés d'avance. De cette manière, le *mioche* et tout le monde y gagneront, moi seul y perdrai le plaisir que je m'étais promis, en acceptant un titre de plus à ton amitié.

« Adieu, mon vieux, et au revoir.

« Tout à toi,

« Simon,

« Ex-brigadier au *** régiment d'artillerie. »

« Marianne, s'écria François, après avoir lu attentivement ce billet, offre à boire à monsieur et du meilleur, bien entendu, tu sais... » Puis, s'approchant de l'étranger, il lui prit la main, disant : « Encore une fois, soyez le bienvenu, puisque vous arrivez de la part de mon ancien frère d'armes; et pardonnez-moi si l'hospitalité que vous offrent de pauvres paysans n'est pas digne de vous. »

— « Rassurez-vous, répondit l'étranger, je ne suis point de haut parage; comme vous, je suis le fils d'un simple cultivateur, dont je suis fier aujourd'hui de porter le nom, comme je le serai demain en donnant mon prénom à votre enfant bien-aimé. » A onze heures, le représentant du brigadier Simon, bien séché extérieurement par un gros feu de sarment allumé dans l'âtre, et réchauffé intérieurement par le contenu d'une vieille bouteille, demanda la permission de se retirer.

« Faites comme chez vous, » lui dit François. Et échangeant une seconde poignée de main, il le conduisit dans la chambre réservée à son ami Simon.

IV.

Le lendemain, l'orage avait complétement cessé : le ciel était magnifique, pas un nuage ne courait dans les airs; le front sérieux de l'étranger, réflétant le bonheur qui rayonnait sur celui de ses nouveaux amis, s'était rasséréné lui-même. Tout était joies au petit village de *** ; l'église avait pris un air de fête, et la cloche faisait entendre ses notes des jours heureux. Le baptême eut lieu à dix heures, et fut immédiatement suivi du repas indispensable, au village, à toutes les fêtes de famille. M. le curé, assis à la place d'honneur, le présidait avec la gaieté, compagne ordinaire d'une bonne conscience, aussi le repas fut-il des plus animés; la cave, bien entendu, ne fut pas épargnée; le bonheur, au village, n'est jamais avare; il a, comme on dit, le cœur sur la main. François, dont la belle voix, chaque dimanche, au lutrin, faisait envie au maître d'école, directeur en chef du plain-chant, fut prié de dire une chanson.

« Je ne me ferai pas prier, dit François, car on dit que c'est malhonnête. Je vais donc vous dire une chansonnette qu'un camarade, blessé d'une chute de cheval, m'a apprise à l'hôpital de ..... » Et d'une voix forte, il entonna les couplets suivants :

LA MALADIE DES DIEUX.

Une contagion cruelle,
Se déclare au divin séjour ;
L'*Amour* ne bat plus que d'une aile ;
Jupiter est perdu sans retour ;
Mars fatigué de la guerre,
Prend des remèdes anodins ;
A *Vénus* on pose un cautère ;
Et *Diane* a bien mal aux reins.

Pauvre *Apollon*, on le vaccine ;
Momus tombe en consomption ;

Chaque jour *Plutus* se ruine,
Et le frisson gagne *Pluton*;
Pan d'une fièvre intermittente
Sent les accès multipliés;
Et pour le sang qui le tourmente,
Neptune prend un bain de pied.

Hébé se met au lait d'ânesse;
Flore commence à se flétrir;
Pomone se purge sans cesse;
Une entorse retient *Zéphyr*;
Hercule, hélas! paralytique,
Languit après de longs travaux;
Le tendre *Orphée* est asthmatique,
Et *Bacchus* va prendre les eaux.

Sur le *Parnasse* on se désole :
Pégase est devenu poussif;
Le vieux *Caron* pour une obole,
Prend chaque jour un vomitif;
Cerbère est à la limonade;
Les dieux, enfin, quel sort fatal!
Sont tous au lit; tout est malade,
Et l'Olympe est un hôpital.

Prié à son tour de chanter, l'étranger s'excusa en disant qu'il n'avait point de voix : « Cependant, ajouta-t-il, comme je tiens à payer mon écot, je vous conterai, si vous le désirez, entre la poire et le fromage, une vraie histoire. » Dès que le dessert fut servi, sur une nappe d'une blancheur appétissante, le représentant du brigadier Simon prit la parole en ces termes :

« Il y aura bientôt deux ans et demi de cela. Un pauvre voyageur venant de loin, épuisé de fatigue, amaigri par la faim, n'ayant pas un sou vaillant dans la poche et une bonne semelle au pied, fut obligé de s'arrêter dans l'hôpital d'une grande ville..... Comme il était jeune et vigoureux, quelques jours de repos l'eurent bientôt remis sur pied. Il songea à se remettre aussitôt en route ; mais, pendant sa maladie, sa bourse ne s'était pas remplie, ses souliers ne s'étaient pas ressemelés, et la route qu'il devait continuer était bien longue encore. Comment faire? Se recommander à la grâce de Dieu? C'est ce que fit le pauvre voyageur, et la grâce de Dieu, venant à son aide, lui envoya, un beau matin, une paire de bottes toutes neuves. Un brave soldat, quittant ce jour-là même l'hôpital pour se rendre définitivement dans ses foyers, fut à cette occasion l'instrument de la grâce de Dieu. Cet homme, qui s'appelait François, est aujourd'hui le père de ma filleule.

— Mais comment avez-vous su cette histoire? demanda le bon François, rouge comme une cerise de Montmorency : le pauvre voyageur est mort, sans doute, de misère en Californie, où il allait chercher la fortune ?

— Je la sais par lui-même ; car il ne l'a point oubliée, répliqua l'étranger.

— Il vit donc toujours ?

— Toujours il vit ; et de plus, il est riche, très-riche ; car il a trouvé la fortune qu'il allait chercher.

— Où se trouve-t-il en ce moment?

— Dans vos bras ! » s'écria l'étranger en pressant sur sa poitrine celui qu'il appelait son premier bienfaiteur.

L'effet produit par cette scène pathétique se comprend et ne se traduit pas.

« Et voilà pourquoi, fit, en entrant dans la salle du festin, un nouveau venu, voilà pourquoi l'ex-brigadier Simon a cédé ses droits à ton obligé.... Y es-tu maintenant, mon vieux?

— Tu arrives trop tard, mon ancien, dit François en tendant la main à son ancien compagnon d'armes.

— Il n'est jamais trop tard, répliqua le brigadier, quand on arrive pour être témoin du bonheur de ses amis.... et lorsqu'il reste, sur la table, un verre de vin à boire à leur santé.

V.

— Mon histoire n'est pas finie, reprit le riche étranger. Les dernières paroles que je prononçais en prenant congé du généreux François furent celles-ci :

> Qui donne aux pauvres
> Prête à Dieu.

Et l'aumônier de l'hôpital ajouta :

> Ce que le bon Dieu rend au centuple.

Le bon Dieu m'envoie donc aujourd'hui près de vous, mon cher François, pour payer ses dettes. » Disant ainsi, il sortit de son portefeuille un paquet de billets de banque qu'il fractionna de la manière suivante :

Vingt billets de mille francs pour François ;

Vingt billets de mille francs pour madame François ;

Et vingt billets de mille francs pour sa filleule.

Ces braves gens auraient refusé à la reconnaissance le prix du service rendu, si le bon curé ne les eût forcés d'accepter ce qu'il appelait la dette du bon Dieu.

Dans ce moment, le facteur rural apporta une lettre adressée à mademoiselle Marie : elle était timbrée de Rome. Tour à tour pâle et rouge d'émotion, Marie l'ouvrit précipitamment, et jetant un cri de joie, elle annonça à la société qu'André, le beau cavalier du 11e dragon, avait quitté Rome, et s'était embarqué à Civita-Vecchia pour revenir définitivement au village.

« Bravo ! mes enfants, dit le curé, tout est donc bonheur aujourd'hui; et il ajouta bien bas à l'oreille de Marie : à quand la noce?

— Demandez à ma mère, fit-elle en rougissant comme une rose du mois de mai.

— Dans un mois, répliqua la vieille bonne femme.

— Et c'est moi qui payerai les violons, répliqua le riche étranger en jetant sur la table douze billets de banque de mille francs chacun.

— Mais si vous allez de ce train-là, lui dit François, vous ne garderez rien pour vous. . . . .

— Que le trésor le plus précieux, voyez. » Et ouvrant avec une petite clef d'or suspendue à son cou une cassette en bois de palissandre, richement incrustée de nacre et d'ivoire, il en sortit une paire de bottes à moitié usées :

« Voici la base de ma fortune, dit-il ; c'est avec ces bottes-là que *j'ai fait mon chemin.* »

. . . .

L'année suivante, jour pour jour, le brigadier Simon présenta aux fonts baptismaux de la petite église de *** un gros et frais garçon que madame François venait de mettre au monde, et auquel son parrain promit d'apprendre l'exercice quand il aurait atteint l'âge de six ans.

François, le meilleur des fils, le plus heureux des maris et le plus tendre des pères, est aujourd'hui le maire de sa commune. Quand il rencontre un mendiant sur son chemin, il ne manque jamais de lui faire la charité, et de murmurer tout bas ces paroles :

> Qui donne aux pauvres
> Prête à Dieu.

HUITIÈME VEILLÉE.

Un Duel de curé.

I.

Vous connaissez tous, chers lecteurs, l'histoire de ces joyeux jeunes gens qui, le soir d'un festin où le champagne avait coulé à flots dans les coupes aimées des buveurs, résolurent de jouer un tour à l'un de leurs camarades, spirituel, entraînant et véritable boute-en-train. Il était tard, et la bande joyeuse devait se mettre en route de grand matin pour se trouver à un rendez-vous de chasse. Le jeune homme choisi pour victime donna le premier le signal de la retraite et se rendit dans sa chambre, après qu'on eut décidé, d'un commun accord, que les premiers éveillés réveilleraient les autres. Un instant après, ses yeux appesantis par les nombreux sacrifices faits à Bacchus se fermèrent, et il s'endormit d'un profond sommeil, non loin du cabinet où son domestique, un nègre superbe et des plus foncés, ronflait comme la cheminée d'un bateau à vapeur vigoureusement chauffé. A l'exemple de son maître, le noir Éthiopien avait beaucoup bu dans la soirée et bu toujours rubis sur l'ongle; aussi, le maître et le groom ne tardèrent pas à faire un duo bronchique des plus sonores et des plus compliqués. Ils dormaient et ronflaient d'un si bon courage que ni l'un ni l'autre n'entendirent les éclats de rire mêlés en forme de chœur à leur duo nocturne par les camarades, lorsque l'un de ceux-ci, à l'aide d'un pinceau à barbe barbouillé de cirage, eut rendu le visage de leur ami exactement semblable en couleur à celui de son nègre. Quelques instants après, ils se blottirent les uns derrière les rideaux du lit, les autres derrière les angles saillants des meubles, et faisant tous un grand bruit ils crièrent : « Encore couché, paresseux ! lève-toi donc, nous sommes tous prêts et l'on n'attend plus que toi pour partir. » Auguste — c'est le nom du héros de cette anecdote, — Auguste répond au vacarme qui se fait autour de lui par cet ingénieux soliloque : « Il paraît que le champagne a la propriété de diminuer la longueur des nuits. »

A ces mots, il sauta sur le tapis de pied de son lit, bâilla trois fois, se frotta les yeux et jeta un cri d'impatience en apercevant dans une glace la teinte bistrée qu'on venait de lui fabriquer pendant son sommeil.

« Les imbéciles d'ivrognes ! ajouta-t-il en se remettant précipitamment au lit, *ils ont réveillé le nègre.* »

De même, un jour, la France de Charlemagne et de saint Louis, de Louis XIV et de Napoléon, la France, à la suite d'un projet de banquet où les discours les plus alcoolisés devaient aussi couler à flots sur les lèvres d'ambitieux bavards et d'intrigants rhéteurs, la France monarchique, enfin, s'est réveillée bien avant l'heure, et se trouvant par hasard au front, à la place de sa couronne d'or, un bonnet phrygien, elle s'écria : *Les imbéciles d'ivrognes! ils ont réveillé la République;* et comme Auguste, l'insouciant et gai viveur, se replongeant dans le repos, elle ferma les yeux à la vue des sombres défroques de 1793, promenées triomphalement dans la capitale de la civilisation ; elle ferma les oreilles au bruit des sourdes détonations de la place du Palais-Royal, où les *voltigeurs* de Marat et de Robespierre étaient en train de brûler vivants, au poste de l'honneur, les grenadiers du 14ᵉ de ligne, fidèles à leur drapeau.

La France, personnifiée depuis quinze ans par la bourgeoisie de Paris, fut bien coupable ce jour-là, car au lieu de se lever dans son courage pour combattre l'anarchie victorieuse, elle s'endormit dans la catalepsie de la peur, après avoir écrit à la craie blanche et signé de son nom, au seuil de ses maisons, ces paroles lâchement antifrançaises : *Armes rendues!*

Dès lors, la révolution surprise elle-même de son facile triomphe, la république ivre de pillage et de vin au château des Tuileries, de discours à l'Hôtel-de-Ville et de *blagues* au Luxembourg, déchaîna partout l'émeute à l'œil hagard et au bras nu. Lyon, la seconde ville de France, ne tarda pas à suivre l'exemple de Paris. En effet, des bas-fonds de la démagogie où de tout temps ont grouillé les plus mauvaises passions, l'on vit surgir tout à coup les *Voraces*, les *Vautours* et les *Ventres-creux*, variétés nouvelles de l'espèce qu'on appelle révolutionnaire.

Des esprits, l'anarchie la plus complète s'était répandue sur la place publique, et, chose étrange, on vit plus d'une noble intelligence, subissant comme malgré elle le vertige général, s'asseoir sans vergogne à la table de l'orgie démocratique. L'armée elle-même, privée d'ordres, isolée, sans un commandement unitaire, égarée dans le dédale des faits et des idées, trompée par les séductions de toute nature, séduite par les fascinations les plus décevantes, l'armée elle-même vit avec douleur quelques régiments oublier que le palladium de l'honneur se trouvait dans les règles irréfragables de la discipline militaire.... Jetons un voile sur ces jours néfastes, mais glorieusement réparés, et après ce préambule, arrivons sans plus de détours à notre sujet.

II.

A cette époque, le maréchal Bugeaud se trouvait à Lyon. De son coup d'œil intelligent et sûr, il eut bientôt reconnu le péril de la situation. La société se trouvait sur la pente rapide et glissante d'un abîme, où d'un moment à l'autre elle courait le danger d'être précipitée; l'armée seule pouvait prévenir cette chute en tendant la main à la société si tristement fourvoyée. Mais comme une partie de l'armée se trouvait elle-même engagée sur le plan incliné qui conduisait au précipice, il fallait autre chose qu'une puissance humaine pour tendre préalablement la main aux membres égarés de la grande famille militaire. Le maréchal Bugeaud le comprit, et comme il savait que dans les phases désespérées de la vie des peuples, la religion seule est l'ancre du salut, il résolut de faire appel à l'idée religieuse pour rétablir l'harmonie et l'équilibre dans la discipline militaire. Il connaissait le zèle ardent, la charité constante, le courage et le dévouement à toute épreuve de l'abbé Faivre; il le fit appeler.

« Monsieur l'abbé, lui dit-il, voulez-vous être pour quelques jours mon aide de camp?

— Volontiers, maréchal, pourvu cependant que la mission que vous me donnerez ne sorte pas mon caractère des limites pacifiques du sacerdoce.

— C'est justement une mission de paix que je désire vous confier.

— Merci, maréchal, je l'accepte. »

Une heure d'entretien suffit pour mettre le maréchal et son *nouvel aide de camp* d'accord sur les moyens à prendre pour faire le bien et pour éviter le mal, indiqués l'un et l'autre par les besoins et les périls de la situation. C'est ainsi qu'en aussi peu de temps qu'il lui en fallut pour gagner la bataille d'Isly, le vieux guerrier jeta les premiers fondements de l'œuvre militaire de Lyon.

Le lendemain de son entrevue avec le maréchal, l'abbé Faivre reçut une somme suffisante aux premiers frais de la guerre. Les bons livres qui sauvent les âmes, au lieu des boulets qui tuent les corps, les généreuses paroles qui réhabilitent les cœurs, au lieu des perfides conseils qui les corrompent, furent les seules armes et les seules munitions dont il comptait faire usage sur un terrain à lui connu, et exploré depuis longtemps. Résolu d'entrer immédiatement en campagne, il se rendit aux Chartreux pour demander au supérieur de cette maison religieuse la collaboration de deux prêtres de bonne volonté : — L'échiquier sur lequel nous devons manœuvrer est trop vaste, pensa-t-il, pour que je puisse l'occuper seul... et si nous l'abandonnons à l'ennemi, notre cause est perdue.

Le supérieur des Chartreux, intimidé par l'effervescence des esprits, et craignant de livrer la sécurité de ses prêtres aux chances d'une tentavive hasardeuse, refusa d'abord, mais pressé vigoureusement par l'éloquence persuasive de l'impétueux abbé, il finit par promettre le secours sollicité, à la condition que lui-même reconnaîtrait le champ de manœuvre. Cette condition ayant été acceptée, les deux prêtres fixèrent au lendemain leur reconnaissance à la caserne des Capucins, occupée aujourd'hui par les petites sœurs des pauvres, et alors par le 4e bataillon de chasseurs à pied.

De son côté, l'abbé Faivre, craignant qu'un échec imprévu ne vînt faire obstacle à la bonne volonté du supérieur des Chartreux, conçut le projet de le prévenir au besoin en faisant lui-même une première exploration.

C'est le bon Dieu qui m'a inspiré cette résolution, pensa-t-il, lorsque son entrée à la caserne fut saluée par un *couac* magnifique répété coup sur coup trois fois.

Les sous-officiers, témoins de cette insulte, connaissaient et appréciaient depuis longtemps le noble caractère de l'abbé Faivre; ils s'approchèrent de lui et le prièrent d'accepter leurs excuses pour l'impertinence dont il venait d'être l'objet et qu'ils allaient punir sévèrement en la personne du coupable, méchante recrue nouvellement débarquée de Paris.

« Je vous remercie, mes amis, répondit l'abbé Faivre en serrant leurs mains dans les siennes, mais laissez-moi faire. Seul j'ai été insulté, seul j'ai le droit d'exiger une réparation. » A ces mots, il s'approcha du conscrit qui avait proféré le cri vorace de l'oiseau carnivore, le saisit par le bras, et l'entraînant au milieu de la chambrée, il lui dit : « Tu m'as jeté le gant... je le relève... Comme toi je suis soldat... Nous ne servons pas dans le même régiment, c'est vrai ; nous n'avons pas le même uniforme, les mêmes armes, j'en conviens encore, mais tous deux nous sommes Français, et tu le sais, un bon Français ne s'est jamais laissé outrager en vain. Or, comme tu m'as insulté, je veux une réparation à l'instant même ici ; choisis tes seconds... voici les miens ; » et de la main l'abbé Faivre montra tous les chasseurs de la chambrée, formant le cercle autour des deux adversaires, et attendant avec la plus vive anxiété le dénoûment de cette scène saisissante. Le conscrit parisien, debout en face du prêtre dont l'œil étincelant le clouait sur place, aurait donné tout au monde pour se trouver quelques instants libre comme les volatiles dont il avait imité le sot langage; car il n'était point si bête que son *couac* malencontreux lui en donnait l'air, et il comprenait le ridicule de sa position. L'abbé Faivre reprit : « En garde!.. armes courtoises et égales... croisons le fer... c'est avec la langue que tu m'attaques... c'est avec la langue que je riposte... y es-tu? c'est bien... En prime, seconde, tierce et quarte, je vais te prouver que tu es un malhonnête, un maladroit, un lâche et un ingrat. En garde donc, parez prime... Un malhonnête et deux fois malhonnête. *Première fois malhonnête* : Tu sais parfaitement que lorsque l'on crie *couac* à un curé, on n'a pas l'intention de lui faire une politesse. Bien que celui qui a inventé cette sottise n'ait pas fait un chef-d'œuvre d'intelligence et un acte de bon goût, il est généralement reconnu que le *couac* est une insulte créée à l'usage des pauvres d'esprit pour humilier le prêtre à son passage. *Deux fois malhonnête* : Quel lieu as-tu choisi pour m'insulter? Ton domicile, l'endroit où tout homme qui se respecte doit aide et protection à son semblable; donc tu as méconnu les lois de l'hospitalité, donc... es-tu malhonnête?

« *Parez seconde* : Tu es un maladroit, car tu ne pouvais pas plus mal choisir ton homme. Il y a plus de cent mille prêtres en France, il y en a quinze cents dans le diocèse de Lyon, mais il n'y en a qu'un qui soit l'ami intime de ton commandant, qui lui prête son cheval quand il n'en n'a pas, et qui aujourd'hui même, pour venir voir ses braves amis du 4ᵉ bataillon de chasseurs, a monté le sien ; ce prêtre est celui que tu as insulté... Il ne tiendrait qu'à moi de te faire punir, et tu ne l'aurais pas volé... Es-tu maladroit?

« *Parez tierce :* Tu es un lâche! Attaquer une femme, un vieillard, un enfant, une personne désarmée qui ne peut se défendre, un être passif par caractère et par devoir, n'est pas le propre d'un soldat français, qui provoque un plus fort souvent, un égal toujours, un plus faible jamais. Or, au point de vue de la faiblesse humaine, le prêtre est lié plus que l'enfant emmaillotté par les langes du berceau, plus que le vieillard emmaillotté par le poids des ans, plus que la femme emmaillottée par la faiblesse de son sexe; il est emmaillotté lui par les lois de l'Évangile, qui lui prescrit le pardon des offenses et l'oubli des injures, qui lui ordonne de rendre le bien pour le mal, et de tendre au besoin la joue à la main qui le frappe... Es-tu lâche ?

« *Parez quarte :* Tu es un ingrat... Je n'aime pas à rappeler les bienfaits, ce n'est digne ni du prêtre ni du soldat; une bonne action commise dans l'ombre a plus d'éclat devant Dieu, je le sais, cependant il importe que tu saches aussi, toi, qui je suis. Interroge tes camarades qui me connaissent, et ils te diront à quelle source je puise chaque jour mon dévoûment absolu à tous les membres de la famille militaire, que j'ai adoptée il y a longtemps, alors que pauvre petit moutard tu proférais dans les bras de ta nourrice un cri tout aussi harmonieux, mais plus innocent que celui du corbeau; ils te diront que le soldat en congé qui ne sait où reposer sa tête est toujours sûr de rencontrer sous mon humble toit bon cœur et fraternelle hospitalité; dans ce cas, *à lui le matelas, à moi la paillasse.* Ils te diront que mes épaules chétives en apparence ont porté plus d'un sac bien lourd, que mes lèvres ont tari plus d'une larme bien amère, que cette main s'est interposée bien souvent entre le malheur et le désespoir; ils te diront enfin que plus de douze cents vieux soldats à Lyon doivent leur pain de chaque jour à Dieu d'abord, et ensuite au curé que tu as *croassé.* Demande à tes camarades si je *blague...* Tu ne ripostes pas... touché !

— Bravo! monsieur l'abbé, bravo! s'écrièrent en frappant des mains les silencieux témoins de ce cartel étrange, bravo! le Parisien est enfoncé!

— *Et bien touché,* répliqua le Parisien, » en indiquant avec la main la place où battait son cœur.

L'abbé Faivre, imposant silence aux applaudissements qui avaient accueilli ses dernières paroles, reprit : « Mais non, camarade, j'ai trop d'estime, j'ai trop de respect pour ton uniforme, pour le supposer plus longtemps capable d'abriter un cœur malhonnête, maladroit, lâche et ingrat. Tu n'es qu'un pauvre jeune homme élevé sans doute par l'ignorance, dans la haine contre les prêtres que tu n'as jamais vus, sans doute, de si près que tu me vois aujourd'hui; plus tard, tu les connaîtras mieux, en attendant, donne-moi ta main, et que cette passe d'armes te serve de leçon pour l'avenir.

— Monsieur le curé, pardonnez-moi, répondit le Parisien, pour que je devienne digne de prendre la main que vous m'offrez.

— Tu es tout pardonné, camarade, embrasse-moi. » Et la poignée de main de la réconciliation se changea en un baiser fraternel, aux acclamations de toute la chambrée.

L'abbé sorti victorieux de cette nouvelle épreuve, sauta sur son cheval et s'éloigna, disant: « Au revoir, camarades, à demain! »

III.

Le lendemain, l'abbé Faivre, accompagné du supérieur des Chartreux, se présenta à l'heure convenue au quartier du 4ᵉ bataillon de chasseurs à pied. Le supérieur, dont le pied franchissait pour la première fois les portes d'une caserne, et dans quel moment! aux plus mauvais jours de la révolution de février! le supérieur, résigné au sacrifice, offrait déjà secrètement à Dieu le mérite des avanies auxquelles il avait préparé son cœur et ses oreilles, lorsque le chef de la garde de police venant droit à eux, le sourire sur les lèvres et dans une tenue des plus respectueuses, leur proposa de les introduire dans le quartier. L'abbé Faivre refusa cette offre, et prenant le bras du supérieur il entra résolument dans les chambrées, en s'écriant : *Fixe! debout!* Aussitôt, tous les soldats présents se lèvent et se placent au pied de chaque lit, le petit doigt sur la couture du pantalon, le képi à la main, dans l'attitude réglementaire. Alors les deux ecclésiastiques commencèrent une revue qui n'était, en réalité, que le contrôle du cœur, cœur pur et sans alliage. En passant devant le Parisien, l'abbé Faivre reconnut son goguenard de la veille et s'arrêta ; puis s'adressant au supérieur des Chartreux : « Permettez-moi, monsieur, lui dit-il, de vous présenter, dans la personne de ce brave chasseur, mon meilleur ami.

— Je vous en félicite tous deux.

— D'autant plus que mon nouvel ami est un fin et spirituel compère, possédant à fond tous les talents de société; il en est un surtout sur lequel il excelle, il imite à s'y méprendre le cri des animaux... La dernière fois que je suis venu ici, je me suis cru perdu, à l'entrée de l'hiver, dans les plaines de la Beauce... » Ces paroles, prononcées avec le plus grand sérieux, furent accueillies par une longue salve d'éclats de rire. Seuls le supérieur et le Parisien ne riaient pas, l'un parce qu'il ne comprenait pas, l'autre parce qu'il avait trop compris.

« *Sans te commander*, mon camarade, reprit l'abbé Faivre, voudrais-tu donner un échantillon de ton savoir-faire à monsieur?

— Impossible, monsieur le curé, répliqua avec un sang-froid imperturbable le spirituel enfant de Paris, impossible *à mon cœur*, car depuis hier j'ai oublié pour toujours le cri que je connaissais le mieux.

— A mon tour je suis *touché*, dit l'abbé Faivre, je demande ma revanche.

— La belle, voulez-vous dire?

— La belle, soit !

— Accordée.

— Le lieu?

— Chez moi.

— Le jour?

— Aujourd'hui même.

— L'heure ?

— Six heures précises.

— Les armes?

— Des verres et une vieille bouteille de Beaujolais.

— C'est convenu... Mais dites donc, monsieur l'abbé, et la permission de dix heures?

— Je m'en charge... N'oublie pas d'amener tes témoins. »

. . . .

Le supérieur des Chartreux, bientôt au fait de la chose qui lui semblait une énigme, demanda à servir de second à son frère d'armes; l'abbé Faivre l'accepta d'autant plus volontiers, qu'il venait d'obtenir la promesse du renfort ecclésiastique qu'il sollicitait pour le plus grand succès de son œuvre.

Le jour même, à six heures, les deux adversaires, exacts au rendez-vous et assistés de leurs témoins, se retrouvèrent le verre à la main, en présence... d'une table modestement, mais abondamment servie.

Cependant, nous devons dire dans l'intérêt de la vérité que la vieille bouteille de Beaujolais promise n'était point seule... Pour accomplir jusqu'au bout notre mission d'historien, nous devons ajouter que du menu confortable offert à l'appétit des convives, un seul fromage du Mont-Dore resta intact. Le Parisien, qui pour toujours *avait oublié le croassement du corbeau*, le demanda à l'abbé Faivre, dont il prit congé en disant :

La leçon valait bien un fromage.

NEUVIÈME VEILLÉE.

Une exécution militaire à Vincennes le 1er novembre 1848.

Dans la soirée du 19 août 1848, un homme jeune encore, quoique les émotions de la haine et de la vengeance donnassent en ce moment à son front pâli vingt ans de plus que son âge, un homme attendait dans l'enfoncement obscur d'un escalier desservant l'ancien état-major de la garde nationale, au Carrousel.

— Quel était cet homme?

— Un sergent de grenadiers du 3e bataillon du 14e de ligne.

— Comment s'appelait-il?

— Jacques Herbuel, né le 1er décembre 1806, à Saint-Pierre-Ville, département de l'Ardèche, et entré au service le 2 juillet 1828.

— Pourquoi cet homme attendait-il ainsi dans l'ombre?

— Parce que dans ce moment suprême l'esprit du mal, l'emportant sur le génie du bien, demandait à sa haine une victime.

— Pourquoi cette victime?

— Je vais vous le dire.

Le sergent Herbuel était de semaine; ce jour-là même, dans la matinée, il était descendu de piquet, et sur le point d'aller monter la garde au poste du Carrousel, il avait prié un grenadier de sa compagnie d'astiquer son fourniment, avarié par le service de la nuit. La tenue d'Herbuel, comme soldat, avait toujours été irréprochable; propre et soigné dans son uniforme, comme un lion du boulevard des Italiens dans son habit, il était un modèle de propreté. Peiné du refus que le grenadier opposait au modeste salaire qu'il offrait à sa complaisance, il l'avait invité à prendre un verre de bière au café voisin. Le lieutenant Brodhag, natif de Roeschwag, département du Bas-Rhin, l'ayant surpris dans une situation contraire au règlement, lui avait infligé quatre jours de consigne. Vainement Herbuel le supplia alors de le relever d'une punition qu'il croyait exagérée, le supérieur ne voulut rien entendre : trois fois le sergent revint à la charge, avec des larmes dans les yeux et des prières sur les lèvres; trois fois le lieutenant se montrant inflexible crut devoir maintenir, dans l'intérêt de la discipline, un rigoureux exemple. Alors, éperdu, se croyant déshonoré par une première punition, Herbuel perdit la raison, et sa main, guidée par le démon de la colère, glissa une cartouche à balle dans son fusil, après avoir écrit cette lettre à ses camarades.

Nous la publions textuellement, à l'exception d'un certain nombre de fautes d'orthographe.

« Mes Collègues,

« Je vous prie de comprendre le motif qui m'a porté à débarrasser le régiment de l'homme le plus *mal injuste* qui se puisse voir.

« Quatre jours de police qui m'ont été *affligés* pour avoir bu un verre de bière font la perte de votre collègue. Après avoir supplié cette *bête brute* de Brodhag, rien n'a pu l'attendrir. Voilà ce qui m'a excité à lui éviter l'occasion d'en faire autant à d'autres. Je vous prie de me faire dire une messe le jour où je devrai paraître devant Dieu.

« Herbuel. »

Ce fut après avoir écrit cette lettre et signé au bas son arrêt de mort, que le malheureux sergent se rendit dans le sombre escalier du poste du Carrousel, pour y guetter le passage du lieutenant Brodhag.

« Le misérable ne viendra donc pas ! » disait-il en

pressant sous son doigt la détente homicide de son fusil.

A peine avait-il achevé ces mots qu'un bruit de pas se fit entendre dans les escaliers : c'était la victime qui montait en fredonnant une marche militaire. Herbuel s'effaça pour le laisser passer, puis, quand son lieutenant se trouva à la portée de son fusil couché en joue, il lui fracassa le crâne à bout portant.

« Enfin je suis vengé, dit-il aux soldats du poste qui étaient accourus au bruit de l'explosion. Puis, montrant du doigt le cadavre sanglant, inanimé, de son chef étendu à ses pieds, il ajouta :

« Le voilà, c'est moi qui l'ai tué ; je sais le sort qui m'attend ; je ne chercherai pas à l'éviter. Je suis à vous, faites de moi ce que vous voudrez. » Et, se livrant aux mains de ses camarades, il marcha d'un pas ferme à la prison militaire.

Le crime du sergent Herbuel était le plus grave de tous ceux prévus et punis par la juridiction militaire. Il avait tué son lieutenant avec la circonstance aggravante d'une préméditation, établie par la lettre écrite à ses collègues ; le sort qui lui était réservé était écrit avec du sang et se traduisait par ce seul mot, *la mort*. Herbuel le savait ; il n'ignorait pas qu'il n'avait plus de pardon à attendre de la part des hommes. Il songea donc, dès que le repentir eut tracé dans son cœur le chemin de l'expiation, à se réfugier dans la miséricorde de Dieu. Le lendemain même de son incarcération à l'Abbaye, Herbuel, condamné à mort par le deuxième conseil de guerre, appela près de lui M. l'abbé de Ségur, le saint aumônier de cette prison. « Je suis arrivé à la dernière étape de ma vie, lui dit-il ; et, levant les yeux au ciel, il ajouta : La garnison éternelle est là-haut, mon père, préparez-moi à m'y rendre en grande tenue, sans tache au cœur, comme il convient à un soldat chrétien de paraître devant le général en chef des anges et des saints. »

Trois jours après cette première entrevue, il fit une confession générale et reçut la communion. Depuis ce moment jusqu'à celui de l'expiation, il vécut dans une retraite absolue, au milieu même de ses compagnons de captivité.

Calme et résigné, reconnaissant la justice du jugement qui le condamnait à être fusillé, il consacrait la plus grande partie de ses journées à la lecture des livres pieux et à la prière. Son sacrifice était si complet qu'il ne tenait plus aux choses de la terre que par un seul point, la *propreté*. A toute heure de la journée, soit qu'il restât dans sa chambre, soit qu'il descendît dans la cour, il était *astiqué* comme s'il devait passer la revue du colonel. Suivant l'expression colorée de ses camarades, les boutons cuivrés de son vêtement brillaient toujours comme des miroirs devant lesquels le plus barbu des sapeurs aurait pu faire sa barbe.

Toujours prêt à passer la grande revue du jugement de Dieu, il communiait tous les huit jours, et restait des heures entières plongé dans le silence de la méditation et dans le recueillement de la prière.

« Maintenant, disait-il souvent au respectable abbé de Ségur, qui l'assistait de son ardente charité, maintenant je suis heureux ; — je suis prêt à emboîter le pas final ; — que le bon Dieu fasse de moi ce qu'il voudra, je me livre corps et âme à sa divine miséricorde ; je suis dans une paix profonde. Si parfois une pensée de regret me rattache à la terre, le désir que j'éprouve alors d'y rester ne porte que sur un seul but, celui d'y faire une longue et rude pénitence. »

Cependant deux mois s'étaient à peine écoulés depuis la condamnation du jeune sergent, et il est rare que la justice humaine laisse passer un si long laps de temps entre la sentence et son exécution. Aussi l'espérance d'une commutation de peine commençait-elle à naître dans le cœur du pauvre condamné. Décevante illusion ! La justice devait avoir son cours.

Le 31 octobre, Herbuel descendit, comme à l'ordinaire, dans la matinée, pour manger la soupe. Les camarades, dont il avait conquis l'estime et faisait l'admiration par sa mâle résignation et sa confiance en Dieu, le félicitaient sur la prolongation d'un retard de bon augure, lorsque tout à coup, s'adressant à M. Bourgeois, agent principal de la prison militaire, il dit en lui montrant la cuillerée de soupe qu'il portait à sa bouche : « Combien m'en reste-t-il encore comme cela à manger sur la terre? »

M. Bourgeois venait d'apprendre à l'instant même que le malheureux condamné devait bientôt recueillir au ciel le bénéfice des prières adressées à Dieu le jour des Morts pour les trépassés. Il lui fit une réponse évasive, en se détournant pour lui cacher l'émotion de son visage.

Le 1er novembre, Herbuel passa la plus grande partie de la journée à prier dans la chapelle et à se recommander à la puissante intercession de tous les saints dont l'Église célébrait la fête. Son cœur, reflétant pour ainsi dire la teinte lugubre du ciel, était comme assombri par de tristes pressentiments. Dans la soirée, au moment où les cloches de l'église voisine, Saint-Germain-des-Prés, tintèrent le premier glas de l'agonie, les sanglots d'airain que la religion accorde particulièrement ce jour-là à la mémoire des morts, Herbuel tressaillit, et, tombant à genoux, il récita avec ferveur les prières des agonisants. Il les avait à peine terminées, qu'un insolite bruit de pas se fit entendre dans les escaliers.

— Ils viennent! s'écria-t-il en prêtant l'oreille. Les cloches sonnaient encore leurs sinistres volées, et le bruit des pas, résonnant sur les dalles de pierre, se rapprochait toujours. Herbuel se releva, et, au même instant, sa porte s'ouvrit.

« Je vous attendais, messieurs, dit-il avec calme à ceux qui, d'une voix émue, lui apprirent qu'il fallait se préparer à mourir.... Je suis prêt, ajouta-t-il, J'ai mérité la mort.... Je l'accepte comme une juste expiation.... J'ai commis un grand crime.... J'en demande pardon aux hommes.... Dieu qui voit, de son divin tribunal, tout ce qu'il y a de repentir au fond de mon âme, m'aura, sans doute, déjà pardonné.... Que la justice des hommes et la volonté de Dieu soient faites! »

M. l'abbé de Ségur ne tarda pas à arriver. Herbuel se jeta dans ses bras; puis, tombant à ses genoux : « Une dernière fois, mon père, écoutez-moi, » dit-il. Pour la dernière fois, en effet, il se confessa, et reçut des mains du prêtre le saint-viatique. Le vénérable ecclésiastique se retira fort tard, après avoir promis de revenir de très-bonne heure, dans la matinée du lendemain. La nuit était pluvieuse et froide. M. Bourgeois, qui sait, dans l'exercice de ses pénibles fonctions, tempérer les rigueurs du devoir par les adoucissements de l'humanité, plaça le condamné dans une chambre parfaitement chauffée, et lui fit servir un repas confortable.

Herbuel passa une grande partie de la nuit en prières, ou causant, par intervalle, avec les deux gendarmes chargés de le surveiller.

A quatre heures, il fit appeler M. Bourgeois, et, lui serrant la main avec effusion, lui dit : « Je ne veux point mourir sans vous exprimer mes sentiments de reconnaissance pour tous les égards que vous avez eus pour moi. Un jour, le bon Dieu vous en tiendra compte.

— Allons donc, mon brave, ne pleurez pas ainsi; vous me faites mal. » Disant ainsi, M. Bourgeois fondait en larmes. Herbuel reprit : « Je ne suis pas riche ; cependant, je possède encore quelque chose. Voulez-vous être mon exécuteur testamentaire ?

— Volontiers, mon brave.

— Eh bien ! prenez ces trente-neuf sous, c'est tout ce qui me reste, et partagez-les entre les plus nécessiteux de mes camarades ici détenus. »

Ainsi qu'il l'avait promis, M. l'abbé de Ségur revint de grand matin à la prison militaire. Il trouva calme et presque joyeux le malheureux qui allait mourir.

Maintenant, écoutons M. de Ségur. Lui-même va nous conter la fin de cette dramatique histoire.

« Vous ne sauriez croire, monsieur l'aumônier,

me dit-il en m'apercevant, l'excellente journée que j'ai passée hier! Comme j'étais heureux! C'était un pressentiment que m'envoyait la bonne Providence. Je savais que c'était la fête de tous les saints; aussi je les ai priés tout le temps : j'ai dit deux fois leurs litanies. Le soir, j'étais bien content, et, ce matin, je le suis plus encore. Rien ne saurait vous exprimer la paix que j'ai goûtée cette nuit! C'était une joie dont on ne peut se faire une idée. »

A six heures un quart, la voiture cellulaire arriva. Herbuel prit congé du commandant et de l'agent principal de l'Abbaye. Ceux-ci étaient profondément émus et pleuraient en lui disant adieu. Il monta près de moi dans la triste voiture, qui arriva à Vincennes à huit heures. Il était paisible, joyeux même pendant le trajet.

« Ce n'est pas la mort, disait-il en versant quelques grosses larmes, ce n'est pas cela qui me fait pleurer; mais c'est vous qui me faites de la peine, mon père; vous et mes pauvres parents. Quant à la mort, elle n'est plus rien pour moi. Je sais où je vais; je vais là-haut, chez mon père; — je vais *chez nous*. Dans quelques moments j'y serai. Je suis un grand pécheur, le plus grand de tous les pécheurs; je me mets au plus bas; j'ai offensé Dieu, mais Dieu est bon, et j'ai une confiance immense en lui.

« Oh! la belle prière! disait-il en me montrant

quelques versets d'un psaume; oh! que voilà bien mon affaire! » Puis, lisant une prière après la communion : « Mon Dieu est avec moi, il est encore là, » murmurait-il tout bas, et il était plein de joie.

Je lui parlai de la très-sainte Vierge. « J'ai une confiance entière en elle, répondit le pauvre condamné; j'ai toujours eu confiance en elle, — et comment ne l'aimerais-je pas? n'est-elle pas la mère de mon Dieu. »

A la fin des prières des agonisants, admirable partie de la liturgie de l'Église, et qu'il lisait lentement en goûtant chaque parole, il ajoutait toujours le mot de Notre-Seigneur au nom sacré de Jésus-Christ

« Je n'aime pas à dire Jésus-Christ tout court, disait-il, ce n'est pas bien, ce n'est pas assez respectueux. Oh! que je crois fermement toutes les vérités de l'Église! Oh! que je suis dans un grand calme! quel beau jour! je vais bientôt me trouver avec Dieu... Mon père, je vais vous attendre là-haut... Quand votre tour viendra, je vous ferai entrer ou je n'y pourrai rien. »

Puis, rentrant en lui-même, il ajoutait : « Mais je ne suis rien, Dieu seul est tout. Tout ce que j'ai est à lui; je n'ai rien, tout ce que j'ai de bon vient de lui seul. Je ne mérite rien; je suis un grand pécheur. »

Il me parla aussi d'un jeune homme qu'il connaissait, me priant de tâcher de le ramener à Dieu. « Quelle grande chose ce serait; je croirais avoir beaucoup fait si vous réussissiez. »

Il avait une petite *Journée du Chrétien*. « Les soldats, disait-il, devraient tous avoir ce petit livre-là et ne le jamais quitter. Si je l'avais lu toute ma vie, je n'aurais pas fait ce que j'ai fait, et je ne serais pas où je suis ! » Cependant le moment approchait, la voiture était arrêtée, les troupes se formaient en deux longues haies dans la place de Vincennes. Je présentai le crucifix à Herbuel, il le prit avec transport, et le regardant avec une inexprimable tendresse, il dit doucement et à plusieurs reprises : « Mon Sauveur, oui... vous voilà bien mort pour moi..., et moi aussi je vais mourir en vous offrant le sacrifice de ma mort... » Et il baisait avec amour la sainte image.

Il m'embrassa aussi à plusieurs reprises. Je l'exhortai à unir ses derniers moments à ceux de son divin maître. « Oui, oui, je le fais, me répondit-il; Jésus, Marie, je l'ai répété toute la nuit. Dans quelques minutes... le jugement particulier... mais j'espère. » Tout était prêt... On descendit... La sentence fut lue par un officier supérieur. Herbuel demanda qu'on lui laissât commander son feu et qu'on ne lui mît pas de bandeau. Cette faveur lui fut accordée.

« Ne me blâmez pas, mon père, me dit-il ; ce n'est ni de l'orgueil, ni de l'ostentation : je ne suis plus de ce monde, et l'opinion des hommes n'est plus rien pour moi ; mais puisque j'ai eu l'audace du crime, il faut que j'aie le courage de l'expiation. »

Paroles sublimes, qui me remuèrent jusqu'au fond de l'âme !

Il reçut à genoux la dernière bénédiction du ministre de Jésus-Christ ; et, se relevant, il se plaça devant le peloton de soldats qui allaient le fusiller. Ce peloton était composé de quatre sous-officiers, quatre caporaux et quatre soldats du 24e régiment de ligne. Il était huit heures et demie. « Camarades, s'écria Herbuel d'une voix forte, je meurs chrétien. Voici l'image de Notre-Seigneur Jésus-Christ ! regardez-la bien ; et répétant « je meurs chrétien, » il leur montrait à tous le crucifix. — « Ne faites pas ce que j'ai fait, ajoutait-il ; respectez vos supérieurs, et soyez bons chrétiens pour être bons soldats. »

Je l'embrassai une dernière fois. — Je me retirai... Herbuel commanda son feu d'une voix ferme. La terrible détonation eut lieu. La tête était fracassée, et l'âme parut devant Dieu.

Pendant que les troupes de toutes armes, convoquées à Vincennes pour assister à cette exécution, défilèrent en silence devant le cadavre du sergent, l'aumônier se rendit à l'Abbaye, et là, réunissant tous les militaires qui s'y trouvaient détenus, il leur adressa de touchantes paroles : « Mes amis, leur dit-il, après leur avoir raconté dans tous ses détails la mort chrétienne de leur camarade, je ne vous en dirai pas davantage, l'histoire du pauvre Herbuel est plus éloquente que tout ce que je pourrais vous dire. Je ne vous demande qu'une chose : votre camarade est oublié maintenant de tout le monde; personne ne pense plus à lui, si ce n'est sa mère et moi..... Dans ce moment, M. Bourgeois interrompit l'aumônier et dit : » Si les camarades l'ont oublié, Herbuel, prêt de mourir, s'est souvenu des camarades ; voici, monsieur l'aumônier, trente-neuf sous qu'il m'a chargé de vous remettre pour que vous ayez la bonté de les partager entre les plus nécessiteux. » Généreux Herbuel, fit l'aumônier, et reprenant la parole, il termina ainsi : « Mes chers amis, — je ne vous demande qu'une chose : priez pour Herbuel, priez pour le repos de son âme, priez aussi pour le repos de l'âme de son lieutenant, qu'il eût voulu racheter au prix de tout son sang; puis, dans le cours de votre vie militaire, quand vous serez tentés d'oublier vos devoirs de chrétiens et de soldats, quand vous serez tentés de vous éloigner de Dieu ou de manquer à la discipline, souvenez-vous des conseils et de la mort de notre pauvre Herbuel. »

Ce jour-là même, et ainsi que le sergent Herbuel le leur avait demandé par son fatal billet du 19 août, ses collègues, les sous-officiers du régiment, firent célébrer à son intention une messe à laquelle ils assistèrent tous dans un profond recueillement.

DIXIÈME VEILLÉE.

Souvenirs du camp de Sathonay.

I.

Parmi les camps nombreux que les journaux illustrés de Paris, de Londres, de Munich, de Vienne et de Berlin ont servis, l'été dernier, en gravures sur bois ou en lithographies, à leurs nombreux lecteurs, le plus gracieux, le plus coquet, le plus pittoresque, le mieux *campé*, a passé, pour ainsi dire, inaperçu. Il est vrai de dire qu'il était probablement le moins considérable, numériquement parlant, puisqu'il comptait à peine quatre mille hommes. Nous l'avons habité quarante-huit heures, en amateur bien entendu; nous y avons reçu, sous la tente, l'hospitalité de la table, le jour, et celle de la botte de paille, la nuit; nous y avons serré la main du maréchal de

Castellane, et celle du troupier le plus subalterne ; nous avons sablé le champagne sous la tente du général en chef, et bu la goutte devant le front de bandière ; nous avons assisté aux opérations et suivi les diverses phases d'une alerte de nuit ; nous avons goûté la cuisine de la cantine et savouré le pot-au-feu de l'aumônier du camp, l'abbé Faivre, vous savez, cet excellent prêtre qui donnerait des leçons à la Cuisinière bourgeoise. En un mot, nous avons examiné, dans son ensemble et dans ses détails, cette délicieuse miniature militaire que nous allons esquisser à grands traits, à cette fin seulement d'en conserver le souvenir.

Faisons mieux encore, chers lecteurs. Par la toute-puissance de notre imagination, produisons un effet rétrospectif ; relevons, par le magnétisme de notre pensée, plus forte que la baguette des enchanteurs de l'Arioste, relevons les tentes pliées au mois de septembre, rendons-leur pour un moment les braves qui les ont habitées, redressons les cuisines, rallumons les fourneaux, rétablissons les spirituelles devises, les ingénieux emblèmes, posons de nouveau l'autel de gazon, dont les vestiges seuls debout encore indiquent que la religion du Christ est seule éternelle.

Le prodige est opéré ! Maintenant, chers lecteurs, je suis à vos ordres. En route pour Sathonay ! Deux chemins y conduisent : l'un, par la Croix-Rousse ; l'autre, par Fontaine ; le premier est plus court, mais il est plus sévère ; le second est plus long, mais il est plus gracieux. Optons pour celui-ci. Admirez, en passant, les bords si justement renommés de la Saône : la *tour* de la belle Allemande, l'île Barbe, si chère aux Lyonnais, les délicieuses villegiatures qui bordent la rivière, un chassez-croisez de bateaux à vapeur au milieu, puis Fontaine.

La voiture nous dépose sur le seuil d'un petit sentier qu'on appelle poétiquement le *désert*. Engageons-nous-y sans crainte, car ce désert ne ressemble en rien à ceux de Sahara. Le chemin qui le traverse, encaissé entre deux balmes semées d'églantiers, est couvert de délicieux ombrages. Le regard n'y rencontre, en fait de reptiles, que le grillon jetant son cri plaintif à travers les pervenches épanouies, ou le papillon caressant de son aile diaprée les clochettes roses et bleues des campanules et des violiers.

— Qui vive ?

— Amis. Nous sommes aux avant-postes. Ce cri de la sentinelle nous l'indiquerait assez à défaut des premières baraques, qui servent en quelque sorte de faubourg à la cité volante du maréchal de Castellane. Passons rapidement devant les buvettes en plein vent et les restaurants improvisés à la belle étoilé. Passons, pour arriver plus vite, sur la hauteur qui domine le camp; nous aurons, de là, un magnifique coup d'œil d'ensemble. Rien de plus pittoresque, en effet, que ces longues lignes de tentes, arrangées symétriquement dans cette riche plaine, bordée, à l'horizon, par les montagnes du mont d'Or et du Beaujolais! Quand vient le soir, et lorsque les pâles rayons de la lune adoucissent les silhouettes de toutes choses humaines, on dirait des fantômes blancs accroupis sur le sol, ou des bénédictins couchés sur la pierre des tombeaux.

Cette tente, dont la position isolée frappe vos regards, est celle de l'illustre maréchal au bras duquel la seconde ville de France a confié le soin de sa préservation. Comme vous le voyez, elle se compose de deux *marquises* réunies et adossées. Le pourtour est orné d'une galerie tentée par des toiles de campement et soutenue par des fers de lance. L'une de ces marquises est illustrée par un noble souvenir : elle a eu l'honneur d'abriter le sommeil du maréchal Bugeaud en Afrique. De son sommet, le drapeau de la France a servi de guidon aux vainqueurs d'Isly. En dehors, un péristyle, contrastant par son poids avec la légèreté des toiles, et figurant une colonnade, est formé de pièces de siége dont la culasse repose dans l'orifice béant des obusiers et dont la bouche est couronnée par des chapiteaux de pistolets. D'une colonne à l'autre, des serpents en pièces d'armes déploient élégamment leurs écailles d'acier et servent de cadre à la devise du maréchal : *Plus d'honneur que d'honneurs.* Cependant, la courtoisie chevaleresque avec laquelle le commandant en chef de l'armée de Lyon fait les *honneurs* de sa tente, rapproche et confond les deux termes de cette fière devise. Les pures traditions de la galanterie française, celles des nobles et belles manières se retrouvent intactes dans les quelques pieds carrés qui, au camp de Sathonay, servent de palais au maréchal de Castellane.

La seconde marquise, surmontée d'un aigle formé de pièces d'armes, sert de salle à manger au maréchal, qui, souvent, y réunit de nombreux convives appartenant à l'élite de la cité lyonnaise. Cette figure glorieuse qui, sur tous les champs de bataille de l'Empire, a servi de ralliement à la gloire française, est un véritable chef-d'œuvre d'art.

Les deux tentes que nous apercevons debout, un peu plus loin, sont celles des généraux Herbillon et Deshorties. Voici la bibliothèque, formée par les soins de l'aumônier dont vous avez déjà deviné le nom, synonyme d'honneur, de dévouement et de charité, l'abbé Faivre.

Cette autre tente représente le presbytère en toile du digne prêtre, et, tout auprès de cette modeste cure, sur le point culminant de la colline, s'élève l'autel consacré au service religieux. Dans la semaine, nu et dépouillé de ses draperies de velours et de ses guirlandes de fleurs, cet autel se pare le dimanche de toutes les richesses inventées par la brillante fantaisie des soldats.

Les marches du pieux édifice, qui rappelle à toute heure du jour la pensée de Dieu au regard des soldats, sont en gazon. Le pourtour de l'autel, flanqué de deux obusiers de 22, est formé par des treillis de sabres de cavalerie croisés avec leurs fourreaux. Deux colonnes sveltes, hérissées de sabres, de fusils et de pistolets, s'élèvent à droite et à gauche, figurant, à s'y méprendre, l'aspect de chapiteaux corinthiens. Ces colonnes sont couronnées elles-mêmes par des croix formées également avec des pistolets. Deux obusiers de montagne, en cuivre, placés de chaque côté de l'autel en guise de cassolettes, reçoivent, chaque dimanche, l'encens pur que les troupes du camp brûlent en l'honneur du Dieu des armées.

La messe du dimanche, au camp de Sathonay, offre à la piété des fidèles croyants une mise en scène dont les effets sublimes pourraient servir de preuve à la divinité de la religion qui les inspire. A onze heures et demie, toutes les troupes du camp viennent se masser au pied de l'autel dans l'ordre suivant : les quatre plus anciens sapeurs, en grande tenue, sont debout aux quatre angles de l'autel ; les autres garnissent la galerie du sanctuaire, où, sur le tertre qui la forme, des ecclésiastiques en habit de chœur sont agenouillés. Deux cuirassiers, à cheval et la lame au poing, séparent les deux mortiers de siége des deux pièces de campagne placées à l'angle de l'autel. A partir de cet angle, sont échelonnées en éventail les députations des armes d'élite. Au centre de cette disposition, le maréchal, en grande tenue, la poitrine constellée de décorations, les officiers généraux, entourés de leurs aides de camp, prennent place en face de l'autel. A dix pas plus loin, on voit tous les tambours et tous les clairons du camp, et sur le second plan toutes les troupes massées dans la plaine à gauche en bataille. Un officier, debout au centre de l'éventail, vis-à-vis de l'autel, est chargé d'indiquer, par différents commandements les diverses phases du Saint-Sacrifice.

Ces commandements s'exécutent sur un signal donné par un maître des cérémonies. Le prêtre officiant habillé à l'autel et entouré d'assistants descend les degrés de gazon à midi précis, annoncé par un coup de canon. Alors le prêtre s'incline devant l'autel, se retourne, salue les autorités, commence la messe au commandement de : *Portez armes!* répété par tous les chefs de corps. Le prêtre remonte à l'autel, les troupes reposent leurs armes jusqu'à un nouveau signal donné à l'Évangile. A ce signal, où tout chrétien doit manifester sa foi, les hommes portent les armes comme pour dire : *Présents* et répondre ainsi à l'appel de Dieu. Un moment avant l'élévation la modeste clochette donne le signal au commandant qui s'écrie : *Garde à vous ! Portez armes ! Présentez armes ! Genou terre !* Au même instant la bouche à feu tonne, l'armée s'incline comme un seul homme, Dieu seul reste debout dans la personne de son ministre, et la vue de ces masses en armes dont un genou touche la terre, et l'autre est courbé seulement, caractérise l'ensemble de la vie du soldat chrétien, ayant un genou pour Dieu et l'autre pour la patrie. Les tambours battent aux champs, les clairons sonnent, la bouche béante des mortiers accoutumés à vomir la flamme des combats, reçoivent des mains d'un humble lévite l'encens de l'Arabie pour le renvoyer comme un nuage de parfums aux pieds du Dieu de paix.

Trois coups de baguette donnés au *Domine, non sum dignus*, indiquent que le prêtre s'incline et s'humilie en répétant les paroles du Centenier : « Seigneur, je ne suis pas digne que vous entriez dans ma maison. » *Domine, non sum dignus ut intres sub tectum meum.* Immédiatement après, le *Domine salvum*, exécuté une première fois par les voix sans accompagnement, la seconde fois par les musiques sans voix, la troisième fois par les voix et les musiques réunies enseigne aux hommes de bonne volonté que le salut de la patrie émane de Dieu seul et se trouve dans celui du chef de l'Etat. La messe terminée, le prêtre officiant salue de nouveau l'autel et les autorités militaires et un dernier coup de canon, imitant le coup de tonnerre qui servit de glas au dernier soupir de l'homme-Dieu, figure la voix de la terre disant : *Consummatum est*. Aussitôt les carrés s'ébranlent, les divisions et les sections se forment, les musiques se massent vis-à-vis des chefs et le défilé, cette marche triomphale qui couronne tous les mouvements militaires, ajoute un nouvel éclat à la cérémonie grandiose qui vient de se passer sous la voûte du ciel.

II.

Maintenant, chers lecteurs, nous irons explorer la partie la plus curieuse et la plus fréquentée des visiteurs, *l'allée des cuisines*. En première ligne les fourneaux construits par les soldats du génie frappent les regards ; l'art qui les a pour ainsi dire improvisés avec un morceau d'argile n'a rien demandé à la fantaisie ; il a suivi mathématiquement les principes de la science : ce ne sont que des fourneaux. Il n'en est pas ainsi de ceux que les compagnies des armes non spéciales ont construits tout auprès ; l'art a pris là ses coudées franches, il a jeté au vent les lisières de la règle pour s'abandonner à la verve de son inspiration, aux caprices de la fantaisie ; il s'est fait Cham et Gavarni ; voyez avec quel joyeux entrain il a su illustrer son œuvre ! Ici ce sont des dômes, des pyramides, des obélisques, là ce sont des temples, des minarets, partout les armes de l'illustre maréchal ; ailleurs ce sont des forteresses avec leurs créneaux, leurs tourelles, leurs machicoulis et leurs fossés : plus loin ce sont des bustes ou des statuettes dont la ressemblance exacte n'a pas besoin de noms. A chaque pas c'est un petit chef-d'œuvre représentant un aigle belliqueux, un Bacchus ivre, une Sirène effrayée, un Satyre audacieux, des trophées, des panoplies, une véritable exposition.

Contrairement au proverbe qui défend au bon vin le luxe de l'enseigne, presque toutes les cuisines ont leur inscription-réclame. L'art s'est fait Loustic, lisez plutôt :

Au Gastronome,
Un plat au choix sur un menu composé de carottes.

—

A la fortune du Pô (Piémont),

—

Restaurant champêtre à 35 centimes par tête.

—

La cuisine est un temple dont le fourneau est l'autel.

—

A la carotte supérieure : bon vin, bonne bière de mars.

Au pou qui tête et fait crédit.
Pension pour sept ans à 35 centimes par jour.

Au hasard de la fourchette... deux liards le coup.

Il faut manger pour vivre, et non pas vivre pour manger.

Au lion d'or couché par terre.
Au lit on dort couche par terre.

Cette enseigne-rébus s'explique naturellement et d'elle-même par un magnifique lion en terre dorée et étendu sur le sol.

A l'entrée des cuisines, la vie du soldat se trouve représentée par un maigre voltigeur qui s'escrime à tirer le diable par la queue ; ce groupe, pétillant de verve et d'esprit, a été modelé par un artiste du 6ᵉ bataillon de chasseurs.

Pour compléter ces charmants détails et sanctifier en quelque sorte la guerre, l'art et la poésie, les soldats du camp de Sathonay ont construit en rocaille un pieux pèlerinage sous le vocable de Notre-Dame-du-Fort. Le voyageur qui marche péniblement dans la vie est symbolisé par une figure militaire s'avançant à travers de nombreux accidents de terrain vers le but indiqué à sa foi, et marqué au sommet de la plate-forme par une statue de la Sainte-Vierge. Cette poétique image est incessamment couronnée de fleurs nouvelles et entourée de pieux hommages.

Mais quel est ce vêtement sombre dont la vue tranche sur l'éclat des pantalons garance? C'est la soutane de l'aumônier du camp, c'est le noble uniforme de *l'ami des soldats*, de l'abbé Faivre, dont la vie identifiée à celle de l'armée se consacre indistinctement à tous les membres de la famille militaire, et courtise de préférence, suivant l'esprit de l'Évangile, les plus humbles et les plus faibles.

La présence de l'abbé Faivre, son installation au sein des troupes, constituent le côté moral et sérieux du camp de Sathonay. Honneur aux chefs qui les premiers l'ont compris! — Honneur au brave et vaillant chef dont la pensée, s'identifiant à la pensée napoléonienne qui a relevé les églises en France, a compris que la croix, sœur de l'épée, était unie à l'armée par des liens indissolubles, et que la religion, palladium du soldat, avait toujours guidé les armées au chemin de l'honneur. — Honneur à la vertu militaire du brave maréchal de Castellane, dont le nom seul est à Lyon un gage de sécurité pour les honnêtes gens et de terreur pour les ennemis de la société! Honneur à l'infatigable guerrier qui, dans les mauvais jours de 1848, a montré entre tous l'exemple de l'énergie en sauvant l'honneur de son drapeau!

Le frottement continuel de l'abbé Faivre avec l'armée a déjà produit d'immenses résultats. Combien de sottes préventions et d'absurdes préjugés sont tombés devant la logique de son argumentation et même devant le trait de sa plaisanterie! combien de doutes et d'erreurs dissipés par l'éloquence de sa parole incisive ! Que de riches gerbes glanées à la suite de causeries intimes dans les champs incultes de l'indifférence et du scepticisme! Que de fécondes semences jetées dans l'intervalle d'une partie de boule et d'un jeu d'échecs! Aussi quel nom plus justement mérité et plus doux que celui décerné par l'armée entière à son abnégation généreuse, à son ardente charité, — l'ami des soldats!

III.

L'esprit voltairien, chauffé en serre-chaude sous la Restauration par les rhéteurs, les doctrinaires, les chansonniers, les commis-voyageurs, et tous les cabotins du parti soi-disant libéral ; cet esprit railleur, qui est la négation de toutes choses, tend incessamment à se dissiper dans les rangs de l'armée surtout; cependant le vieux levain subsiste toujours.

« Monsieur l'abbé, dit un jour un officier appartenant aux armes spéciales, je ne suis pas un capucin;

je ne suis pas non plus un de ces niais politiques qui crient au parti prêtre et voient des jésuites jusque dansl'ombre de leurs silhouettes; je ne peux cependant m'empêcher de croire que si la religion catholique était divine comme vous l'affirmez, Dieu n'aurait pas voulu que ses ministres fussent peccables; il les aurait rendus parfaits pour épargner à son Église de tristes et fréquents scandales.

— Je ne suis pas de votre avis, capitaine, et vous allez être du mien, répliqua l'abbé. Bien loin de détruire la divinité de la religion catholique, des fautes commises depuis dix-huit siècles par les ministres de l'Église confirment l'essence divine que lui a léguée, du haut de la croix, le divin Créateur.

— Permettez, monsieur l'abbé.... tout ce qui découle de la divinité doit porter avec soi un caractère infaillible. Or, si la religion de Jésus-Christ était vraiment divine, ses ministres, je le répète, ne seraient pas, comme nous autres, simples mortels exposés au mistral brûlant des passions.

— Voilà, capitaine, où je vous attendais... Écoutez : Qu'est-ce que la religion?

— Selon la croyance commune, c'est une institution inventée par Dieu et appropriée aux besoins des hommes.

— C'est-à-dire une riche étoffe tissée dans le ciel pour vêtir et pour parer l'humanité. Or, le prêtre n'est autre chose à cette étoffe qu'un tailleur, un commis de Dieu lui-même. Il n'est donc point surprenant que sur les cent mille tailleurs spirituels que possède la France, il s'en trouve un parfois qui se trompe de mesure ; qu'en dites-vous, capitaine ?

— Je dis que votre comparaison est aussi juste que votre argument est logique. L'étoffe et le tailleur sont deux termes différents et non solidaires.

— Vous concevez donc avec moi qu'un faux coup de ciseaux donné dans une pièce de brocard ou de velours n'altère en rien la substance primitive et l'excellence de l'étoffe.

— J'en conviens, monsieur l'abbé, et je vous promets aujourd'hui une chose.

— Laquelle ?

— Je vous promets que vos tailleurs auront désormais ma pratique. »

« Monsieur l'abbé, lui dit un jour, dans un moment de mauvaise humeur, le colonel Lap..., j'en suis désolé, mais je suis forcé de vous refuser à l'avenir vos entrées dans les chambrées de mes casernes.

— Vous me les aviez accordées ou plutôt renouvelées hier, mon colonel. Pourquoi ce subit revirement ?

— Parce que j'ai réfléchi... parce que je ne

veux pas qu'il y ait deux influences dans mon régiment.

— Il n'y en aura qu'une, colonel, si vous maintenez votre première décision !

— Laquelle ?

— La vôtre.

— La mienne ?

— Oui, la vôtre, mon colonel, la vôtre qui s'exerce par la discipline armée de vigoureux moyens de répression et que je veux moraliser par les sentiments du devoir.

— Que comptez-vous faire pour cela ?

— Frapper sur l'épaule de vos soldats et leur dire qu'ils peuvent être des héros ou des automates, des *héros* s'ils rapportent à Dieu la pensée de leur infime position, des *automates* si la crainte seule de la salle de police les pousse à la pratique de leurs devoirs. *Les meilleurs chrétiens font les meilleurs soldats*, a dit Gustave Adolphe. Eh bien ! colonel, je veux apprendre à vos hommes leur métier de chrétiens, pour qu'ils comprennent la sublimité de leur métier de soldats.

— J'admire votre dévoûment, monsieur l'abbé.

— Dévoûment facile et doux, colonel !

— Vous aimez donc bien le soldat ?

— Avec passion, colonel.

— Avec passion ! dites-vous, monsieur l'abbé ?...

allons donc... un prêtre doit-il, peut-il, sans trahir les devoirs du sacerdoce, avoir des passions?

— Il peut, il doit même en avoir une.

— Laquelle?

— Celle du bien.

. . . .

« D'ailleurs, reprit l'abbé après un moment de silence, permettez-moi, colonel, une simple observation dont vous comprendrez la justesse et la portée. Le prêtre est l'horloger des passions; il en monte les ressorts; il leur imprime un mouvement régulier, et en dirige les aiguilles incessamment vers le bien qui est le nord de la vertu. Avez-vous compris, colonel?

— ..... J'ai compris, monsieur l'abbé, que j'aurais eu grand tort de vous interdire l'entrée de mes casernes et la fréquentation de mes soldats... Vous êtes un brave homme, soyons amis et touchez là.

— Merci! s'écria l'abbé Faivre, et sa main dans celle du colonel, scella, par une pression sympathique, le pacte d'une réciproque et inaltérable amitié. »

« Voyons, mon cher abbé... dites-nous *carrément* ce que vous pensez du vin, du jeu et de la femme? »

A cette question, formulée *militairement* par un chef

d'escadron, au milieu d'un grand dîner donné sous la tente à l'aumônier du camp, l'abbé répondit *carrément :* Je pense que le vin, le jeu et la femme sont trois bonnes, trois excellentes choses.

Primo. Ce grand vin de Bordeaux que je bois à votre santé, messieurs... disant ainsi, l'abbé leva son verre, et tous les verres circulant à la ronde se rencontrèrent pleins au milieu d'un choc fraternel. L'abbé reprit : Ce vin de Bordeaux, pris modérément, avec discrétion, est irréprochable... L'abus est voisin de la satiété, qui bientôt elle-même engendre le dégoût.

Secundo. Le jeu, repos du corps et de l'esprit, est une charmante chose, et j'avoue que je m'estime heureux quand l'un de vous me provoque à une partie d'échecs, ou me propose un cent de piquet.

Tertio. Je ne connais rien de meilleur et de plus excellent ici-bas qu'une bonne mère de famille, comme est ou comme était la mienne et la vôtre, messieurs ; je ne sais rien de plus parfait et de plus angélique que ces jeunes filles qui renoncent aux joies de la terre, aux biens de ce monde, pour se cloîtrer dans le séjour des douleurs humaines, et passer leur vie au chevet des lits occupés par la fièvre, le typhus ou le choléra..... »

Faite avec chaleur, cette explication reçut les honneurs d'une triple salve d'applaudissements.

Un officier, appartenant à un corps d'élite, s'approcha un matin de l'aumônier et lui dit avec un ton railleur : « Plaignez-moi, monsieur l'abbé, car l'on vient de me donner une singulière et ridicule mission.

— Laquelle? répliqua l'abbé, se mettant intérieurement en garde.

— Celle de marguillier du camp : je n'aurais jamais cru que mes études aux armes spéciales me conduiraient à un semblable résultat. Plaignez-moi donc, abbé.

— Je veux plutôt vous féliciter, capitaine, répondit l'abbé.

— Vous moquer de moi, voulez-vous dire.

— Non, capitaine, car n'est pas bon marguillier qui veut. Il m'est avis, même, que plus d'un savant et plus d'un rhéteur, s'ils connaissaient bien les fonctions d'un bon marguillier, seraient plus fiers de cette charge que de celle de chambellan.

— A quelle heure vous êtes-vous levé ce matin, abbé?

— A l'heure de la diane, capitaine. Mais ne sortez pas de la question.... Tout dépend de la valeur que la pensée peut donner au mot. Or, je pose en principe que l'officier d'état-major est au général qu'il sert ce que le marguillier est au curé qui l'emploie. L'un et l'autre reçoivent des ordres qu'ils sont chargés de transmettre à toute heure du jour et de la nuit. Qui donne de la valeur à l'officier d'état-major? c'est moins les aiguillettes d'or de son habit que la pensée des services qu'il est appelé à rendre à son pays. De même, par la pensée, j'illustre le marguillier dont vous riez, capitaine : vous le méprisez….. j'en fais une voix mystérieuse et sacrée comme l'ordre que vous portez, au péril de votre vie, en un moment suprême. Ce marguillier, levé aussitôt que le soleil pendant l'été, avant le jour pendant l'hiver, que fait-il ainsi debout et sonnant la plus petite cloche du plus petit village ? il se recueille et pense qu'il invite au nom de Dieu, notre maître à tous, qu'il appelle les peuples à remplir la journée qui commence, par les labeurs imposés à l'homme.

— Ce que vous dites là, mon cher abbé, est fort poétique, j'en conviens, et vous réhabilitez un peu dans mon esprit la mission dont je suis chargé….. cette question est vidée. Permettez-moi d'en soumettre une autre à votre appréciation : j'ai toujours pensé, depuis mon âge de raison, que vos messes, vos vêpres, vos cérémonies religieuses n'étaient que pures affaires de forme, et qu'au fond, à l'exemple des augures de Rome, vous n'aviez ni la foi ni la conscience de ce que vous faisiez… en un mot, qu'en tout et partout vous aviez des concessions toujours prêtes à la crédulité publique.

— Cela me prouve une fois de plus, capitaine, que vous appartenez à cette catégorie de gens fort instruits sur divers points, mais fort étrangers aux principes les plus élémentaires de l'enseignement religieux.

— Cette réplique est peu concluante.

— Attendez, capitaine : une simple réflexion va vous prouver que je ne suis ni assez malheureux ni assez insensé pour sacrifier mes goûts, ma liberté, ma conscience, mon avenir, mon nom, à des fadaises de convention, à des exercices de prestidigitateur. Si notre enseignement était du charlatanisme, il faudrait admettre que quinze cents prêtres de ce diocèse, et cent mille ecclésiastiques de France ont, en un seul tour de gobelet, surpris, *subtilisé* la bonne foi de trente-cinq millions d'hommes, tour qui, par la même voie et les mêmes moyens, se serait transmis depuis dix-huit siècles sur la surface de tout l'univers. Il faudrait admettre, en dernière analyse, qu'un principe basé sur le mensonge et l'hypocrisie a pu produire, en faveur de l'humanité, des prodiges inconnus aux peuples du paganisme. Répondez-moi, capitaine : quelle est l'institution, parmi celles que vous appelez philanthropiques, qui ne repose sur une base essentiellement religieuse ? quel est le bienfait humanitaire qui n'ait eu pour initiative la pensée d'un prêtre ? quel est l'édifice pieux, l'hospice, qui n'aient pour fondement une pierre bénie, et pour fronton une croix? Non, capitaine, non, saint Vincent de Paul, saint Charles Borromée, saint François de Sales, non, tous les apôtres de la charité chrétienne, que vous chercherez en vain dans les autres religions, n'étaient pas des imposteurs et des fous ; non, toutes les générations qui se sont succédé dans la foi n'ont pas fait un métier de dupes en croyant à la vérité de nos préceptes, de nos prières et de nos enseignements. »

Depuis un instant, le sourire sceptique du capitaine avait fait place à un profond recueillement, que les dernières paroles de l'orateur convertirent en conviction. « Ma foi, mon cher abbé, s'écria l'officier lorsque l'aumônier du camp eut cessé de parler, je vous avoue franchement que je n'avais jamais songé à ce que vous venez de me dire. » Et il ajouta avec la droiture qui caractérise l'esprit militaire : « Je vous donne ma parole d'honneur que je ne rirai plus désormais de notre religion, de son culte, de ses prêtres, et de ses mystères. »

Un soir, à la suite d'une journée brûlante, l'abbé Faivre, à genoux sur un sol que ne rafraîchissait aucune brise, priait devant sa tente : le ciel chargé de nuages avait caché ses plus belles étoiles ; les tentes avaient éteint leurs derniers feux ; le bruit des pas des sentinelles qu'on relevait troublait seul le silence de la nuit. L'abbé, plongé dans ses oraisons, aperçut tout à coup, devant lui, un sergent-major de grenadiers, debout et les bras croisés sur sa poitrine. Celui-ci, tout à coup, s'écria : « La prière *vue de près* est une belle chose... voulez-vous me permettre, *mon aumônier*, de prier avec vous ?

— Volontiers, mon brave, la prière à deux est agréable au Seigneur.

— Et la prière à trois, mon aumônier ?

— Lui est plus agréable encore

— Eh bien ! si vous le permettez, j'irai chercher, là-bas, un camarade qui ne demandera pas mieux que de *toucher avec nous un petit mot au bon Dieu pour sa mère*, qui est condamnée par les médecins.

— Heureusement, mon brave, que les jugements de ces messieurs ne sont pas sans appel. Allez chercher votre camarade, et celui qui a ressuscité le fils de la veuve de Naïm rendra, je l'espère, la santé à la mère de votre ami. » Le sergent-major partit, et revint bientôt avec un camarade dont le front soucieux, inquiet, attestait une profonde douleur. L'abbé Faivre lui prit la main, et dit : « Puisque les médecins de la terre ont condamné votre mère, il faut en appeler au médecin du ciel ; le voulez-vous, mon ami ?

— Le plus tôt sera le mieux, monsieur le curé.

— Eh bien! à genoux donc, mes enfants, et tous les trois, élevant nos cœurs à Dieu, faisons-lui une sainte violence. » A la vue de ces trois hommes, trinité d'honneur absorbée par la prière; le voltigeur placé non loin de là, en faction devant la tente de la bibliothèque, aurait volontiers présenté les armes, si sa consigne le lui eût permis. La prière fut courte et bonne, une véritable prière de soldats.

Trois jours après, un sous-officier, tenant une lettre à la main, se présenta le front rayonnant devant l'abbé Faivre, au moment où celui-ci s'apprêtait à monter à cheval pour se rendre à Lyon. Lisez ceci, lui dit le sous-officier, en présentant respectueusement sa lettre, et l'abbé lut :

Avignon, le . . . . . 1853.

« Mon cher frère,

« Dieu soit loué! notre bonne mère est sauvée! Une crise décisive, déclarée dans la nuit du samedi au dimanche, l'a rendue à notre tendresse... Les docteurs considèrent cette guérison comme un problème en médecine; quant à moi, pauvre fille bien simple et pas savante du tout, je la regarde comme une grande preuve de la bonté de Dieu à notre égard.

« Adieu!... pour la première fois depuis huit jours, je vais prendre un peu de repos.

« Ta sœur affectionnée,

« Suzanne P... »

« Oui! Dieu soit loué! s'écria l'abbé Faivre, car la crise heureuse qui a sauvé votre mère chérie s'est manifestée dans la nuit même où nous avons prié pour elle... Je vous avais bien dit qu'il fallait en appeler à Dieu... croyez-le bien, ami, le bon Dieu est encore le meilleur médecin de l'âme et du corps.

— Je suis de votre avis... répliqua le sous-officier. Maintenant, monsieur le curé, seriez-vous assez bon pour m'aider à payer le mémoire du *divin docteur*... je lui dois de fameux honoraires.

— Venez me voir cette nuit, nous règlerons ce compte-là.

— A quelle heure?

— A minuit, comme samedi dernier.

— Où?

— Au même endroit, devant ma tente.

— Faut-il amener mon camarade?

— Je vous attendrai tous deux... »

Les deux sous-officiers furent exacts au rendez-vous.

« Eh bien! mon vieux, comment trouves-tu que les

curés montent à cheval dans ce pays? dit un jour l'abbé Faivre, au cuirassier qui lui avait servi d'ordonnance depuis le camp jusqu'à Lyon.

— Vous avez failli semer en route une graine dont ma mère a depuis longtemps perdu la recette.

— Viens chez moi, l'arroser avec un petit verre de *fil-en-quatre*...

— Sans vous *commander*, allons. »

« Un camp sans aumônier, disait sous sa tente le tambour-major d'un régiment, c'est un régiment sans tambour-major.

— Pourquoi cela, major? demanda un simple tapin.

— Parce que l'un et l'autre marquent le pas. Comprends-tu la chose, tapin?

L'abbé Faivre, au camp de Sathonay, n'était pas seulement le *bon ami des soldats,* il en était pour ainsi dire le père : aussi depuis le général jusqu'au simple fusilier, c'était à qui aurait le plaisir de sa compagnie. Sobre comme un soldat espagnol, il tenait constamment sur la défensive ses habitudes de tempérance, car chaque jour une invitation nouvelle s'efforçait de l'enlever au modeste ordinaire de sa tente. Toutes les armes voulaient avoir l'honneur de le traiter. Une fois, une députation de sous-officiers vint le prier d'accepter le dîner de ses collègues. A la fin de ce repas, assaisonné par le joyeux entrain des amphitryons et les fines saillies de l'invité, celui-ci pria le plus ancien des convives de dire les grâces à haute voix.

— Je ne connais que celles du soldat, répliqua un vieux troupier d'Afrique.

— Va *pour les grâces* du soldat, mon brave.

— Debout, camarades ! Au nom du Père, du Fils et du Saint-Esprit.

>Dieu soit loué de ce repas,
>Pourvu que l'autre ne tarde pas.
>Si meilleur il n'est pas
>Que pis il ne soit pas. Ainsi soit-il. »

Un soir, dans le courant du mois de juillet, l'aumônier du camp se trouvait au milieu d'un groupe de voltigeurs devisant devant leurs tentes comme de bons bourgeois sur le seuil de leurs maisons. « Oh ! monsieur l'abbé, dirent-ils en chœur et à l'unisson, racontez-nous donc une histoire.

— Je vous en conterai trois, mes enfants, mais à une condition.

— Acceptée d'avance.

— Nous dirons après, en famille, la prière du soldat, — courte et bonne.... Est-ce convenu ?

— Adopté à l'unanimité... » Alors les voltigeurs

formèrent le cercle autour du bon abbé, qui commença en ces termes :

VISITE MILITAIRE AUX DAMES DU SACRÉ-CŒUR.

Première histoire.

Ainsi que vous le savez tous, mes chers camarades, j'ai commencé ma mission militaire par les enfants de troupe. Les petits goujons doivent servir d'appât aux gros requins.

Un jeudi, les dames du Sacré-Cœur me permirent de leur amener à la Ferrandiere une trentaine de beaux petits lutins que j'avais enrégimentés. Ces dames, qui, presque toutes, appartiennent à d'illustres familles et renoncent aux joies du foyer domestique ainsi qu'aux séductions de la fortune pour se consacrer avec le plus généreux dévouement à l'éducation de la jeunesse, ces dignes religieuses, avaient préparé à mes petits hommes un goûter auquel, de leur côté, ils se disposaient à faire le plus cordial honneur.

— *Attention !* — *fixe !* — leur dis-je ; et je leur adressai cette courte allocution : « Deux cents jeunes enfants favorisés par la naissance et bénis par le ciel, qui leur accorde ici les bienfaits d'une éducation parfaite, ayant appris que le pain noir était votre nourriture habituelle, veulent partager aujourd'hui avec vous celui de la charité catholique. *Attention,* nous allons bénir ce repas, que vous vous rappellerez souvent en priant pour vos bienfaitrices. »

Le feu des couteaux et des fourchettes s'était, comme vous le pensez bien, engagé avec vigueur sur toute la ligne, lorsqu'un de mes joyeux espiègles, nommé François, s'arrêtant tout à coup, s'écria : « Ah çà ! camarades, si nous imitions l'exemple que l'on vient de nous donner : qu'en dites-vous ? nos sœurs sont encore plus pauvres que nous et n'ont pas toujours du pain frais sous la dent, nous devrions partager avec elles. Capon celui d'entre vous qui ne fait pas comme moi et ne partage pas son goûter avec sa sœur ! » Disant ainsi, il renferme dans du papier sa demi-part : tous ses compagnons l'imitèrent en faisant gaiement leur réserve.

Dieu a béni l'enfant si bien doué qui avait eu sur ses camarades le mérite de l'initiative. L'année dernière, me trouvant à Paris, je longeais la porte d'un guichet des Tuileries : « *On ne passe pas,* dit en s'avançant l'officier qui le commandait ; *on ne passe pas.*

— Moi ? répliquai-je avec surprise.

— Oui, vous.

— Pourquoi moi non, quand tout le monde passe ?

— Tout le monde, oui, reprit l'officier ; mais vous, non, avant que préalablement vous n'ayez embrassé votre ex-petit François du 51e, qui, aujourd'hui sous-lieutenant, est heureux de voir l'aumônier de sa première communion....

LA MUSIQUE DE SAINTE-CLAIRE.

Deuxième histoire.

Soixante enfants de troupe, en 1843, se préparaient par une retraite à faire leur première communion dans la modeste chapelle des religieuses de Sainte-Claire. Tous étaient frappés du ton sévère et presque funèbre de la psalmodie des bonnes sœurs.

L'un d'eux, plus hardi que les autres, se lève et tout haut demande au catéchiste : « Quelle est *cette musique?* — Je vais te le dire, répondis-je en riant de sa question. Un jour vous apprendrez, mes enfants, par l'expérience, comment, harrassé par l'exercice, la promenade militaire ou la corvée, un soldat français sait cependant énergiquement répondre au cri d'alarme qui retentit dans la cité, à l'heure d'un sinistre imprévu : Au feu!!! au feu!!! A ce cri répété par le tocsin, le soldat n'hésite pas; il oublie tout à coup sa fatigue; il part, il court, il arrive, et sauve ou meurt, selon son devoir et sa consigne.

« Comme la terre, mes enfants, le ciel aussi a des soldats qui veillent aux nobles intérêts des âmes si souvent victimes du feu des passions, terrible sinistre qui, nuit et jour, dévore des milliers d'édifices. Dans ces moments suprêmes, la charité jette son cri d'alarme; la cloche alors est au couvent ce que le tambour est à la caserne. Ses tintements sont un appel au dévouement: de saintes femmes l'entendent; et, vaillants soldats, elles n'hésitent pas, elles partent et conjurent le fléau par la prière. Alors une chaîne mystérieuse, comme l'échelle de Jacob, est formée de la terre au ciel... Que de sauvetages ainsi sont dus aux sublimes dévouements de l'oraison! Ces femmes qui prient ainsi longtemps et longuement, et le jour et la nuit, ces femmes-là, croyez-moi, sont les soldats du ciel.

— Je voudrais bien être *cantinier* dans leur régiment! dit un enfant.

— Pourquoi, mon ami?

— Pour servir sous les ordres du bon Dieu, qui doit être leur colonel.

— Peut-on les voir? ajouta un autre espiègle.

— Non, mon ami, à moins que le chef de service ne lève la consigne qui s'y oppose.

— La consigne sera levée... répliqua une voix du haut des tribunes, la voix de la supérieure sans doute: le jour de la première communion, par exception, les parents et les enfants seront admis au chœur. » En effet, ce jour-là, chaque parent et chaque petit soldat reçurent des bonnes sœurs un pieux souvenir;

et une petite somme d'argent, remise en mes mains, fut destinée à célébrer par une promenade et un goûter champêtre la fête de saint Maurice, le patron des soldats.

Depuis, j'ai rencontré souvent en différents corps mes chers enfants de troupe; les uns sont sous-officiers, les autres officiers même; tous se rappellent mon allocution et la fête qui lui servit de péroraison. L'un d'eux, sergent-major au 6e léger, me demandait dernièrement s'il y avait toujours à Lyon des femmes priant pour empêcher *qu'on ne brûlât.* Un officier, qui n'a pas oublié un détail de la pieuse cérémonie que je viens de vous conter, me disait qu'il n'a jamais entendu parler mal des religieuses sans prendre vigoureusement leur défense. Le monde qui rêve le bien moral, ajouta-t-il, n'est qu'un garde national, ces saintes femmes sont une troupe de ligne.

Les voltigeurs écoutaient le narrateur avec une attention telle qu'ils semblaient cloués à ses lèvres... L'abbé reprit après une légère pause :

LE RICOCHET DU PRÊTRE.

Troisième histoire.

En 1831, un canonnier du 7e régiment d'artillerie me témoigna le désir d'apprendre à lire et à écrire.

Il vint, sur mon invitation, aux classes de quelques enfants qui m'étaient confiés ; il suivait leur cours avec assiduité et le mettait à profit complet. Lorsque l'instruction religieuse commençait, on le voyait arrêter sa plume et on l'entendait s'écrier avec feu : « Pourquoi ne m'a-t-on pas appris cela ? » M'avouant plus tard qu'il n'avait pas fait sa première communion, il s'y prépara avec zèle et la fit avec bonheur. Quand son régiment partit pour aller tenir garnison à Strasbourg, il lisait, écrivait couramment, et connaissait les principes élémentaires de l'arithmétique.

Plus tard, quand il me revint, à la fin de son congé, avec les galons de brigadier, je lui trouvai une bonne place dans les octrois de la ville. Il y fonctionne encore aujourd'hui, et me seconde de son mieux pour payer, dit-il, ses dettes envers nous, en moralisant d'anciens soldats comme lui et dont l'histoire est, à quelques nuances près, la copie de la sienne.

« Le bien que fait le prêtre, dit-il souvent encore, est comme la pierre lancée du bord d'un fleuve sur son courant, il doit *ricocher*.

« Déjà fini ! s'écrièrent les voltigeurs quand l'abbé Faivre eut cessé de parler...

— Pas encore, reprit l'abbé, nous avons une quatrième histoire, mais celle-là sera pour le bon Dieu. » Et à genou, au centre des braves troupiers inclinés comme lui, il commença la courte et bonne prière du soldat.

IV.

Après ces causeries intimes et ces entretiens familiers auxquels nous venons d'assister, chers lecteurs, regagnons vite les talus du camp, car les derniers rayons du soleil, embrasant les tentes qui bientôt vont se confondre dans le clair-obscur de la nuit, nous annoncent l'heure de la retraite. Écoutez : les clairons, accompagnés par le roulement continu des tambours, font le tour de la plaine; le son s'éloigne et s'éteint comme les derniers feux du jour. Les soldats rentrent dans leurs tentes; la nature s'endort dans son repos. Des voix mystérieuses chantent à travers les brises embaumées des bruyères l'hymne sans fin que les archanges disent au ciel. Unissons-nous au recueillement de la terre et du ciel... prions.

ONZIÈME VEILLÉE.

Vingt-cinq Minutes pour deux âmes.

I.

La fièvre du duel se change parfois en épidémie, nous racontait dernièrement, dans un salon du faubourg Saint-Honoré, le capitaine Duverger, brave officier dont le nom, synonyme de courage, a été si glorieusement inscrit sous les murs de Constantine à l'ordre du jour de l'armée. Le duel, espèce de choléra moral, d'autant plus dangereux que souvent il est la conséquence inévitable d'un faux point d'honneur, et que, semblable au choléra asiatique, il a défié jusqu'à ce jour tous les secrets de la docte science; le duel alors, se propageant comme une affaire de mode, exerce de profonds ravages dans les rangs de la société, et fait concurrence à la faux du temps. Combien de nobles intelligences flétries, combien d'espérances déçues, combien de jeunes existences moissonnées avant l'heure, par le fer ou le plomb d'un sanglant préjugé! Ce n'est pas dans les livres des savants et des moralistes qu'il faut chercher le remède applicable à la fièvre impie du duel ; la religion seule possède la recette qui la peut couper radicalement. Là où la science humaine s'arrête, chancelle et tombe, la religion armée du scalpel divin, marche, opère et guérit.

II.

Le duel comme le typhus, ainsi que le choléra, a ses époques fatales, périodiques. L'empire, dans les rares éclaircies de son ciel dégagé des foudres de la guerre, le commencement et la fin de la restauration, triste élégie de nos discordes civiles, ont vu plus particulièrement les marges de leur histoire maculées de sang versé dans le champ clos des combats singuliers. Quatre duels importants signalèrent les quatre derniers mois qui ont précédé la révolution de 1830. Le souvenir de ces douloureuses rencontres se rattache à deux épées dites de combat, élégamment montées en colichemarde et appartenant au sous-lieutenant Louis Paira, l'un des plus braves officiers de la garde royale sous Charles X, et l'un des plus nobles cœurs qui aient jamais battu sous un uniforme de soldat.

Au mois de mars 1830, l'atelier de M. Ladurner, aujourd'hui fixé comme peintre à Saint-Pétersbourg, avait, entre autres habitués, M. de Beauterne, ancien élève de l'école de Saint-Cyr, et attaché, à cette époque, au 4ᵉ régiment d'infanterie de la garde. Souvent, le soir, après les travaux du jour, M. Ladurner organisait dans son atelier, éclairé par le gaz flamboyant du punch, une partie d'écarté. Une légère discussion engagée dans une de ces parties, entre de Beauterne et un jeune rapin de l'atelier, entraîna un *rendez-vous* à la barrière Blanche. Les adversaires s'y trouvèrent le lendemain tous deux, assistés de leurs seconds, et armés avec des épées fournies par M. Paira, fils du propriétaire de l'hôtel où l'atelier du peintre se trouvait situé. De Beauterne, très-fort tireur, voulait simplement désarmer le jeune rapin, qui connaissait à peine les principes élémentaires de l'art de tuer régulièrement son homme. Mais, bizarrerie des choses humaines ! l'écolier devait donner une leçon fatale au maître... de Beauterne s'enferra de lui-même à la première passe, et au bout de quelques heures, il mourut consolé par la religion, qui pardonne toujours au repentir.

Quelques jours après, ces deux épées se retrouvèrent en présence, l'une dans les mains de M. Delamotte, capitaine adjudant-major au 1er régiment d'infanterie de la garde, l'autre dans celles de M. de Lacroix, sous-lieutenant au 5e régiment de la garde également. Cet officier, mortellement frappé, resta sur le terrain.

Un mois environ avant les fatales journées de juillet 1830, LL. MM. le roi et la reine de Naples étaient venues à la cour de France pour rendre visite à la famille royale et à madame la duchesse de Berri, leur fille bien-aimée. La révolution, qui devait bientôt changer en drame la célèbre comédie de quinze ans, saisit avec empressement l'occasion d'un bal offert à LL. MM. par le duc d'Orléans, au Palais-Royal, pour faire une démonstration hostile à l'ordre de choses existant. Un commencement d'incendie, organisé avec les chaises du jardin, furent les premières lueurs du sinistre qui brûla quelques jours plus tard le trône de la branche aînée des Bourbons. Tous les conjurés étaient à leur poste. L'un d'eux, Alphonse Signol, auteur d'un mauvais livre intitulé *Apologie du duel*, se faisant une tribune d'un monceau de chaises épargnées par le feu, se mit à pérorer la foule assemblée, au nom de Camille Desmoulins, vétéran et martyr de la liberté. La foule écoutait attentive, lorsque, tout à coup, Chamereau, lieutenant au 6e de la garde, et de service ce jour-là au Palais-Royal, vint interrompre, en *empoignant* l'orateur, le cours de ce qu'il appelait des *blagues révolutionnaires*.

Conduit *au violon*, l'apologiste du duel, posant la main sur la première page de son livre, triste évangile des spadassins, jura de poursuivre au bout du monde, s'il le fallait, l'officier qui, suivant l'expression militaire du grenadier chargé de le surveiller, lui avait *coupé le sifflet*.

Délivré au bout de vingt-quatre heures, Alphonse Signol se mit aussitôt à la recherche de son *oppresseur, vil satellite du despotisme et de la tyrannie*.

Après avoir dépensé une ou deux paires de bottes à la recherche de sa vengeance, Signol commençait à perdre l'espérance de le rencontrer jamais, lorsqu'un soir, se trouvant à une représentation des Italiens, il crut apercevoir, à la place réservée à l'officier de service au théâtre, le lieutenant qui l'avait arrêté. Une minute après, le folliculaire se trouvait derrière l'officier. Il conçut d'abord la pensée de le frapper au visage, mais craignant de faire un trop grand éclat, il se contenta de s'appuyer fortement sur ses épaules. L'officier, se retournant, le pria froidement, mais avec politesse, de prendre une position plus convenable.

« Je suis fatigué, répondit Signol.

— Eh bien, allez vous coucher, Monsieur.

— C'est ce que je compte faire après la représentation ; en attendant, je trouve un point d'appui et je le prends.

— C'est donc une provocation, monsieur?

— Non, Monsieur; c'est une *réparation* que je désire.

— Eh bien, Monsieur, allez chez votre tailleur, le mien ne travaille pas le vieux.

— J'irai demain matin, mais avant, si vous ne craignez pas le serein, nous irons faire un tour au bois de Boulogne.

— A quelle heure?

— La vôtre sera la mienne.

— A sept heures.

— A sept heures, soit!.. » Et Signol se retira disant : Enfin, je l'ai retrouvé!

Le folliculaire passa une partie de la nuit à se *refaire* la main ; l'officier s'endormit profondément, après avoir donné l'ordre à son soldat de le réveiller de grand matin.

A six heures, rasé de frais, et coiffé comme s'il devait aller au bal, il se rendit chez ses témoins, et se dirigea avec eux au bois de Boulogne. Signol, assisté de ses seconds, y arrivait au même instant. Les conditions du combat furent bientôt réglées, et les deux adversaires en présence... Au moment de se mettre en garde, Signol s'écria : « Me serai-je trompé, Monsieur? N'êtes-vous pas l'officier qui le jour du bal du Palais-Royal m'avez arrêté?

— De quelle couleur étaient ses parements?

— Jaune.

— Couleur du 3ᵉ régiment, c'est le mien ; les officiers de ce régiment-là sont tous solidaires. En garde, Monsieur. »

Un instant après, Signol, traversé d'un coup d'épée, paraissait au tribunal de Dieu, et Dieu lui demandait compte de l'apologie d'un mauvais livre qu'il venait de signer de son sang.

Son adversaire, fils du général Marulaz, est aujourd'hui général lui-même, et commande une brigade de l'armée de Paris.

III.

Deux gardes du corps de service à Versailles, jeunes tous deux, et tous deux égarés par l'esprit voltairien dont la France était gangrenée à l'époque de la restauration, avaient eu une altercation tellement grave, que malgré les efforts des camarades, désireux de pacifier l'affaire, ils en avaient appelé à *l'ultima ratio* de la force ou de l'adresse, l'épée ! Vainement, sur le terrain, les témoins avaient de nouveau cherché à arranger l'affaire ; les deux ennemis, ne voulant faire aucune concession, s'étaient attaqués avec un acharnement tel que tous les deux, à la seconde passe, s'étaient enferrés jusqu'à la garde. Portés mourants à l'hôpital de Versailles, et placés par une fâcheuse inadvertance dans la même chambre, ils continuèrent, sur leurs lits de douleur, l'outrage sur la bouche, le combat qu'ils avaient commencé l'épée à la main. La haine semblait ranimer dans leurs cœurs et dans leurs yeux l'étincelle de vie qui menaçait de s'éteindre à chaque seconde. Les sœurs de l'hôpital, consternées, pleuraient et priaient Dieu. Averti par elles, l'abbé Girardet, ex-officier de la grande armée, et décoré de la croix des braves, se présente tout à coup devant eux. A la vue d'une soutane ornée cependant de l'étoile de l'honneur, ces malheureux qui vont mourir s'écrient : « Nous ne voulons pas de prêtres! nous « sommes soldats et non des capucins; retirez-vous, « Monsieur, nous n'avons pas besoin de vous! » et joignant le blasphème à l'insulte, ils détournent la tête avec un *mépris outrageant*. L'abbé Girardet, impassible devant le feu de leur colère, comme autrefois il l'était devant celui des batteries ennemies, s'approche résolûment du plus exaspéré des deux, et lui dit en lui montrant un soldat debout au pied de son lit

« Quel est cet homme?

— Que vous importe?

— Je vous le dirai : mais avant répondez-moi. Quel est cet homme ?

— C'est un sous-officier de ma compagnie.

— Pourquoi se trouve-t-il ici ?

— Pour vous mettre à la porte si vous *m'embêtez*.

— En attendant, c'est lui qui momentanément va la prendre. » Et d'un geste plein d'autorité, le prêtre fit signe au vieux soldat de se retirer. Celui-ci, conseillé instantanément par un effet de la grâce divine sans doute, se retira aussitôt. L'abbé reprit, en tirant sa montre : « Il est neuf heures, voulez-vous m'accorder dix minutes d'entretien.

— Pourquoi faire ?

— Pour vous entretenir d'une affaire excessivemet sérieuse.

— Repassez demain à la même heure, monsieur le curé.

— Demain vous ne serez plus de ce monde ; il serait trop tard.

— Que m'importe votre affaire sérieuse, si je dois mourir ?

— Voici la véritable question.... m'accordez-vous les dix minutes ?

— Eh bien ! soit, mais pas une minute de plus.

— Pas une seconde. » Et, montre en main, l'abbé Girardet commença.

. . . .

Il y a dans la parole d'un prêtre qui veut sauver une âme une éloquence irrésistible, qui pénètre et semble venir d'en haut. Nous ignorons ce qui se passa pendant neuf minutes cinquante-neuf secondes, entre le prêtre et le garde du corps mourant, mais nous savons que lorsque le prêtre voulut se retirer, disant : « Les dix minutes sont écoulées, » le garde du corps répondit : « Restez. » Dix minutes plus tard, le blessé priait au lieu de blasphémer, et dix minutes encore, après s'être confessé et avoir reçu l'absolution, il tendait la main à son implacable ennemi, et lui adressait ces paroles touchantes : « *Frère, pardonne-moi...*

— Jamais ! lui répondit celui-ci en détournant la tête.

— Jamais, répliqua le prêtre, est un mot de Satan.

— Frère, pardonne-moi comme je t'ai pardonné, répétait son camarade.

— Attends pour cela que, comme toi, j'aie fait le plongeon ; tu attendras longtemps. »

L'abbé Girardet l'interrompit en disant : « A votre tour, mon ami ; je ne vous demande aussi que dix minutes.

— Pourquoi faire ?

— Pour vous entretenir également d'une affaire importante.

VINGT-CINQ MINUTES POUR DEUX AMES.

— Je vous en donne quinze ; commencez.

L'abbé tira de nouveau sa montre, et... douze minutes à peine étaient écoulées que le garde du corps récalcitrant tendait à son tour la main à son camarade, et lui disait : « Frère, je te pardonne comme tu m'as pardonné. »

. . . .

Les deux gardes du corps, repentants, résignés et pleins d'espérance en la miséricorde divine, moururent dans la nuit, à dix minutes de distance.

DOUZIÈME VEILLÉE.

Le Garde municipal du 24 février.

I.

Vous connaissez, chers camarades, et le premier nous avons été assez heureux pour le livrer à la publicité, en l'insérant le 25 février dans un des principaux journaux de Paris, le généreux dévouement de cette jeune fille qui près de nous, à nos côtés, assistant au massacre des gardes municipaux sur la place Louis XV, trouva, dans la sainte inspiration d'un pieux mensonge, le secret de sauver la vie d'un brave sous-officier qu'elle voyait pour la première fois. Cet homme allait mourir... des sabres teints de sang étaient levés sur sa tête, des canons de fusil étaient braqués contre son sein, lorsque tout à coup cette jeune fille se précipita dans ses bras, et lui faisant un rempart de sa poitrine, s'écria, la voix pleine de larmes : « Au nom de Dieu, ne le tuez pas... cet homme est mon père ! » A ces mots, les fusils s'abaissèrent et le garde municipal fut sauvé.

L'héroïne de ce pieux sauvetage était lingère de son état, et s'appelait Marie Bequet. Sans fortune, sans parents, sans autre protection au monde que les conseils mystérieux d'une conscience éclairée guidée par la religion, elle voulut compléter son œuvre : « Partons, partons vite, mon père, » dit-elle au garde municipal; et, lui prenant le bras, elle l'entraîna rapidement loin du théâtre où venait de se passer une des scènes les plus affreuses de la révolution de 1848.

Ne pouvant le cacher dans sa modeste mansarde de la rue Vieille-du-Temple, elle le conduisit rue des Filles-du-Calvaire, chez une femme âgée de ses amies, qui lui promit d'en avoir le plus grand soin, moyennant soixante-quinze centimes par jour. Ainsi que nous l'avons dit, Marie Bequet était pauvre, et c'était une rude charge qu'elle venait de se donner en promettant de nourrir l'appétit robuste d'un soldat dans la fleur de l'âge : n'importe, elle n'examina point si cette charge était au niveau de ses forces; mais elle travailla sans relâche, nuit et jour, pour conserver et préserver momentanément de la faim l'existence de l'homme qu'elle avait si miraculeusement sauvé, et que menaçait encore l'effervescence révolutionnaire de la place publique.

Vainement le garde municipal se révoltait dans sa fierté contre un dévouement qu'il ignorait cependant porté jusqu'au sacrifice, la généreuse jeune fille lui fermait la bouche par ces mots : « Taisez-vous, *monsieur le soldat*, n'êtes-vous pas mon père ? »

Pendant que Marie Bequet se privait de tout, rien ne manquait au sous-officier, ni la fine goutte-réveil-matin du troupier, ni la fine pipe de tabac, consolante occupation de l'oisiveté. Mais au bout de quelques jours, le travail, ayant la prétention d'être organisé et se désorganisant sous la main malheureuse des rêveurs et des utopistes du Luxembourg, le travail devint plus rare ; la maison du boulevard Saint-Denis qui occupait la jeune fille dut fermer sa porte devant les manifestations des ouvriers devenus patrons, devant les menaces des émeutes grondant dans la rue, devant le tocsin des tambours de la garde nationale qui passaient à toute heure, et surtout devant les exigences des créanciers qu'elle ne put satisfaire. Remerciée par sa patronne, ainsi que toutes ses compagnes, Marie Bequet se trouva tout à coup inspectrice des pavés de Paris ; mais comme les émoluments attachés à cette place sont hypothéqués sur les brouillards de la Seine, elle se mit en mesure de chercher du travail ailleurs. Elle en trouva en effet, mais en si petite quantité et si mal rétribué, qu'il pouvait à peine subvenir à ses besoins personnels..... elle fut bientôt au bout de ses ressources.

Que fit alors la jeune fille pour ne point abandonner son malheureux protégé, à qui elle cachait avec le plus grand soin sa gêne et ses sacrifices? Elle alla trouver un des meilleurs coiffeurs de Paris, et lui montrant la belle et longue chevelure blonde qui parait son joli front :

« Voulez-vous me l'acheter, monsieur? lui dit-elle.

— Ce serait, ma foi, bien dommage, mademoiselle, répondit le coiffeur.

— Pourquoi, monsieur ? demanda naïvement Marie.

— Parce que vos cheveux sont trop beaux pour que vous les sacrifiiez.

— Il le faut, cependant.

— Vos besoins, mademoiselle, sont-ils donc si pressants que....

— Ce n'est pas la misère qui m'a conduite ici, répliqua Marie Bequet ; » et, cachant dans le sentiment d'une noble fierté le pieux motif qui la faisait agir, elle ajouta en rougissant :

« Depuis quelques jours j'éprouve de si violents maux de tête que mon médecin m'a ordonné de faire couper ma chevelure.

— Il faut que votre médecin soit chauve, répliqua le coiffeur; dupe de ce généreux mensonge, mais chauve comme une tête de veau blanchie par Véfour, pour ignorer ainsi la valeur des cheveux.

— Je vous en prie, monsieur... je suis pressée... répondez-moi... Voulez-vous acheter les miens?

— Votre parti est-il bien pris?

— Irrévocablement pris.

— Eh bien! mademoiselle, combien voulez-vous me les vendre?

— Le meilleur prix que vous pourrez m'en donner.

— En temps ordinaire, ils vaudraient bien vingt-cinq francs, mais aujourd'hui que le commerce est en souffrance, et que l'argent dans la bourse des bourgeois établis est plus rare qu'un ortolan dans la besace d'un gueux errant, je ne puis vous en offrir que dix-sept francs. »

Le marché fut aussitôt conclu, et la magnifique couronne de cheveux blonds qui ceignait la tête de la jeune fille tomba sous la main du coiffeur, répétant à chaque coup de ciseau : Quel dommage!

Cette sainte et pieuse ressource fut bientôt épuisée. Marie Bequet, coiffée à *la titus*, et ressemblant à un gamin de treize ans, redoubla d'efforts et d'énergie; mais ces efforts épuisèrent ses forces sans abattre son courage : il lui restait encore en dernière analyse de malheur, le recours au Mont-de-piété, cet usurier breveté par les gouvernements.

Un soir, glissant rapidement dans l'ombre, comme une gazelle dans un bois, elle porta à l'un des bureaux où s'escompte la misère du peuple, la bague d'or que lui avait laissée sa mère en mourant. Trois jours après, elle y retourna pour y déposer les boucles d'oreilles qu'elle avait reçues à l'époque de sa première communion. Trois jours plus tard encore, elle y laissa sa modeste toilette du dimanche, puis ses dernières chemises, puis son livre d'heures à fermoir d'argent; puis un matin elle s'aperçut avec effroi qu'elle n'avait plus rien à y porter. Pour comble d'infortune, accablée, brisée par sa lutte incessante avec les privations de la misère, elle tomba sérieusement malade.

II.

Ce jour-là, pâle et désolée, elle prit le chemin de l'hôpital, après avoir recommandé de tout son cœur à Dieu le malheureux garde municipal qu'elle ne pouvait plus secourir. Plus que toute autre, la prière de l'innocence et de la vertu est agréable au Seigneur. Dieu entendit la voix de la jeune fille : des jours plus calmes succédèrent à la tempête qui, en quelques heures, avait emporté le trône où la révolution de juillet était assise depuis dix-huit ans. Les barricades disparurent, la trace des balles s'effaça sous le badigeon, le drapeau rouge, flétri par d'éloquentes paroles, rentra dans son fourreau, les haines s'oublièrent et le cri de la vengeance se tut devant celui de la fraternité. Le jour où, pour la première fois, le garde municipal, *déguisé en pékin*, put sortir sans danger de la retraite où l'avait consigné le dévouement de Marie Bequet, il se rendit à Notre-Dame-des-Victoires, afin de remercier le Seigneur qui, le 24 février, lui avait envoyé l'un de ses plus doux anges pour le sauver. Son premier soin, après avoir rendu grâce à Dieu, fut de rechercher les traces de sa bienfaitrice; il ne l'avait pas revue depuis une semaine. La douleur qu'il ressentit en apprenant sa maladie et sa translation à l'hôpital se serait changée en désespoir, si sa confiance en Dieu eût été moins active. Cette confiance, sans doute, lui inspira l'idée d'aller voir un de ses anciens officiers, dont il avait appris la demeure. Celui-ci écouta avec intérêt le récit du sous-officier : touché jusqu'aux larmes de la belle conduite de Marie Bequet, il se rendit dans la soirée même à l'hôpital, pour lui porter avec des paroles de consolation l'assurance d'un avenir meilleur.

« Rassurez-vous, mon enfant, lui dit-il, rassurez-vous sur le sort de votre protégé... il viendra vous voir bientôt, et sa position sera désormais à l'abri du besoin. Il pourra s'acquitter de la dette de reconnaissance qu'il a contractée envers vous. » En effet, le garde municipal, rentré dans la vie privée et protégé par de puissants patronages, eut le bonheur de trouver une place honorable autant que lucrative. Changeant alors de rôle, il devint le protecteur de celle qui l'avait protégé, et lui paya largement sa dette : l'ingratitude est une plante parasite qui n'a jamais eu de racine dans le cœur d'un soldat.

La jeunesse et le bonheur sont deux habiles médecins. Marie Bequet, traitée sous leurs douces influences, se rétablit promptement. La veille du jour où elle devait quitter l'hospice pour retourner dans sa mansarde dévastée par la misère, le garde municipal se présenta à elle d'un air timide et embarrassé ; sa voix était moins assurée que de coutume, son regard moins certain et la parole bégayait sur ses lèvres. Le brave sous-officier qui, sans pâlir, s'était naguère trouvé en face de la mort, tremblait comme un enfant devant une jeune fille. Enfin, faisant un effort sur lui-même, et retrouvant tout à coup son courage de soldat, il prononça lentement ces paroles : « Mademoiselle Marie, je vous dois deux fois la vie ; vous me l'avez sauvée le 24 février, et vous me l'avez conservée pendant les tristes jours qui ont suivi le massacre de mes frères d'armes.... Je voudrais avoir deux cœurs pour vous bénir et vous aimer comme vous méritez d'être aimée et bénie.... Mais je n'en ai qu'un seul! ce cœur vous appartient, puisqu'il ne bat aujourd'hui que par vous et pour vous... Vous avez dix-sept ans, m'avez-vous dit un jour; j'en ai vingt-huit. Je suis donc trop jeune pour être votre père, et vous pas assez âgée, quoique je vous doive la vie, pour continuer à rester ma mère. Devant Dieu et devant les hommes, voulez-vous être ma femme? »

Marie Bequet, ainsi prise à l'improviste, et *militairement*, pour ainsi dire, baissa les yeux, rougit et ne répondit point.

—Marie Bequet, voulez-vous être ma femme? » répéta une seconde fois le sous-officier.

Marie baissa les yeux un peu plus bas, rougit un peu plus fort, et ne répondit pas davantage.

« Marie Bequet, voulez-vous être ma femme? » fit une troisième fois le soldat.

Marie Bequet éleva ses yeux au ciel, comme pour y interroger une voix secrète.... celle de sa mère, sans doute, sa mère qu'elle avait perdue si jeune! Encouragé par ce proverbe : *Qui ne dit mot consent*, le garde municipal prit dans ses mains une main que la jeune fille ne chercha pas à retirer, et il passa lentement à l'un de ses doigts, effilés comme un des fuseaux de la reine Berthe, un anneau d'or qu'il avait retiré la veille du Mont-de-piété, à l'aide des reconnaissances que, par une pieuse ruse, il avait pu se procurer.

— Oh! merci! merci! s'écria Marie. C'est la bague de ma mère! Et elle murmura bien bas: Serait-ce le signe mystérieux de son consentement?

— Et ces boucles d'oreilles sont sans doute aussi les siennes?

— Oh! merci! merci!

— Et ce livre de prières?

— Oh! que vous êtes bon!

— Marie Bequet, voulez-vous être ma femme?

— Je sais que, fils d'un brave officier de l'empire, reprit Marie, vous avez servi la France depuis l'âge de dix-huit ans, jusqu'au jour où, martyr de la foi militaire, vous avez dû rester fidèle à votre drapeau. Je connais vos états de service. Je sais que vous avez toujours été l'exemple et le modèle de vos camarades; je sais que vous avez toujours mérité l'affection et l'estime de vos chefs; je sais que vous alliez être décoré et que vous étiez porté sur le tableau d'avancement, en un mot, je sais qui vous êtes ; mais vous, savez-vous qui je suis?

— Qui vous êtes, Marie? Les anges ne se devinent donc pas? Eh! n'êtes-vous pas un ange du bon Dieu, ô vous, belle et modeste jeune fille, qui avez su garantir la paix de votre belle âme contre les orages des passions; vous qui, abandonnée si jeune et privée sitôt des conseils de votre mère, avez su demeurer vertueuse dans un monde corrupteur et corrompu? Je sais que nulle tache n'a maculé la robe d'innocence que la main des anges, vos sœurs, vous ont tissée sur le sein de votre mère ; je sais que nulle souillure n'a terni la limpidité de votre cœur ; je sais que votre belle âme est un reflet de la beauté infinie de ce Dieu plein de miséricorde qui vous a envoyée à moi le 24 février pour me sauver, et qui m'envoie aujourd'hui pour vous bénir, pour vous aimer, pour vous protéger contre les épreuves de la vie, enfin, pour partager vos joies et vos tristesses.....

Marie Bequet, voulez-vous être ma femme? »

Marie ne répondit point... Mais, cette fois, on ne pouvait s'y méprendre ; son silence était bien réellement la preuve du proverbe précité : *Qui ne dit mot consent.*

. . . .

III.

Le lendemain, Marie Bequet, pleine de grâce et de santé, quitta l'hôpital et se rendit prestement rue Vieille-du-Temple. La femme de son concierge l'attendait avec un air de satisfaction peu commun au visage des *Pipelets* du Marais.

« Que je suis heureuse de vous voir, mademoiselle Marie ! lui dit-elle en serrant sa main avec effusion.

— Je vous remercie, madame Riboulet; seriez-vous assez aimable pour me donner la clef de ma petite chambre?

— Ah ! j'oubliais de vous dire, Mademoiselle, que le propriétaire ayant eu besoin de votre mansarde, pour en faire une chambre de domestique, a cru pouvoir la reprendre à l'expiration du terme.

— Comment, sans m'avertir? c'est bien mal, cela.

— Vous aviez oublié de renouveler votre bail.

— C'est juste, fit Marie. Et qu'a-t-on fait de mes meubles?

— Je les ai déposés provisoirement dans un petit appartement au quatrième étage donnant sur la rue. Venez, mademoiselle, je vais vous y conduire. » Et, marchant la première pour montrer un chemin que la petite lingère avait souvent parcouru en pleurant, madame Riboulet commença l'ascension du quatrième étage.

« Eh bien! mademoiselle Marie, que dites-vous de ce petit appartement? fit la concierge en ouvrant la porte qui lui servait d'entrée; n'est-ce pas un vrai petit bijou?

— Charmant, en vérité....

— Et complet. Voyez, Mademoiselle, voici un

petit salon avec une alcôve à deux lits; voilà une chambre d'enfant à côté ; cette petite salle à manger est très-bien éclairée : cette grande pièce peut servir au besoin d'atelier : admirez maintenant ces jolis meubles, ces belles draperies, ces frais rideaux de mousseline; comme tout cela est coquet, gracieux et de bon goût ! On n'a rien oublié, ni le crucifix d'ivoire à la tête du lit, ni les porcelaines et les cristaux sur le modeste dressoir de l'office, ni les jardinières pleines des fleurs que vous aimez le mieux, ni les canaris dans la cage aux barreaux verts ; écoutez comme ils chantent bien : on dirait qu'ils sont heureux d'exprimer à leur manière les hommages qui sont dus à leur jeune et belle maîtresse.

— Que dites-vous donc, madame Riboulet? s'écria Marie pâle d'émotion et se croyant le jouet d'un rêve.

— Je dis que depuis hier soir cet appartement est le vôtre, et que tous les meubles ci inventoriés sont à vous.

— Mon Dieu, serait-il possible !

— Voyez et lisez.... Eh! bien, maintenant comme saint Thomas, doutez-vous encore? ce bail payé d'avance à votre nom ne vous assure-t-il pas la possession de cet amour d'appartement?

— Qu'ai-je donc fait, mon Dieu, pour avoir mérité tant de bonheur ! » s'écria la jeune fille au comble de l'étonnement.

Comme on le devine, l'heureux prétendu de Marie Bequet avait seul opéré cette métamorphose, facilitée par le recouvrement inespéré de quelques économies. Marie prit immédiatement possession de son appartement.

Le lendemain matin, en se réveillant, elle trouva soigneusement déposée sur sa commode une simple et modeste corbeille de noces pleine de beau linge, de jolies robes et de frais chiffons. Ses yeux s'arrêtèrent en même temps sur une magnifique boîte à gants en bois précieux, incrusté de nacre et d'argent, et sur laquelle on lisait, tracés en lettres d'or, ces mots :

A Marie Bequet, ma libératrice.

Quelques jours après, le garde municipal vêtu de noir, Marie Bequet vêtue de blanc et portant au front une couronne de roses blanches, à la ceinture un bouquet de fleur d'oranger, se retrouvèrent agenouillés l'un près de l'autre devant un autel de l'église des Petits-Pères.

La protectrice et le protégé ne faisaient plus qu'un devant Dieu.

TREIZIÈME VEILLÉE.

Où donc est le bonheur.

I.

Où donc est le bonheur? me demandait un jour Ernest de ***, jeune et brillant officier de cavalerie entré dans la vie comblé de toutes les faveurs de la naissance, de la fortune, et sorti de l'École militaire avec un des premiers numéros. Où donc est le bonheur? aux yeux du monde, Ernest l'avait sous la main, il pouvait le trouver dans son cœur, car il était riche, très-riche; il avait un brillant uniforme, des chevaux de race, un appartement somptueux. Toutes les recherches du luxe, toutes les élégances de la mode, tous les raffinements de ce que les Anglais appellent le *comfort* étaient réunis autour de lui et semblaient lui sourire; il en était arrivé à ce point, à ce degré de *sybarisme* qui cache une douleur dans le pli d'une rose. Cependant, aux yeux de celui qui voit et lit, comme dans un livre ouvert, dans les plus secrets replis des âmes, Ernest n'était pas heureux. Pour lui, le bonheur dont il demandait le chemin, ainsi que le fait le voyageur égaré dans sa voie, le bonheur ne se trouvait pas sous les ombrages de sa villa coquette, se mirant dans les eaux bleues de la Seine à travers une fraîche bordure d'asters et de chrysanthèmes ; il ne le trouvait pas dans ses bois pleins d'ombre et de mystère, encore moins dans les tumultes du monde et dans les séductions des flatteurs toujours prêts à courber un genou devant l'homme riche, veau d'or reconstitué par l'amour du lucre et surtout par l'égoïsme, cet idolâtre amour de soi-même. Mais où donc était le bonheur?

Dans le parfum des fleurs? Non.

Dans l'éclat des bougies et les bruits harmonieux du bal? Non.

Dans les hommages de la mode, lancés sur un fringant cheval au bois de Boulogne? Non.

Dans le choc des verres mousseline remplis d'un champagne écumeux? Non.

Dans une loge des Italiens? Non.

Dans la sonorité belliqueuse d'une musique militaire au Champ-de-Mars? Non.

Où donc, une fois encore, était le bonheur?

Ernest, lassé de la garnison tant vantée de Paris, sollicita et obtint du ministre de la guerre l'autorisation d'aller chercher en Afrique une croix d'or ou une croix de bois, un parchemin d'honneur ou une tombe, une citation à l'ordre du jour de l'armée ou une épitaphe au champ d'asile.

C'était aux beaux jours de notre armée d'Afrique, Abd-el-Kader, à la tête de ses cavaliers, pointait à l'horizon d'Isly, et les braves de la France se ralliaient à la *casquette* du *père* Bugeaud. Ernest arriva fort à temps pour prendre part à cette bataille mémorable; il s'y comporta bravement, eut un cheval tué sous lui, et fut particulièrement distingué par le général en chef. Quelque temps après, il trouva dans les colonnes officielles du ministère l'étoile qu'il était venu chercher... mais le bonheur? Point. Pourquoi donc, ô mon Dieu? Parce qu'il manquait à cet astre d'honneur le reflet de l'étoile qui conduisit, il y a dix-huit siècles, les rois Mages dans une pauvre étable, où les premières larmes d'un pauvre petit enfant, réchauffé par les doux baisers de sa mère, préparaient le bonheur du genre humain. Ernest avait oublié, depuis sa sortie du collége, les pieux conseils de sa mère morte. Il n'avait point abjuré la foi, mais la foi dans son âme ressemblait à une lampe aux trois quarts éteinte dans un sépulcre; il ne niait pas Dieu, mais il n'y pensait point; l'indifférence, ayant jeté un bandeau sur ses yeux, avait assombri, sinon entièrement éclipsé, l'étoile virginale du matin, *stella matutina*.

Notre brillant cavalier avait cru trouver dans la gloire le bonheur que lui refusait la fortune, et qui partout échappait à ses rêves, semblable à ces mouches phosphorescentes dont le rapide éclat, sous le ciel de Naples, s'évapore au moment où l'on croit les saisir. La croix des braves brillait donc sur son élégant uniforme ; il devait en être fier, car, suivant l'expression pittoresque des troupiers, *il ne l'avait, fichtre! pas volée*, et cependant chaque fois que ses yeux rencontraient ce glorieux symbole attaché à sa boutonnière, il répétait tristement : Le bonheur n'est pas là !

Serait-il dans l'ambition ? se demanda-t-il un soir que l'un de ses camarades, désespéré d'un passe-droit, venait de donner sa démission... Peut-être, lui répondit une voix, celle qui flatte en secret nos désirs ; *peut-être*.

Eh bien, faisons-nous ambitieux et cherchons.

Ernest avait vingt-huit ans ; il était décoré, et il venait d'être nommé capitaine. « Avant deux ans, dit-il, je serai chef d'escadron, ou bien une balle arabe m'aura envoyé voir dans l'autre monde, si, plus heureux, je trouverai là ce que celui-ci ne sait ou ne veut me donner. » En effet, avant le terme fixé, il reçut, pour prix d'une action d'éclat, l'épaulette à graine d'épinards. Être officier supérieur et ne pas encore avoir trente ans, c'est une noble et belle chose, qu'en dites-vous, mes camarades? Si le plus simple d'entre vous porte le bâton de maréchal dans sa giberne, ainsi que l'a prétendu le roi Louis XVIII, le nouveau chef d'escadron devait à plus forte raison s'estimer heureux d'en avoir le germe sous les graines de sa grosse épaulette. Eh bien! s'estima-t-il ainsi? Non. Le premier jour, à la vérité, il se montra plus satisfait que de coutume, et partagea même la franche gaieté de ses camarades, fêtant, le verre en main, une promotion nullement jalousée; mais le second jour, il ne remarqua même pas que son épaule droite enviait les ornements de son épaule gauche, et le troisième jour, il m'adressa à Rome, où je me trouvais alors, cette lettre : la première qu'il m'écrivit d'Alger.

« Mon cher Alphonse,

« Ainsi que je le désirais, j'ai vu la terre d'Afrique devenue française. J'ai mesuré mon sabre avec le yatagan des cavaliers arabes, j'ai été à Isly et ne me suis point *pendu*. Le maréchal Bugeaud m'a cité à l'ordre du jour de l'armée. Après avoir passé par tous les échelons de la hiérarchie militaire, je suis aujourd'hui chef d'escadron. Je vis dans les meilleurs termes avec mes chefs; mes camarades et moi ne faisons qu'un ; mes soldats disent que je suis un bon... diable; le service n'est pas trop dur; le pot au feu pourrait être plus mauvais ; le vin se laisse boire, et cependant, très-cher, je te demanderai en terminant: Où donc est le bonheur? »

Ernest, désireux de revoir son pays, sollicita, obtint un congé, et revint en France à l'époque où j'y rentrais moi-même, après un séjour de quinze mois en Italie. Je le rencontrai le lendemain de son arrivée à Paris sur le marché aux fleurs de la Madeleine; il venait d'acheter deux superbes camélias rouges et blancs.

« Je te croyais encore à Rome, me dit-il.

— Je l'ai quittée il y a aujourd'hui huit jours, lui répondis-je. Et toi, depuis quand es-tu de retour à Paris?

— Depuis hier seulement, et tu me vois en train, ajouta-t-il en approchant ses lèvres de mon oreille comme pour y glisser un secret, tu me vois en train de semer de fleurs le chemin de l'hyménée.

— Il te serait plus facile, lui répondis-je, d'y semer tes lauriers. »

Je ne l'avais jamais vu si joyeux. « Et quel est l'heureux mortel dont tu pares ainsi la route? lui demandais-je.

— Comment! tu ne l'as pas déjà deviné?

— Serait-ce toi, cher?

— Moi-même... Cela te surprend?

— Beaucoup moins que cela ne me réjouit. — Reçois, je te prie, mes félicitations les plus sincères. Quelle est l'aimable fille d'Ève qui a su fixer ton choix?

— Une jeune personne, gentille et douce comme une fauvette... elle a été élevée aux *Oiseaux*... l'une des premières maisons d'éducation de Paris.

— De la naissance?

— La fille d'un négociant, parfait honnête homme, mais ruiné.

— Par conséquent point de dot.

— Une fort belle, au contraire.

— Bah!

— Cent mille écus que je lui reconnais par contrat de mariage.

— C'est une bonne action que tu fais là, si, comme je l'espère et le désire pour toi, ta fiancée joint à ses mérites personnels ce qui les relève tous, la vertu basée sur la religion.

— ... J'accepterais plus volontiers ton éloge si la bonne action que tu vantes était de ma part un peu moins intéressée; en un mot, si l'égoïsme n'était point le principal moteur de ma prétendue générosité.

— Explique-toi plus clairement.

— Je dis que ton éloge serait mérité si la dot que

je reconnais à ma fiancée n'était pas lé prix d'un essai.

— Lequel?

— L'essai du bonheur que j'expérimente depuis que j'ai l'âge de raison.

— Ainsi donc, tu vas commettre l'acte le plus grave de la vie, uniquement pour trouver dans le mariage la solution d'un problème inconnu?

— « Que veux-tu, mon cher, je suis bien forcé de demander aux joies de la famille ce que les plaisirs de la fortune, les enivrements de la gloire et les tumultes de l'ambition n'ont point su me donner. »

Trois semaines après, le riche et brillant officier de cavalerie épousa la modeste et jeune fille, qui pour unique fortune lui apportait, avec une éducation parfaite, tous les trésors du cœur et de l'esprit.

La veille du jour qui devait enchaîner sa liberté, Ernest avait demandé à un vieux prêtre de la paroisse de Saint-Thomas-d'Aquin : « Où donc est le bonheur? » Le vieux prêtre lui avait répondu :

— « Dans l'accomplissement de tous vos devoirs, comme chrétien, comme soldat et comme époux. Chrétien, vous vous devez à Dieu ; soldat, vous vous devez à votre patrie; époux, vous vous devez à votre femme. Ces trois termes bien distincts n'en forment en réalité qu'un seul : le bon chrétien fait toujours un bon soldat, et un bon soldat ne fait jamais un mauvais mari. »

Dans les premiers mois qui suivirent son mariage, Ernest fut moins sombre, moins mélancolique. Les vertus paisibles de sa femme, ses qualités modestes lui rendaient la vie si douce, si facile ! Et puis la voix de sa pieuse compagne ressemblait si bien à celle de sa mère quand elle parlait du ciel et de Dieu, et puis ses beaux yeux s'animaient d'un si pur éclat quand ils s'élevaient vers le ciel pour y montrer les horizons vrais du bonheur sans fin !

Ernest commençait à comprendre que le bonheur, évoqué depuis si longtemps dans les secrètes aspirations de son âme, pourrait bien se trouver dans la foi et dans la pratique de la religion ; cependant l'indifférence le retenait encore éloigné de la prière qui ramène à la foi, et de l'Église où les anges viennent chaque jour chercher la prière pour la porter à Dieu.

Ainsi que les graines fécondes, les pieux exemples germent dans le cœur qui n'est point à tout jamais fermé à la rosée de la grâce : Ernest, ramené peu à peu dans les sentiers de la foi par la vertu pratique de sa femme, se croyait sur la piste du mystérieux problème qu'il cherchait depuis son entrée dans le monde quand un événement affreux, inattendu, vint le frapper comme un coup de foudre dans ses affections les plus chères : une fièvre typhoïde lui enleva en trois jours son Antonie bien-aimée. Le moment de la séparation fut déchirant.

Ernest se serait tué, le malheureux ! s'il n'avait point fait à sa femme mourante le serment de ne jamais attenter à sa vie. Sublime de résignation, la pauvre Antonie, après avoir vécu comme un ange, était morte comme une sainte. Je l'accompagnai jusqu'à sa dernière demeure : Ernest, le front pâle et glacé, n'avait pas une larme dans les yeux, et ses yeux mornes, fixés sur le cercueil qui contenait la meilleure part de sa vie, ne pouvaient se détacher du caveau funèbre où la dépouille mortelle de sa bien-aimée, allait attendre le jour de l'éternel réveil. Les grandes douleurs sont sèches et muettes.

Lorsque le prêtre eut prononcé les dernières prières, lorsque les assistants eurent jeté leur dernière goutte d'eau bénite, lorsque le fossoyeur eut répandu sa dernière pellerée de terre, Ernest me prit le bras, et me le serrant avec un mouvement convulsif : *Où donc est le bonheur?* dit-il.

Je ne lui répondis point, mais lui prenant le bras à mon tour, je lui montrai le ciel.

II.

Sur ces entrefaites, la France, se demandant aussi

depuis plus de soixante ans : *Où donc est le bonheur ?* venait de subir un nouveau cataclysme politique : la république s'était fait annoncer sans façon au château des Tuileries, et s'était assise sans y être invitée à la table de Louis-Philippe. De ce royal château, après s'être démocratiquement repue, elle s'était rendue à l'Hôtel-de-Ville pour annoncer à la France la formation d'un gouvernement provisoire, et bâcler à la hâte une impossibilité de constitution. Paris, bientôt en plein carnaval, offrit à l'histoire un kaléidoscope fantastique, incroyable, sans nom. La peur, déguisée en grotesque, faisait des pirouettes indescriptibles; les hommes les plus sérieux, travestis en pierrots, dansaient sur la corde roide des palinodies, sans mettre le moindre blanc à leurs souliers. Le lion du boulevard des Italiens se faisait ouvrier, l'ouvrier se faisait patron, le poëte, changeant la lyre d'Apollon contre les rênes du char de l'État, se faisait cocher politique, l'avocat se faisait tribun, les écoliers se faisaient maîtres, les gamins se faisaient soldats, les forçats libérés obtenaient des primes d'honneur, les perturbateurs du pays se distribuaient des brevets de civisme, les vieux conspirateurs prenaient des places, les républicains, ruinés de la veille, trouvaient le moyen de payer leurs dettes, et ceux du lendemain, celui de faire fortune, les boutiquiers fermaient leurs boutiques et la garde nationale disait son *meâ culpâ*. C'était une confusion de couleurs, d'idées, de noms propres, de ralliements, de protestations, d'apostasies, de grandes et de petites choses, de petits et de grands hommes, à faire douter de la raison humaine... une véritable débauche de l'esprit français, une vraie tour de Babel construite en trois jours par les bourgeois de Paris.

Ernest, donnant sa démission, troqua modestement ses épaulettes de chef d'escadron contre les simples galons de caporal de la garde nationale. Pour la première fois, peut-être, cette institution était appelée, sinon à réparer tout le mal qu'elle avait fait depuis son origine malencontreuse, du moins à faire un peu de bien. La république, ombrageuse comme un taureau devant une guenille écarlate, avait expulsé de Paris tous les pantalons garance. A aucun prix on n'aurait pu se procurer le plaisir de voir un troupier dans les rues ou sur les boulevards de la capitale, car le troupier était mis hors la loi.

Sur ces entrefaites, la révolution de Février, irritée de trouver à sec les caves des châteaux royaux, fatiguée de *blaguer* gratis dans les clubs ou à vingt-cinq sous par tête dans les banquets fraternels, ennuyée de promener ses manifestations au Luxembourg, de jouer au bouchon aux ateliers nationaux, la révolution, saturée de discours patrio-poétiques, voulut se donner le plaisir d'un combat de rues. Ce jour-là, c'était un vendredi, le tambour battit le rappel à onze heures du matin, et la générale à une heure : à deux heures la guerre civile arbora son hideux drapeau sur la Porte-Saint-Denis, à cinq heures, la fusillade et le canon grondèrent dans les rues de Paris, hérissées de barricades.

Ernest, désireux d'en finir avec la vie, répondit l'un des premiers à l'appel du tambour de la 1ʳᵉ légion, que les *démocs* avaient surnommée, nous ne savons trop pourquoi, la comtesse ; l'un des premiers, le brillant ex-officier aux chasseurs d'Afrique fit feu contre les Bédouins de l'insurrection, et passa au pas de charge sur les barricades de juin ; mais vainement il s'exposa aux plus grands dangers, la mort, qui pour nous tous a son heure, ne voulut pas de lui.

Cependant, les barbares, dont le succès eût assuré le triomphe de la démagogie et l'inauguration d'un ordre de choses appartenant à une autre époque, avaient été vaincus : une fois de plus, Dieu avait protégé la France ! Paris donna de pompeuses funérailles à ses illustres morts, la France accorda des pensions aux veuves et aux orphelins ! le jardin Mabile rouvrit ses portes, le palais des Fleurs rallia son orchestre, et tout fut oublié, entre un quadrille de Musard et une valse de Strauss.

Plus triste et plus découragé que jamais, Ernest déposa ses galons de caporal, et, décidé à voyager, il partit pour l'Italie.

Là peut-être, pensait-il, je trouverai la paix et le repos du cœur; les orages des partis brûlants ne sont pas faits pour les solitudes où jadis, le Tasse et Michel-Ange, le Dante et Raphaël ont rêvé sous les orangers en fleurs : comme des sanctuaires les sépulcres du génie doivent être respectés : ainsi pensait Ernest; étrange erreur! quelque chose de respectable existe-t-il aux yeux de ceux qui foulent au pied les lois divines et humaines? La révolution, repoussée de Paris, s'était faite touriste, elle était en train, en ce moment, de visiter les bords de l'Arno et de jouer aux barricades dans la patrie de Machiavel. Ernest s'empressa de quitter Florence la belle, la cité des fleurs, où le canon de la guerre civile avait répondu négativement à cette question : *Où donc est le bonheur?*

Ernest partit pour Naples, comptant s'abriter quelque temps sur les rives du beau golfe d'Ischia, car il pensait avec raison qu'en ces temps de misère et de perturbation, Naples devait être un oasis offert par l'ange de la paix aux hommes de bonne volonté. Il se trompait encore.... L'émeute, sortie cette fois de la boutique des bourgeois, de l'étude des avocats, se promenait en habit noir dans la rue de Tolède, et la révolution, jalouse de faire concurrence au Vésuve, se préparait à répandre ses laves démocratiques contre le trône de Ferdinand II. Par une sanglante journée du mois de mai, Ernest, repoussant du pied le cadavre de la révolution vaincue par le bras nu du peuple et par l'épée du soldat, quitta Naples en répétant ces mots : *Où donc est le bonheur ?* A Rome sans doute ; à Rome, la ville des grands et des saints souvenirs ; à Rome, la ville de César et de Léon X, la ville du Colysée et de Saint-Pierre, le capitole enfin de l'univers chrétien. Ernest partit donc pour Rome, le cœur triste comme la vue des ruines éparses sur le sol, où bientôt, à chaque pas, il allait retrouver la terre glorieuse des anciens maîtres du monde. Rien n'est plus dolent, en effet, que la campagne romaine ensemencée de ruines ! On dirait une élégie de marbre. A mesure que notre triste voyageur se rapprochait de la ville éternelle, des bruits étranges frappaient son oreille, et des figures sinistres passaient devant ses yeux. La coupole de Saint-Pierre se dessinait au loin calme et silencieuse, mais un bourdonnement sourd, semblable à celui d'un essaim d'abeilles en colère, grondait et s'élevait dans l'air. Une voiture, emportée par des chevaux lancés à fond de train vint à croiser la diligence où se trouvait Ernest.... Elle portait la fortune de Rome sur la route de l'exil. — Pie IX, le saint pontife, assiégé dans son palais par une populace sacrilége, avait quitté sa capitale. Ernest, devancé à Rome par la révolution, rencontra au Corso une horde de cannibales portant en triomphe l'assassin du comte Rossi. Il détourna les yeux avec horreur; jamais le crime ne s'était montré, avec un plus odieux cynisme, sous un plus horrible aspect.

Où donc est le bonheur, mon Dieu? s'écria Ernest en se dirigeant sur Civita-Vecchia. Quinze jours après, il était de retour à Paris, où le choléra moissonnait dans tous les rangs de la société. Le maréchal Bugeaud ne tarda pas à succomber sous les atteintes du mystérieux fléau. Ernest rendit les derniers devoirs à son ancien chef mort, et il partit pour l'Allemagne. Mais hélas! du sud au nord, le vent de la révolution, soufflant avec fureur, ébranlait partout les palais et les trônes. A Berlin, une populace, ivre de sang et de vin, forçait la famille royale de Prusse à incliner la tête devant un monceau de cadavres illustrés du nom de martyrs. A Francfort, le poignard, procédant comme à Rome par le meurtre à l'insurrection, immolait lâchement le prince Félix Lindnowski et le général d'Auerswald. A Pesth, le stylet d'un étudiant fanatique, s'élevant au-dessus du droit des gens, respecté par les peuples les plus barbares, atteignait en pleine poitrine le comte de Lamberg.

A Vienne, la révolution passait par le cadavre mutilé du général comte de Latour, ministre de la guerre, pour faire le tour de la monarchie autrichienne. A chaque pas, Ernest, trouvant du sang, des ruines et des larmes, se demandait : *Où donc est le bonheur ?*

III.

Où donc est le bonheur? Dans l'illustration de la naissance? dans la possession de la fortune? dans le prestige de la gloire? dans les tumultes de l'ambition? dans les joies du foyer domestique? dans la distraction des voyages? Ernest l'avait cherché partout; il l'avait demandé chaque jour sans entendre une voix qui lui répondît : *Le bonheur est là.*

C'est que, nous vous l'avons déjà dit, Ernest ne le cherchait point en lui-même, dans son centre, en son milieu : un instant, à la vue de sa femme priant, il avait cru l'avoir trouvé : mais l'indifférence repoussant la grâce, il était bientôt retombé à plat dans le marasme du scepticisme. Alors, comme une vague entre le rivage et l'écueil, la préoccupation de son esprit flottait sans cesse entre le désir de la foi et celui de la mort. Plus d'une fois même, celui-ci l'emportant sur l'autre, il conçut des pensées de suicide ; mais, du haut des cieux, où femme elle l'avait devancé, un ange, Antonie, veillait sur lui. Oh ! si je pouvais croire ! disait-il souvent. Cette aspiration était le commencement de la foi.

Dans les derniers jours du mois de septembre 1850, Ernest se rendit en Bretagne pour y chasser sur les terres d'un de ses amis, proche voisin des trappistes de la Meilleraye. Il désira visiter ce couvent dont il avait si souvent entendu parler. C'était là que la grâce l'attendait. Le premier visage qu'il rencontra sous le capuchon de la robe brune d'un trappiste, fut celui de son maréchal des logis chef, aux chasseurs d'Afrique, un nommé André, bon soldat, mais querelleur en diable, ivrogne comme un sac à vin, et la première *pratique* du régiment.

« Comment, vous ici, mon commandant ? s'écria le trappiste en portant, par un reste d'habitude, le profil de sa main droite au profil de sa joue du même côté, comment vous ici ?

— Mais vous y êtes bien vous-même, maréchal des..... mon frère, veux-je dire, car si je ne me trompe vous avez changé de régiment.

— Et d'uniforme, répliqua le trappiste en montrant sa robe de laine, d'uniforme et de garnison.

— Bonne garnison, sans doute ? le vin y est-il bon et pas trop cher ?

— *Assez causé*, mon commandant, sans vous *commander*, le temps passé n'est plus, et la pratique du régiment, comme disaient les camarades, a mis de l'eau dans son vin ; si parfois, se rappelant ses vieilles habitudes, il querelle encore, c'est le diable qu'il provoque, mais le capon saigne du nez comme un Bédouin qu'il est ; imaginez-vous, mon commandant, qu'il n'a jamais voulu se trouver au bout de mon sabre, qui cependant est moins effilé que celui que nous avions là-bas, voyez : disant ainsi l'ex-maréchal des logis chef montrait son chapelet.

— Et votre croix d'honneur, si vaillamment gagnée à Isly, qu'en avez-vous fait?

— J'en ai fait hommage au bon Dieu qui, en échange, m'a donné cette croix de bois. Croyez-le, commandant, elle fait moins *d'esbrouffe,* mais c'est la bonne.

— Maintenant, dites-moi, je vous prie, la raison qui vous a fait changer de régiment.

— Volontiers, mon commandant..... Mais au moment où le religieux allait commencer son récit, la cloche du couvent vint lui couper la parole.... « C'est la trompette qui sonne le rappel, fit André ; je suis désolé, commandant, de ne pouvoir vous satisfaire pour le quart d'heure, ce sera pour une autre fois ; il faut que j'aille *à l'ordre,* et vous le savez, la discipline avant tout. »

Ernest voulut assister à l'office chanté la nuit par les trappistes. Ce spectacle édifiant laissa dans sa mémoire une impression si profonde que, bien souvent, à minuit, il quittait la demeure hospitalière de son ami pour venir mêler sa voix aux prières et aux chants nocturnes des religieux. Un charme secret l'attirait sans cesse vers le couvent, qu'il appelait la maison du bon Dieu. Peu à peu sa tristesse disparut, son front pâli retrouva sa sérénité, sa lèvre rappela un sourire depuis longtemps oublié, et si parfois encore il désirait mourir, c'était quand ses yeux levés au ciel semblaient rencontrer le chemin qui devait le conduire à Antonie sa bien-aimée!

Un matin il se présenta à son ancien maréchal des logis chef. « Frère, lui dit-il, conduisez-moi devant le colonel de votre régiment.

— Devant le père supérieur, voulez-vous dire?

— Oui, mon frère.

— Suivez-moi. »

Un instant après l'ex-chef d'escadron se trouvait aux pieds du ministre de Dieu, et lui confessait, avec des larmes de repentir, les fautes de sa vie passée. Ce jour-là même il écrivit deux lettres, l'une à l'ami chez lequel il était en visite, l'autre à l'auteur de cette veillée militaire. La première était ainsi conçue :

« Mon cher hôte,

« Ne m'attendez pas pour dîner. Le père supérieur

m'a invité à prendre place à la table sainte du Seigneur. J'ai accepté.

« Tout à vous. « Ernest. »

La seconde lettre ne contenait que ces quelques mots :

« Mon cher historien,
« J'ai trouvé le bonheur.
« A toi et tout à Dieu. « Ernest. »

IV.

Le riche, l'illustre et le brillant officier de cavalerie est aujourd'hui le plus humble trappiste du couvent de la Meilleraye, mais il s'estime le plus heureux des hommes.

QUATORZIÈME VEILLÉE.

Mater admirabilis.

(MÈRE ADMIRABLE.)

I.

On a beaucoup écrit, beaucoup dit, beaucoup controversé au sujet du culte des reliques et des objets de dévotion auxquels les personnes pieuses attachent une juste et légitime importance. Ce thème intéressant est bien loin d'être épuisé : de part et d'autre, beaucoup encore l'on écrira, l'on dira et l'on controversera. Bizarre inconséquence de l'esprit humain! j'ai connu un homme fort instruit, spirituel même, qui haussait les épaules à la vue d'une médaille de la Sainte-Vierge, et qui portait avec vénération en forme de breloque un caillou abrupte suspendu à sa chaîne de montre ; il avait ramassé ce silex dans le lit incertain d'un torrent chanté par

Homère. Tel amateur, qui se croirait déshonoré de rapporter un chapelet de Rome, mettrait volontiers dans sa poche toutes les ruines du Forum, si on le laissait faire. J'ai vu un Anglais acheter au poids de l'or, au concierge du château de Ferney, la neuf cent quatre-vingt-dix-neuf millième plume de M. de Voltaire. Un esprit fort, qui ne cesse depuis cinquante ans de déclamer *contre les pratiques superstitieuses* de la religion catholique, embrasse avec amour matin et soir une méchante pierre trouvée dans les ruines de la Bastille par feu le citoyen Brutus, son illustre père.

Le saule de Sainte-Hélène a donné aux Anglais du bois en quantité suffisante pour faire un vaisseau à trois ponts. Il n'y a pas un vieux monument en Europe, pas une ruine usée par le temps, un morceau de marbre antique, une mosaïque, qui ne tentent la main de chaque Anglais qui passe. Cette manie cupide inspirée par l'amour du souvenir est-elle autre chose que le culte des reliques et des objets de dévotion? La cocarde du soldat, le drapeau du régiment, ne sont-ils pas au guerrier ce que l'image de la Vierge et celle du Christ sont au chrétien? En religion, il n'y a pas de petites choses, il n'y a dans l'esprit de ceux qui la critiquent sans la connaître que de petites idées.

« Le catholicisme, disait un jour un professeur

de l'Université à un jeune lieutenant d'artillerie, le catholicisme est la religion des *préjugés*.

— Je vous demande un million de pardons, monsieur, répondit le lieutenant, mais il me semble en ce moment, à moins que je n'ignore complétement la valeur du mot, que vous reprochez au catholicisme un ordre de choses applicable à votre argument : d'où vient le mot *préjugé ?*

— Du verbe latin *prœjudicare.*

— Quelle est la vraie acception de *prœjudicare ?*

— Juger avant.

— Or, comment le catholicisme peut-il être une religion de préjugés, puisqu'il ne juge *qu'après*, c'est-à-dire en pleine connaissance de cause? »

Le savant professeur avait trouvé son maître dans le jeune lieutenant d'artillerie.

Le culte des reliques et des objets de dévotion est universel, il est de toutes les religions, de tous les peuples, de tous les siècles. Les tableaux représentant les hommes de la patrie ; les images de bronze ou de marbre que nous admirons dans nos musées ; les portraits de nos vieux parents que nous caressons avec nos regards dans leurs cadres d'or ou de bois blanc, sont des objets de dévotion : l'autographe, devenu de nos jours une chose de commerce, une marchandise cotée chez l'antiquaire comme une action de chemin de fer à la Bourse, comme une partie de sucre chez l'épicier en gros, l'autographe est un objet de dévotion : le cheveu, doux gage d'amitié ou triste souvenir d'une tête chérie, le cheveu, branche d'art tombé dans l'industrie, est une relique.

Comment donc ce culte pieux, admis partout au point de vue humain, pourrait-il être ridicule au point de vue religieux ?

II.

Il existe à Rome, sur le sol quasi-français de la Trinité-du-Mont, une sainte maison habitée par les dames du Sacré-Cœur. Dans cette maison, devenue pour ainsi dire, depuis le séjour victorieux de l'armée française à Rome, la sacristie de nos braves soldats, il existe une petite chapelle élégamment ornée et pieusement illustrée par ce beau verset de la litanie de la Vierge : *Mater admirabilis*, tracé au bas d'un admirable portrait de la Mère céleste, que les lèvres de notre mère nous ont appris à aimer et à prier, petit enfant.

Cette image sainte et bénie est à la Trinité-du-Mont une source inépuisable de consolations. Que de larmes taries par un seul regard de cette froide image réchauffée par une pensée de foi ! que de douleurs mystérieuses soulagées ! que de blessures cicatrisées! que d'espérances et de grâces répandues par la Mère admirable du Sacré-Cœur de Rome! que de conversions opérées! que de francs et loyaux retours à Dieu!

Parmi les nombreux exemples de la miséricordieuse et puissante protection de la *Mère admirable*, il en est un que nous allons vous raconter, chers camarades.

Le second mois de l'occupation de Rome par notre vaillante armée, le 23 septembre 1849, un chasseur, du 2e bataillon du 3e régiment d'infanterie légère, fut transporté, dangereusement malade, à l'hôpital Saint-Bernard. Comme un grand nombre de jeunes gens, Jean Coulonnier avait oublié, dans de mauvaises fréquentations, les principes religieux de son enfance : les mauvaises lectures, les clubs de 1848 et les sociétés secrètes avaient achevé de pervertir ses instincts généreux, qui, placés dans un autre milieu, auraient persévéré dans la voie du bien. Coulonnier avait fait le siége de Rome sans enthousiasme, car ses sympathies se trouvaient dans la ville assiégée plutôt que sous les drapeaux des assiégeants. Il avait combattu sans la foi, qui élève l'énergie au niveau des obstacles et des fatigues. Dans le triomphe de ses frères d'armes, il n'avait vu, en dernière analyse, que les conséquences de la défaite imprimée à ses coréligionnaires politiques. C'est dans ses dispositions d'esprit qu'il reçut la visite d'un prêtre français de Courtezon, département de Vaucluse.

« Que me voulez-vous, monsieur? lui dit-il.

— Vous offrir mes soins.

— Vous êtes donc médecin?

— Oui, mon brave.

— Tiens, c'est la première fois que je vois un médecin en soutane : voici ma main, docteur, ai-je la fièvre?

— Je suis médecin, je vous l'ai dit, répliqua sévèrement l'abbé Masson, mais je suis médecin des âmes, ce n'est donc pas votre main que je vous demande, c'est votre cœur.

— Ah! je comprends... vous avez fait vos cours dans un séminaire, je n'ai pas confiance en cette faculté-là, monsieur l'abbé, allez chercher pratique ailleurs.

— Écoutez-moi, mon ami...

— Vous parlez une langue qui n'est pas la mienne, adieu, monsieur l'abbé.

— Au nom de votre âme...

— Laissez-moi tranquille, vous dis-je.

— Si vous repoussez les consolations du prêtre, acceptez au moins les soins d'un ami.

— Et les infirmiers donc, les prenez-vous pour des azors? Filez votre nœud et fichez-moi la paix.

— Adieu mon ami, lui dit le digne abbé, je reviendrai vous voir, peut-être serez-vous mieux disposé demain ; en attendant, je prierai Dieu pour vous. »

La maladie de Jean Coulonnier fit, en quelques jours, des progrès si rapides que les médecins ne conservèrent aucun espoir de guérison.

Enseveli dans une tristesse profonde, livré à de sombres pensées, le pauvre soldat repoussait non-seulement les idées religieuses, mais il fermait encore son cœur aux consolations humaines que ses camarades lui offraient avec un généreux dévouement.

Nullement découragé par un premier échec, l'abbé Masson revint, ainsi qu'il l'avait promis, s'asseoir au chevet du malade ; mais, par un sentiment de prudence, il évita, dans les commencements, de faire aucune allusion sérieuse au but réel de sa visite. Une fois, cependant, ayant saisi un moment favorable pour jeter le grappin d'abordage sur une conscience qui allait à la dérive, Coulonnier lui ferma la bouche par ces trois mots prononcés lentement : « Je suis protestant !

— Vous n'en êtes pas moins mon frère aux yeux de Dieu, lui répondit l'abbé avec l'accent d'une conviction profonde, et comme tel vous avez droit à toutes mes sympathies.

— Je suis protestant, vous dis-je, allez chercher vos pratiques ailleurs. »

L'abbé Masson, repoussé une seconde fois, partit le cœur bien triste, mais touché des excuses que les camarades de Coulonnier lui firent en son nom.

De ce moment, convaincu que nulle parole humaine n'arriverait à l'âme désolée du malade, il résolut d'aller demander à la Mère admirable *du Sacré-Cœur*, un accent de cette voix céleste qui pénètre comme un rayon vivifiant dans les plus sombres obscurités des cœurs. Ce jour-là même, toutes les religieuses de la communauté devaient se trouver réunies aux pieds de l'image sainte, pour célébrer la principale fête instituée en l'honneur de la Mère de Dieu, par le souverain pontife Pie IX.

L'abbé Masson se présenta dans la matinée à la supérieure, et lui fit part du projet qu'il avait conçu pour ramener à Dieu un fils égaré : madame de Coriolis l'adopta avec d'autant plus d'empressement, qu'il y avait une âme à sauver. Le pécheur endurci fut aussitôt recommandé aux oraisons de la communauté.

C'était le 20 octobre 1849. De ce jour-là, jusqu'au 25, de ferventes prières s'élevèrent incessamment au ciel en faveur de Jean Coulonnier ; mais ce malheureux, rebelle à la grâce, continuait à repousser avec plus de persistance encore les soins religieux dont il était l'objet. Dans la matinée du 26, l'abbé Masson, ayant appris que Coulonnier n'était point protestant, qu'il n'avait décliné son titre de catholique que pour élever une barrière de plus entre la main du prêtre qui pardonne et le front du pécheur qui s'humilie dans le repentir, fit part de sa découverte aux dames du Sacré-Cœur et leur recommanda la persévérance dans la prière.

Après le Saint-Sacrifice de la messe, célébré à l'intention du malade dans le sanctuaire de la Mère admirable, l'abbé, muni d'une médaille récemment frappée à l'effigie de *Mater admirabilis*, se dirigea vers l'hôpital avec la confiance du soldat français qui s'apprête à enlever d'assaut une redoute réputée imprenable. L'énergie du prêtre, comme celle du soldat, grandit dans les obstacles : à leur courage il faut des difficultés ; l'un et l'autre s'ennuient sur les chemins unis, faciles ; tous deux préfèrent une route semée d'aspérités, une bonne campagne à une promenade militaire. Dans les moments suprêmes, le prêtre le plus vulgaire comme le soldat le plus infime, inspirés tous deux dans l'accomplissement de leur mission, peuvent opérer des prodiges, car ils deviennent alors l'instrument de la puissance divine qui mène les hommes qui s'agitent.

Le prêtre que vous voyez lutter à cette heure pour le salut d'une seule âme n'est qu'un pauvre curé de campagne, bien simple d'esprit, bien humble de cœur, bien vulgaire de forme, connaissant mieux les trésors de son sacerdoce que les richesses de sa langue, les habitudes rustiques de la campagne que les allures dégagées de la caserne, un véritable paysan couvert d'une soutane : eh bien! cet homme, ce prêtre, qui déshabillé ressemblerait plutôt à un garçon de charrue qu'à un évêque, va trouver dans l'inspiration de son ardente charité des paroles de Fénelon.

« Encore vous, s'écrie Coulonnier en l'apercevant à genoux au pied de son lit.

— Oui, mon ami, c'est encore moi, répond le digne abbé, c'est toujours moi qui vous aime, c'est un ami qui voudrait faire votre bonheur là-haut, s'il ne peut vous retenir ici-bas. »

Coulonnier, dont la respiration, étranglée par le hoquet de la mort, annonce l'heure de l'agonie, réplique à son tour : « Retirez-vous, monsieur, *vous m'embêtez avec votre confession;* laissez-moi mourir en paix... retirez-vous...

— Je me retirerai à une condition.

— Laquelle?

— C'est que vous me permettrez de suspendre à votre cou cette médaille à l'effigie de la Mère du Sauveur.

— Dans quel but?

— Pour vous rappeler à vos derniers moments la mère que vous avez tant aimée!

— Eh bien! soit, dépêchez-vous et partez. » Disant ainsi, Coulonnier, dont les yeux éteints ont pu verser une larme au nom de sa mère, soulève sa tête, l'incline sur la poitrine du prêtre et reçoit la médaille de *Mater admirabilis*.

« Maintenant, mon ami, voulez-vous toujours que je m'éloigne, lui dit l'abbé Masson, pendant que les camarades du pauvre moribond prient en silence; faut-il me retirer?

— Restez.

— Donnez-moi votre main, mon ami. Coulonnier mit une main glacée dans celle du prêtre.

— Comment vous trouvez-vous en ce moment?

— Je suis plus calme... Parlez; votre voix me fait du bien... Parlez-moi de ma mère.

— Oui, de votre mère, et de Dieu, notre père à tous. »

Coulonnier, fondant en larmes, pressait sur sa poitrine la sainte médaille et murmurait des paroles entrecoupées... c'étaient les derniers efforts de la lutte: *Mater admirabilis* triomphait de l'ange des ténèbres. Le pécheur, vaincu, se relevant aussitôt sous le coup de la grâce, demanda de lui-même à se confesser... Il était temps! la mort approchait. Une heure après, il reçut la communion et l'onction sainte des agonisants. L'abbé Masson, placé en face et les mains jointes sur le lit des douleurs, priait avec recueillement; mais Coulonnier ne le repoussait plus... Calme et consolé, parce qu'il croyait; confiant et résigné, parce que celui qui a reçu de Dieu le pouvoir de lier et de délier avait signé sa feuille de route; joyeux même, parce que, sur le point de commencer la dernière étape, il apercevait au bout la grande halte du bonheur, Jean Coulonnier baisait avec amour l'image de *Mater admirabilis,* qu'il appelait sa bonne et tendre mère.

Merveilleux effets des sacrements qui souvent conservent la vie du corps en sauvant celle de l'âme, Coulonnier vécut encore quarante-huit heures dans ces heureuses dispositions. Il mourut comme un saint, en louant Dieu et son admirable Mère, *Mater admirabilis.*

QUINZIÈME VEILLÉE.

Un Brevet de prospérité.

I.

Vous rappelez-vous, mes chers camarades, ô vous qui avez été conviés, au nom de la France catholique, par la victoire de vos armes, à la plus émouvante solennité des temps modernes; vous rappelez-vous le 12 avril 1849? Dans la matinée de ce jour mémorable, le ciel était couvert, le vent soufflait avec violence, de gros nuages noirs couraient dans les airs : cependant tous les fronts rayonnaient, et la joie de tous faisait contraste avec les teintes sombres répandues sur les vieux monuments de Rome. Les rues et les places que devait parcourir un cortége triomphal s'étaient couvertes du sable jaune que l'on sème ordinairement à Rome sur le chemin des papes; les murs des maisons avaient disparu sous de riches tentures; les fenêtres et les balcons s'étaient pavoisés d'élégantes draperies, d'ingénieux emblèmes, d'enthousiastes devises. Les lis et les roses des jardins avaient remplacé comme par enchantement les lierres et les ronces des ruines: les hommes de paix et de bonne volonté avaient remplacé les hommes sinistres qui, semblables aux oiseaux précurseurs des naufrages, ne se montrent qu'aux jours des calamités publiques.

Tout était joie et bonheur à Rome le 12 avril 1849, car ce jour-là devait rendre à la ville éternelle sa fortune, son égide, son palladium, Pie IX, le pape enfin, le pape sans lequel la capitale du monde chrétien ne serait bientôt plus qu'un vaste cabinet d'antiquités, un musée, un livre de pierre, une date de marbre, une nécropolis... plus rien qu'un souvenir.

Le 12 avril, à quatre heures, un nuage de poussière s'était élevé au loin sur la route d'Albano et de grands cris avaient retenti sur les rivages du Tibre pour saluer le retour du souverain pontife, annoncé par les salves de l'artillerie française unies au son des cloches romaines. En ce moment solennel que je n'oublierai jamais, car, délégué par l'histoire, j'étais là près de vous, chers camarades, au milieu de vous, au premier rang, pour daguerréotyper les larmes qui tombaient de tous les yeux, pour sténographier les acclamations d'amour qui vibraient dans tous les cœurs, en cet instant suprême chaque seconde avait été marquée par un coup de canon, chaque cloche avait mêlé sa note d'airain au concert de la réconciliation, chaque note s'était perdue dans un accord parfait d'enthousiasme et d'amour.

Le soleil, voilé jusqu'alors, avait apparu tout à coup au milieu des nuages comme un disque d'or pour former une auréole au front du pontife-roi. Pie IX avait touché du pied la terre de la patrie, et princes et cardinaux, soldats et prêtres, armée et peuple, tous s'étaient simultanément prosternés à ses genoux, sous sa main levée pour bénir... Ce jour-là, chers camarades, un de vos généraux l'a dit, il y a dû avoir grande fête au ciel.

II.

La première pensée de Pie IX, revenu dans sa capitale, fut une pensée de reconnaissance pour l'armée française, sa première visite fut pour les braves qui avaient payé de leur sang le triomphe de la bonne cause. En effet, trois jours après son retour à Rome, le 15 avril, il se rendit, accompagné d'un seul camérier et de huit gardes-nobles, à l'hôpital militaire de Saint-André. C'était dans la soirée, et comme le

saint père n'avait communiqué son projet à personne, les principaux chefs du service n'étaient point là pour le recevoir. M. Bellicoq, agent comptable, se trouvait cependant à son poste; ce fut à lui que l'illustre visiteur s'adressa : « Monsieur, lui dit-il
« avec ce son de voix dont l'accent si doux pénètre
« et subjugue, je viens voir les braves Français qui
« se sont fait blesser pour moi. Voudriez-vous me
« conduire vers eux? »

— Ce jour sera le plus beau de leur vie, répondit l'agent comptable, et il ajouta : Venez, très-saint père, une seule de vos paroles les guérira :

Sed dic tantum verbo et sanabitur anima mea.

— Allons, répliqua le saint père, et s'appuyant sur le bras de M. Bellicoq, qu'il appelait son cher fils, *caro figlio*, il gravit les escaliers qui conduisaient aux salles des malades. Ceux-ci, prévenus à la hâte par quelques camarades convalescents qui se trouvaient dans la cour au moment de l'arrivée du pape, étaient dans la plus vive agitation : le pape venait les visiter! le pape! c'est-à-dire celui que leur mère et le curé de leur village leur avaient appris à considérer et à aimer comme la première autorité du monde, comme le représentant de Dieu sur la terre, le pape venait les voir! Quelle fête pour nous! s'écriaient-ils, et les plus malades eux-mêmes, galvanisés par ce mot magique, le pape! faisaient des efforts inouis pour prendre, sur leur lit de souffrance, une position convenable et digne de l'auguste visiteur.

Lorsque Pie IX entra dans la première salle, il se fit un silence religieux, tous les fronts se découvrirent, quelques-uns mêmes se signèrent comme devant un saint tabernacle. Les malades qui avaient pu quitter leurs lits se prosternèrent aux genoux du souverain pontife qui, les relevant avec bonté, leur dit : « Mes chers enfants, je vous ai tous là, vous et vos parents, tous là, dans mon cœur. » Alors, se dirigeant vers les lits occupés, il adressa à chaque malade des paroles de consolation et d'espérance, et chacune de ses paroles était accompagnée d'un pieux souvenir. A celui-ci un christ en argent monté sur une croix d'ivoire, à celui-là un chapelet précieux ; à l'un, une médaille de la Sainte-Vierge, à l'autre, une médaille du divin Rédempteur ; à quelques-uns son propre portrait, à tous un objet de dévotion.

Cependant, plusieurs d'entre eux, oubliés dans la répartition de ces pieuses magnificences, osèrent adresser respectueusement leurs réclamations au souverain pontife qui s'empressa de faire droit à leurs prières. Un voltigeur, se levant de son lit sans autre vêtement que *la robe de chambre du dragon*, se précipita aux pieds de Pie IX en lui disant : « Si *c'était un effet de votre bonté, mon pape*, je voudrais bien avoir un second chapelet.

— Encore un, mon enfant?

—Oui, *mon pape*, mais celui-là sera pour ma mère, et Pie IX, pensant à la sienne qu'il avait tant aimée, donna pour celle du voltigeur, le plus beau chapelet qu'il avait à la main.

— L'expression pittoresque de *mon pape*, équivalant à celle de mon général, de mon capitaine, attirait, chaque fois qu'elle était prononcée, un sourire sur les lèvres du saint-père. « Ces braves gens ont raison de m'appeler ainsi, dit-il aux personnes qui l'accompagnaient, je suis bien réellement leur père, et je les aime comme les fils de ma fille aînée, la belle et chère France! »

Lorsque Pie IX n'eut plus une croix, plus une médaille, plus un objet pieux à donner, il prit congé de *ses braves Français*, en leur disant: «Au *revoir, mes enfants!*—Vive Pie IX! s'écria un grenadier en battant un entrechat, j'ai retrouvé mes forces, je suis guéri!—Quant à moi, disait un autre, je me griserais ce soir à la santé de Pie IX, si l'infirmier voulait changer ce pot de tisane contre une fiasquette d'Orviéto.—Parole d'honneur, ajoutait celui-ci, la vue du pape *est un fier quinquina*, elle m'a coupé *subito* la fièvre.—*Tout clampin* que je suis, répliquait celui-là, je voudrais, en l'honneur du saint-père, me f... un crâne coup de torchon avec un Garibaldi quelconque... — Comme ma mère va se trouver heureuse! murmurait tout bas le bon fils qui n'avait point oublié la bonne et vieille femme à qui il devait le jour...! Chacun disait son mot, assaisonné de cet esprit qui, dans la bonne comme dans la mauvaise fortune, n'abandonne jamais le caractère du soldat français.

Pie IX, accompagné des vœux et des bénédictions de tous les braves qu'il venait de consoler, descendit lentement les escaliers, répandant à droite et à gauche, à défaut de chapelets qu'il n'avait pas, quelques-unes de ces touchantes paroles qui s'impriment en lettres d'or là où elles tombent.

Quand il passa devant la sentinelle, en faction à la porte de l'hôpital, le grenadier mit un genou en terre, et présenta les armes en disant : « *Je suis bien vexé, mon pape.* »

— De quoi donc, mon enfant ?

— De n'avoir pas reçu une bonne blessure à la prise du bastion 8.

— En vérité, caro mio figlio !

— Comme je vous le dis, mon pape.

— Et pour quel motif ?

— Parce que blessé comme les camarades qui sont consignés là-haut par le docteur, j'aurais eu l'avantage de recevoir comme eux une médaille, une croix ou un chapelet.

— Eh bien ! consolez-vous, mon enfant, sans

avoir été blessé comme vos camarades vous recevrez le souvenir que vous désirez.

— *Sans vous commander*, mon pape, le recevrai-je bientôt ?

— Demain.

— Qui me le remettra ?

— Moi-même.

— Où, mon pape ?

— Au Vatican.

— A quelle heure, mon pape ?

— A dix heures du matin.

— Merci, mon pape. Vive Pie IX ! »

III.

Comme vous le pensez bien, chers camarades, le grenadier, qui s'appelait Auber, ne manqua pas le mot d'ordre. Dix heures sonnaient au Vatican quand il se présenta en grande tenue au palais pontifical. Introduit aussitôt par un des camériers secrets dans le cabinet du saint-père, il se jeta à ses pieds, puis se relevant il se mit au port d'armes, et dit : « Mon pape, me voici.

— Soyez le bienvenu, mon enfant, répondit Pie IX, et montrant du doigt plusieurs objets de dévotion qui se trouvaient exposés sur sa table, il lui dit : Choisissez.

— *Si c'etait un effet de votre égard*, mon pape, répliqua le grenadier, j'aimerais mieux que vous choisissiez vous-même.

— Est-ce par un motif de discrétion?

— Non, mon pape; c'est par un sentiment d'intérêt.

— Expliquez-vous, mon ami.

— Voici la chose : en France nous tenons plus à la personne qui donne qu'à la valeur de la chose donnée. Or, tous les objets que je vois là sur cette table auront une valeur égale à mes yeux, en passant par vos mains; cette valeur n'existerait pas si *j'offrais à moi-même* un objet dont le prix serait inappréciable si vous me l'offriez.

— Ce sera comme vous le désirez, répliqua le saint-père, ravi de la délicatesse des sentiments exprimés par le soldat français, et de sa main il présenta au grenadier un christ d'or, monté sur une croix en nacre, puis il ajouta : « Conservez précieusement avec l'amour du Seigneur cette image vénérée, *elle vous portera bonheur,* non-seulement en ce monde, mais encore dans l'autre..... Adieu, mon enfant, je vous bénis, vous et toute votre famille. »

De retour au quartier, Auber écrivit d'un seul trait la lettre suivante :

« Cher père,

» Je sors du palais du Vatican; j'ai vu le pape de

mes propres yeux, il m'a parlé de sa propre bouche, il m'a appelé son enfant, il m'a béni de sa propre main, et il m'a donné un crucifix qui doit porter bonheur à toute la famille. Réjouissons-nous donc, cher père, car la bonté de Pie IX doit être un motif de grande joie pour nous tous. Allez voir M. le curé de notre village et dites-lui le grand honneur que le pape vient de nous faire; dites-lui combien Pie IX est bon! il est si bon, voyez-vous, père, qu'on ne peut le voir sans l'aimer, et qu'on ne peut l'aimer sans prendre en horreur les gredins qui lui ont fait tant de mal.

» On nous dit qu'il y a encore dans Rome beaucoup de *canaille* : je le crois, car de temps en temps je rencontre des figures à Mandrin qui ne valent pas le diable; mais ces figures-là ne sont à craindre que par derrière : elles font une grimace de coliques quand on les regarde dans le blanc des yeux.

» Faites bien mes compliments au père Parpaillon, à l'ami Tartavet, à tous les voisins. Faites mieux encore : tuez une poule grasse et videz ensemble une vieille bouteille à la santé de notre bon pape Pie IX.

» Adieu, cher père, je vous embrasse avec tendresse.

» Votre fils, Auber. »

« *P. S.* Si les Garibaldi ne nous embêtent pas de

rechef, j'aurai] certainement mon congé dans les derniers jours du mois de juillet, et le plaisir de vous embrasser au commencement du mois d'août. »

Trois ou quatre mois après effectivement, Auber, frais et dispos, la boîte de fer-blanc en sautoir, quitta Rome par une belle matinée du mois de juillet. Le soleil levant semblait former une couronne de pourpre et d'or à la coupole de Saint-Pierre, ce magnifique poëme signé Michel-Ange.

Auber allait revoir la France, sa chère patrie, son village, son vieux père, ses sœurs, qu'il avait laissées petites filles et qu'il allait retrouver fiancées peut-être, il allait revoir les lieux chers à son enfance, la petite rivière de Dives, bordée de grands arbres et de doux souvenirs. Auber était bien heureux, et cependant, plus d'une fois, lorsque la diligence de Civita-Vecchia fut en route, il mit la tête à la portière pour revoir encore la grande silhouette de la ville éternelle, et plus d'une larme, sans qu'il y prît garde, vint mouiller ses moustaches. C'est l'impression que produit Rome à l'heure des adieux. On ne peut quitter cette ville sans éprouver un profond sentiment de tristesse et de regret.

Auber s'embarqua à Civita-Vecchia le 20 juillet. Obligé de relâcher deux jours à Gênes, le vapeur qu'il montait n'arriva à Marseille que le 25. Il se remit aussitôt en route pour Paris, qu'il traversa rapidement afin d'arriver plus vite au Havre, et, de là, se rendre à Caen, l'avant-dernière étape de son voyage.

Enfin, le 1er août, il put contempler, du sommet d'une colline plantée de pommiers à cidre, le petit village de Ouistreham, il put reconnaître le toit paternel, d'où s'échappait un long panache de fumée : bientôt après il se trouva dans les bras de son père et pressa sur ses lèvres les joues roses et blanches de ses sœurs, fraîches pommes d'api barbouillées de crème.

Il y avait près de huit années que le brave Auber, appelé sous les drapeaux, n'était pas rentré au pays ; cependant, il l'avait revu si souvent en rêve, qu'il savait par cœur chaque arbre du verger, chaque aubépine du chemin, chaque sillon du champ de famille. « Hélas ! depuis trois étés, lui dit son père, noble vieillard au front ridé, et ancien soldat lui-même, nos terres ont *un sort*. Le blé ne rend pas, les pommes de terre sont malades et les pommes de nos arbres donnent du mauvais cidre. » — Rassurez-vous, mon père, répliqua le grenadier, je rapporte avec moi un talisman infaillible contre les *mauvais sorts*. Voyez ; et, ouvrant sa tunique, il montra le précieux crucifix donné par Pie IX, et soigneusement serré sur sa poitrine, dans un étui de serge verte. — Que le bon Dieu t'écoute, mon enfant, car les temps sont durs et ton père est devenu trop vieux pour travailler comme autrefois, et se montrer exigeant envers la terre qu'il n'arrose plus de ses sueurs.

— Je suis jeune, fort et vigoureux, moi, mon père, et notre petit champ me connaît. Vous verrez la belle fête qu'il me fera au moment des récoltes. Et frappant sa poitrine, il ajouta : je possède là ce *qui porte bonheur.* »

Tous les habitants du village, avertis de l'arrivée d'Auber, s'empressèrent de venir lui serrer les mains. Son retour au pays était un événement que chacun célébra dans la soirée, le coude appuyé sur une table chargée de pots à cidre. Le soldat libéré raconta le siège de Rome, les exploits de l'armée française, la prise du bastion 8, la défaite des *Garibaldis*, l'entrée triomphale à Rome, les merveilles de la ville éternelle, la magnificence des palais, des églises, le retour de Pie IX, ses bontés pour les troupiers de la France, sa générosité et ses vertus.

Les paysans émerveillés prêtaient la plus grande attention à ces récits pleins d'intérêt pour eux, lorsque le curé, retenu jusque-là par des visites faites à ses malades, vint prendre part à la fête. La veillée se prolongea fort avant dans la nuit : les heures passent vite en Normandie, quand elles sont arrosées par du gros cidre.

Il n'y a pas de bonne fête, dit-on, sans lendemain. Le lendemain donc fut un jour de réjouissance pour

Ouistreham. Les grands plats furent détachés du buffet, la poule grasse, plumée la veille, répandit son parfum appétissant, les vieilles bouteilles, gardées pour les grandes occasions, montrèrent fièrement leurs goulots poudreux, et se vidèrent avec bonheur à la santé du souverain pontife Pie IX. Auber, entouré, pressé de questions, recommença les récits de la veillée précédente. Rome est au conteur un sujet de thème inépuisable; un thème si riche en lui-même, qu'il n'a pas besoin de variations. Aussi, comme celle de la veille, la soirée se prolongea fort avant dans la nuit... jusqu'à l'extinction de l'étoile du berger.

IV.

Ainsi qu'il l'avait dit à son père, le vainqueur de Rome se remit bravement au travail. C'était un plaisir que de le voir, jeune, fort et vigoureux, demander au champ de sa famille raison d'une stérilité opiniâtre. Caressé par sa main laborieuse, le champ réjouit bientôt la vue par des apparences qui ne devaient point être trompeuses; en effet, la récolte produisit des résultats d'autant plus inespérés que les terres des voisins avaient été, comme les années précédentes, frappées de stérilité. La pomme de terre se portait comme un charme; l'épi de blé était gros et gras, la pomme de cidre abondante et juteuse, l'herbe de la prairie riche et verte comme l'espérance en fleur, la vache était redevenue luisante et laiteuse, les moutons dans l'étable, les poules dans la basse-cour, les canards dans la mare, bêlaient et caquetaient joyeusement à qui mieux mieux. Depuis le retour d'Auber, tout respirait un air de contentement et de prospérité au sein de sa famille. Dieu, par les mains de Pie IX, avait béni son champ et sa maison. Aussi, lorsqu'à la fin d'une journée laborieuse, la famille entière se trouvait réunie dans la chambre commune pour le repas du soir, Auber ne manquait jamais de saluer respectueusement le buste de Pie IX, qu'il avait placé au-dessous d'un grand crucifix, sur la cheminée. « Voici notre bienfaiteur, » disait-il ; et dans ses élans de ferveur vers Dieu, qu'il avait appris à aimer et à servir, il y avait chaque soir une pensée de reconnaissance pour son digne représentant sur la terre. « Je vous l'avais bien dit, répétait-il souvent à son père quand le bon vieillard, rajeuni par la prospérité, parcourait son domaine, rafraîchi par la rosée qui fertilise les sueurs de l'homme, je vous avais bien dit que le crucifix de Pie IX *nous porterait bonheur.* »

Chaque jour, l'ex-grenadier avait une preuve nouvelle de cette protection merveilleuse, exceptionnelle, qui planait sur lui et sur les siens et chaque jour il croyait entendre un écho lointain de la voix qui lui avait dit au vatican : « Conservez « précieusement avec l'amour du Seigneur, cette « croix, *elle vous portera bonheur*, non-seulement en « ce monde, mais encore dans l'autre. »

Un samedi matin, deux pêcheurs de Dives vinrent lui proposer une partie de pêche. Auber qui, dans l'âge mûr avait conservé ses goûts d'enfant, accepta avec empressement l'offre de ses amis. La journée s'annonçait sous d'heureux présages, le ciel était bleu et la mer était calme ; les deux pêcheurs de profession étaient aussi prudents qu'expérimentés, on pouvait donc sans danger aucun s'éloigner un peu du rivage. La pêche, ainsi que tous les plaisirs qu'on aime avec passion, a parfois des distractions absorbantes : Auber et ses compagnons se livraient avec tant d'ardeur à cet exercice, qu'ils n'aperçurent pas un point noir qui se formait à l'horizon, qu'ils ne prêtèrent nulle attention au clapotement de la vague contre la frêle barque incapable de tenir la mer par un gros temps. — Le ciel bientôt se couvrit de nuages.

« Déja la nuit! s'écrie l'un des pêcheurs. — Auber regardant sa montre, répondit : Il n'est que trois heures. »

Dans ce moment un éclair déchira la nue et un violent coup de tonnerre retentit sinistre comme le

UN BREVET DE PROSPÉRITÉ. 353

garde à vous du soldat à l'approche du danger. La barque dansait comme une coquille de noix sous la vague. — Le rivage avait disparu dans la brume. «Serions-nous en péril?» demanda Auber à ses compagnons. Ceux-ci ne répondirent point, mais s'appuyant sur leurs rames, ils nagèrent rapidement vers la terre qu'ils devinaient, mais qu'ils n'apercevaient point. «Serions-nous en danger?» répéta Auber. — Point de réponse. — La vague devenait de plus en plus menaçante, la barque courait devant le flot comme une hirondelle poursuivie dans les airs par un oiseau de proie. Le ciel était noir comme un linceul.—«Serions-nous en péril?» demanda une troisième fois Auber. — «Savez-vous nager? lui répondirent ses compagnons dont le visage avait pâli en apercevant à la lueur d'un éclair le rivage tout prêt devant eux.

— Non, répliqua Auber.

— Eh! bien, recommandez votre âme à Dieu.» Auber murmura une prière... et serra sur sa poitrine le crucifix de Pie IX. Au même instant une vague, roulant comme une avalanche, se précipita sur la barque.

. . . .

Quand, à la suite d'un long évanouissement, Auber reprit connaissance il était seul sur le rivage. Les flots de la mer à qui Dieu a dit : « Vous n'irez pas plus loin, » expiraient à ses pieds.... Il,chercha ses camarades, mais il ne les vit point, il les appela, mais sa voix se perdit dans le mugissement de la tempête. — La même vague qui avait jeté Auber sur la plage avait englouti ses deux compagnons. Auber, à genou sur le sable, pria pour eux et regagna tristement sa demeure où sa famille désolée l'attendait en pleurant :

« Tes deux compagnons, où sont-ils ? lui demanda son père en se jetant dans ses bras.

—Au ciel, je l'espère, répondit Auber, puis embrassant avec amour l'image d'or qu'il serrait convulsivement sur sa poitrine, il ajouta : Cette fois encore le christ de Pie IX *m'a porté bonheur*. »

Le lendemain, la mer apaisée rejeta deux cadavres sur la grève.

V.

Six mois après ce triste événement, Auber reçut une marque nouvelle de la protection divine. Ainsi que les flots de la mer s'étaient arrêtés à ses pieds, les flammes d'un violent incendie expirèrent au seuil de sa maison, la seule épargnée par le sinistre ; — décidément, la croix de Pie IX, supérieure à tous les éléments, *lui portait bonheur*.

La prospérité la plus inouie souriait à sa fortune ;

une épidémie ravageait-elle les troupeaux du pays, le sien, intact, semblait défier le fléau... La grêle moissonnait-elle le champ de ses voisins, son champ, debout et fertile, manifestait hautement l'exception providentielle dont il était l'objet en toutes choses. Il n'y avait pas jusqu'à sa provision de cidre dont l'abondance et la qualité ne surpassassent chaque année la récolte des plus riches propriétaires : « Je ne serais pas surpris, disait en riant le bon curé d'Ouistreham, de voir un jour pousser une bonne et belle vigne à la place des pommiers d'Auber. — Dam! que voulez-vous, mes enfants, ajoutait-il, ne reçoit pas qui veut la bénédiction d'un pape comme Pie IX, et la bénédiction du premier vicaire de Jésus-Christ *porte toujours bonheur.* »

Il y avait trois ans que notre brave Auber avait quitté le service et la ville de Rome, lorsqu'un soir d'hiver, son père, le vieux soldat, plus joyeux que de coutume, le prit à part et lui dit : « Écoute, mon garçon... je sens que je me fais vieux et que pour moi l'heure de la retraite approche, eh bien! je ne voudrais pas défiler la parade sans embrasser un petit-fils... il y a deux ans que je devrais être grand-père. Et puis, nous devons songer aussi à marier tes sœurs... c'est toi qui dois leur montrer l'exemple.

— J'y ai déjà songé, mon père.

— As-tu quelque jeune fille en vue?

— Oui, mon père.

— Riche?

— Très-riche.

— Combien de dot?

— Du cœur et de la vertu.

— C'est bien quelque chose, mon garçon...., la vertu est une monnaie précieuse, sans doute, aux yeux de Dieu, mais elle n'a pas plus cours chez le boulanger, que du cœur chez un marchand d'avoine.

— Ne suis-je pas assez riche pour deux?

— Les temps peuvent devenir durs et les saisons mauvaises.

— N'avons-nous pas un talisman contre la rigueur des temps et le caprice des saisons? j'ai foi dans la paroie de Pie IX, et tant qu'avec l'amour du Seigneur je conserverai son image vénérée, je n'aurai rien à craindre... d'ailleurs, mon père, le bonheur se trouve plus facilement dans une modeste aisance que dans une grande fortune.

— Tu parles sensément, mon garçon... de quel village est la jeune fille que tu voudrais épouser?

— De Dives.

— Son nom?

— Marianne...

— Marianne, la fille de Jean-Pierre?

— Oui, mon père.

— Honnête et brave famille que celle-là, mon garçon ! c'est bien... j'irai demain à Dives, et si la fille à Jean-Pierre est libre, tope là, avant un mois elle sera ma brue. »

. . . .

Trois semaines après cet entretien, qui devait assurer l'avenir de l'ex-grenadier au 13ᵉ de ligne, toute la famille se trouvait réunie sous le manteau de la vaste cheminée, autour de l'âtre, mélancoliquement éclairé par les tisons à demi consumés. Le père Auber, fumant sa pipe, dégustait lentement et à petite gorgée, une excellente eau-de-vie de cidre, qu'il appelait le nectar de la vieillesse : son fils, le front dans ses deux mains, paraissait plongé dans les plus sérieuses réflexions. «Eh bien ! mon garçon, lui dit-il, en lui frappant amicalement sur l'épaule, c'est demain le grand jour; tu dois t'estimer d'autant plus heureux, que ta Marianne est plus riche encore que tu ne le pensais : cinq mille beaux écus au soleil *dorent joliment le cœur et la vertu* de la mariée, qu'en dis-tu?

— Je dis, qu'en tout et pour tout, l'action de la Providence se manifeste pour nous, depuis que notre saint-père le pape m'a donné sa très-sainte bénédiction, depuis que je porte sur ma poitrine l'image vénérée de Notre-Seigneur : je dis que...» dans ce moment, les hurlements du chien de garde annoncèrent une visite inusitée, et un bruit de pas accompagné d'un violent coup frappé à la porte réveilla les deux sœurs d'Auber, profondément assoupies sur leur escabeau, devant la braise pâlissante. « Qui peut nous venir à cette heure? dit la plus jeune d'entre elles.

— Quelque bonne fortune, répliqua la plus âgée, s'il est vrai que le bien vienne en dormant.

— Qui frappe ainsi? dit le père.

— Le facteur, répliqua une voix du dehors, le facteur de Dives qui vous apporte une lettre très-pressée et une boîte *idem*.

—Soyez le bienvenu, mon brave, vous et la boîte.»

La boîte et la lettre portaient cette inscription : «A monsieur Jean-Claude-Louis Auber, ex-grenadier au 13ᵉ de ligne, à Ouistreham, département du Calvados. »

La lettre était ainsi conçue :

« J'apprends, mon cher Jean-Claude, que vous devez bientôt vous marier; j'en félicite votre fiancée, car, à coup sûr, elle sera la femme d'un brave et honnête garçon. Le saint-père Pie IX vient d'accorder quelques récompenses solennelles à des services qui remontent aux opérations du siége. Je m'estime heureux d'avoir pu, quoique éloigné de Rome, faire ressortir votre nom oublié dans les premières listes.

«Adieu! mon cher Jean-Claude, recevez, avec mes vœux, l'assurance de mon affectueux dévouement.

« Le colonel, CHAP... »

Auber, pâle d'émotion, ouvrit précipitamment la boîte, et découvrit avec bonheur la croix de Saint-Grégoire-le-Grand, attachée à un bout de ruban rouge liséré de jaune...

« Quelle est cette croix ? demanda le père Auber tremblant de joie.

— C'est la croix d'honneur de Rome! » lui répondit son fils.

. . . .

Le lendemain, les habitants d'Ouistreham s'éveillèrent au bruit des armes à feu, tirées par les jeunes gens endimanchés. La petite église se para comme au jour des grandes fêtes, l'autel de la Vierge se couvrit de fleurs, et la cloche sonna ses plus belles volées. A huit heures du matin, le bon vieux curé du village monta à l'autel, au pied duquel se trouvaient agenouillés, l'un près de l'autre, un grand beau jeune homme en tenue militaire la poitrine décorée de la *croix d'honneur* de Rome, et une belle jeune fille le front ceint d'une couronne de roses blanches: c'étaient Auber et Marianne demandant au ministre de Dieu la consécration qui rend les unions heureuses.

Après la cérémonie religieuse, tous les parents et

tous les amis des deux familles qui, ce jour-là, semblaient n'en former qu'une, se réunirent dans la grande salle de la maison commune, pour saluer, le verre à la main, les premiers rayons de la lune de miel. Le repas, arrosé par l'excellent cidre de Touques et quelques fines bouteilles de Bordeaux, fut des plus animés. Chacun enviait le bonheur des deux époux : rien ne manquait à celui d'Auber.

« Raconte-nous donc, mon garçon, lui dit au dessert le plus ancien du pays, un vieillard de 85 ans, comment il se fait que depuis ton retour au village tout réussisse à toi et aux tiens. On dirait que tu as la fortune en main et que tu as fait un pacte avec elle.

— L'on ne se tromperait point, papa Dumont; car, depuis mon départ de Rome, je porte partout avec moi...

— De la corde de pendu dans ta poche?

— Non : je porte un brevet infaillible de prospérité.

— Si la vue n'en coûte rien, pourrais-tu nous le montrer? demanda le vieillard en bon Normand.

— Bien volontiers, papa Dumont.

— Où donc est-il ce fameux brevet?

— Ici, répliqua Auber, et ouvrant tout à coup sa tunique, il fit voir le Christ d'or monté sur la croix de nacre que lui avait donné Pie IX.

SEIZIÈME VEILLÉE.

Histoire d'un sac de pois et de cinquante-neuf haricots.

I.

Dans une joyeuse réunion de sous-officiers, présidée à Paris par M. Germainville, cet apôtre militaire qui depuis tant d'années se consacre avec le plus généreux dévouement aux intérêts moraux et religieux du soldat, un maréchal-des-logis-chef de cuirassiers prétendait que les Normands étaient les hommes les plus rusés de France. Un sergent-major de voltigeurs, né sur les bords de la Garonne, revendiquant en faveur de ses compatriotes une qualité qui, mal appliquée, n'est autre chose que de la rouerie, soutenait que les Gascons, en fait de *finesses*, rendraient deux points sur quatre aux Normands.

« Je ne suis pas de votre avis, répliqua le cuirassier, et je pourrais, si vous le désirez, vous conter à ce sujet une histoire qui vous rallierait au mien.

— Oh! oui, contez-nous-la, s'écrièrent à la fois tous les sous-officiers en formant le cercle autour du maréchal-des-logis qui commença en ces termes :

Le Normand, rusé compère, connaît souvent mieux son Code civil que son catéchisme religieux; il n'est pas une question litigieuse qu'il ne puisse résoudre. Les campagnes du Calvados sont peuplées de Berryer et de Fontaine en sabots et en carmagnole. Le premier procès a dû se plaider en Normandie; car le Normand est fait pour la chicane comme le poisson pour l'eau, comme l'oiseau pour les airs.

Un jour, un spirituel enfant de la Gascogne, nouvellement établi dans un village près de Lisieux, se promenait dans un chemin creux avec maître Ribert, son voisin. C'était le soir; les cultivateurs, portant sur l'épaule les divers instruments de leur noble profession, rentraient au logis d'un pas alourdi par les labeurs d'une longue journée. — Ah çà! maître Dulac, fit maître Ribert au Gascon, vous ne voulez donc pas vous naturaliser complétement parmi nous?

— Voilà cependant plus de six mois que je suis au pays.

— Il y en aura sept aux abricots, voisin.

— Eh bien! maître Ribert?

— Eh bien! maître Dulac, un bon Normand à votre place aurait eu déjà six beaux et bons procès.

— Un par mois, sandis cadédis! vous avez sans doute un intérêt dans le commerce du papier timbré?

— On a jusqu'à ce jour oublié de mettre en actions cette branche d'industrie. Je disais donc...

— Qu'à ma place un bon Normand aurait déjà plaidé six fois.

— Et trouvé le moyen de gagner quelques pouces de soleil sur le champ du voisin.

— Mais la justice, maître Ribert!

— La justice! répliqua le rusé Normand, en partant d'un gros éclat de rire... la justice, maître Dulac! on lui poche l'œil avec un écu de cent sous, et le tour est fait : ce n'est pas pour y voir clair qu'elle porte un bandeau sur le front.

— Je vous avoue, maître Ribert, que j'admire, sans l'envier toutefois, votre talent de trouver dans une ombre qui passe la matière d'un procès.

— Rien n'est plus facile cependant. Voulez-vous en avoir la preuve?

— Volontiers.

—Dans ce moment, deux frères, nommés Griffon, passaient sur la marge d'une prairie qui dominait le chemin creux où se promenaient les deux voisins;

l'ombre de leur pas, obliquant à droite semblait marcher avec eux.

— Eh bien! maître Dulac, reprit Ribert, supposons que je vous aie prêté le jeudi saint un sac de pois; vous comprenez, simple histoire de supposition.

— Je comprends....

— Je vous ai donc prêté un sac de pois, reprit le Normand en élevant la voix de manière à être parfaitement entendu.

— Oui, j'en conviens, répondit le Gascon, mettant sa voix au diapason de celle du Normand, vous m'avez prêté un sac de pois.

— Magnifiques?

— Superbes.

— Le jeudi saint?

— Le jeudi saint... après...

— Eh bien! après... vous devez me les rendre si vous ne voulez pas que je vous envoie, par maître Grippesol, un joli petit poulet sur timbre. Comprenez-vous?

— J'ai compris.

— Ce n'est pas plus malin que cela...

— Bonsoir, maître Ribert.

— Au revoir, maître Dulac, et les deux voisins se séparèrent pour rentrer chacun chez soi.

. . . .

Quinze jours après cette conversation, maître Dulac se chauffait au soleil devant sa porte, lorsque l'huissier Grippesol vint lui remettre signification d'un jugement obtenu contre lui par défaut, à Lisieux, et le condamnant à restituer à maître Ribert un sac de pois à lui prêté le jeudi saint... La foudre aurait éclaté sur la tête du pauvre Gascon qu'il aurait été moins effrayé qu'à la vue du chiffon timbré; mais la colère remplaçant bientôt la stupéfaction, il s'écria : « Sandis! cadédis! maître Ribert est un filou, je ne lui dois rien qu'une volée de coups de bâton.

— Qui retombera sur votre dos, monsieur, répliqua froidement l'impassible et terrible huissier : le coup de bâton coûte cher en Normandie.

— Je plaiderai alors, s'il le faut, jusqu'à mon dernier sou.

— A la bonne heure, s'écria l'huissier en se frottant les mains, voilà qui est bien parlé. Un bon argument en justice est plus éloquent qu'un méchant coup de bâton... Quelles sont vos intentions, monsieur?

— D'en appeler, monsieur. — J'en appelle.

— Il suffit! » et l'huissier, prenant congé du Gascon, disparut en se frottant les mains de rechef.

S'il y a des juges à Lisieux comme il y en avait à Berlin, pensait le pauvre Dulac, qui n'était pas *sans souci,* je gagnerais indubitablement mon procès; car il me sera facile de prouver, comme deux et deux font quatre, que je ne dois pas un grain de millet à mon filou de voisin. Bercé par cet espoir, il attendait donc avec impatience le jour solennel de l'audience où le Normand devait se voir débouté de sa demande inique et condamné aux frais et dépens. Mais vaine espérance! ce jour-là, le pauvre Gascon, accablé par la déposition des frères Griffon, affirmant sur l'honneur l'avoir entendu convenir lui-même du prêt d'un sac de pois, vit confirmer purement et simplement l'exécution du jugement rendu contre lui.

« C'est une infamie, s'écria Dulac, mis hors de lui au prononcé de cette sentence... je veux être pendu si je dois un sac de pois à maître Ribert.... Messieurs les Juges, ajouta-t-il avec un geste plein de dignité, vous aurez longtemps ces pois sur votre conscience, car, croyez-le bien, je dois à maître Ribert autant de fèves que de pois.

— Maître Dulac a raison, s'écria à son tour Ribert, en s'approchant des juges, je l'avais complétement oublié; je remercie maître Dulac de me rappeler le sac de fèves que je lui ai prêté le mardi de Pâques : puisqu'il en convient lui-même, il voudra bien me le restituer. »

Dulac, malgré ses serments et ses protestations, se

vit condamné, séance tenante, à donner à la partie adverse un sac de pois et un sac de fèves, en restitution d'un prêt qu'il n'avait jamais reçu.

C'est ainsi, fit en terminant son récit, le maréchal-des-logis-chef, que le Gascon apprit à ses dépens comment, dans une ombre qui passe en Normandie, se trouvait la matière d'un gros procès.

II.

Cette histoire de pois est fort divertissante, dit le sergent-major, quand le maréchal-des-logis-chef eut cessé de parler : mais elle ne prouve qu'une chose.

— Laquelle ?

— Qu'il y a des escrocs et des dupes partout.

— De même que partout il y a, fit M. Germainville, des malins et des pauvres d'esprit.

— Les pois du rusé Normand, reprit le sergent, m'ont rappelé une histoire de cinquante-neuf haricots, dont le dénouement plus moral est par conséquent plus instructif... Faut-il la conter...? qu'en dites-vous, camarades...?

— Deux fois plutôt qu'une, répondirent les camarades ; le haricot est l'ami du soldat... nous écoutons.

— Et moi je commence : dernièrement, *un pays*, dont le père est riche comme l'était autrefois un fournisseur des armées, généreux comme ne l'est pas aujourd'hui certain banquier juif, me conduisit *au dîner de Paris*, fière cantine, ouverte de 4 à 8 heures aux appétits de 3 francs 50 centimes par tête. Près de nous, à la même table, se trouvaient deux officiers, l'un en tenue, l'autre en civil; le premier en activité, le second à la retraite. Te souviens-tu, disait le capitaine, qui n'était pas celui de la chanson au vétéran, qui loin de mendier son pain, *fricotait* un aile de volaille, te souviens-tu de ce pauvre diable de Gascon que nous avons enterré à Alger quelques jours après notre débarquement?

— Comment s'appelait-il?

— Duval.

— Je me le rappelle parfaitement.

— Quant à moi, je ne mange jamais de haricots sans songer à lui : or, comme je me trouve aujourd'hui dans un de mes jours à souvenirs, je veux m'en passer la fantaisie.

Holà, garçon !

— Voilà, monsieur, que désirez-vous?

— Des haricots.

— Vous allez être servi... le haricot est à mes yeux, depuis notre dernière campagne d'Afrique, le plus saint des légumes.

— Ça dépend des estomacs.

— J'ai dit saint avec un t, farceur.

— C'est différent, mais pourquoi cette différence?

— Parce que ma fortune militaire est assise sur une poignée de haricots. Ce sont des haricots qui m'ont procuré tous mes grades; c'est à des haricots que je devrai bientôt *mes graines d'épinards:* sans des haricots je serais probablement encore une mauvaise *pratique...* de salle de police, *un vrai propre à rien.*

— Je ne devine pas le mot de cette énigme.

— Eh bien, je vais te le dire. « Vous comprenez bien, chers camarades, l'intérêt qu'avait pour moi cette conversation; je n'en perdais pas un mot. » Le capitaine reprit :

— Vous connaissez comme moi, très-cher, puisque vous en avez pris votre part, nos glorieux combats sur une plage, où les efforts du grand Charles-Quint étaient venus s'échouer; je ne vous les rappellerai pas, c'est de l'histoire écrite avec votre sang, car vous avez été blessé le même jour que ce pauvre Duval. Transportés tous les deux au même hôpital, je vous y rejoignis bientôt, non pas en qualité de blessé, mais comme chef de service. Au bout de quelques jours, votre blessure parfaitement cicatrisée vous permit de reprendre votre rang parmi vos frères d'armes. Duval, blessé mortellement, n'avait plus qu'à défiler la parade définitive... Je le savais, aussi je lui prodiguais tous les soins qu'il m'était permis de lui donner.

Calme et résigné comme un brave garçon qu'il était, Duval avait un singulier caprice, une véritable fantaisie de femme grosse, il demandait à tous les infirmiers une poignée de haricots blancs et crus. Or, comme il était soumis à la diète la plus sévère, et qu'il n'avait pas un estomac d'autruche, tous les infirmiers avaient refusé de satisfaire son envie. Cependant, l'un d'eux plus facile, se laissant séduire par les supplications du pauvre blessé, lui remit un jour une poignée de haricots demandés.

Malheureusement pour lui, l'un des surveillants l'avait surpris la main dans le sac aux provisions, et s'était empressé de le dénoncer à l'agent comptable qui, fermant les yeux devant le peu de valeur de l'objet dénoncé, s'était contenté de recommander, en cas de récidive, une plus grande surveillance au dénonciateur. Sur ces entrefaites, Duval importunait encore le trop facile infirmier, et lui demandait avec instance une seconde poignée d'haricots. « Au nom de votre mère, lui disait-il, qu'elle soit dans ce monde ou dans l'autre, donnez-moi une vingtaine d'haricots.

— Que voulez-vous en faire?

— Vous le saurez après ma mort. »

Cédant une seconde fois aux pressantes sollicitations du blessé, l'infirmier, surpris une fois encore en flagrant délit, fut immédiatement arrêté et écroué dans une maison d'arrêt. Je fus chargé de l'instruction de cette affaire.

Mon premier soin était de rechercher les pièces de conviction. Je me rendis donc à l'hôpital pour interroger Duval. Ce pauvre blessé, en apprenant l'arrestation de l'infirmier complaisant, fondit en larmes.... Puis, se dressant sur son lit comme pour s'habiller : Qu'on me conduise en prison, dit-il, car, seul, je suis coupable ; qu'on me conduise en prison ! Je cherchais à le calmer... « Vous ne comprenez donc pas ce que je vous dis, s'écriait Duval avec un son de voix animé par la fièvre, je suis le seul coupable, je veux me lever. » Alors, dans un mouvement qu'il fit pour sauter à terre, je vis rouler, au pied de son lit, un chapelet.... un vrai chapelet formé avec des haricots enfilés les uns au bout des autres.... J'étais en possession des pièces qui constataient le délit reproché au malheureux infirmier.

Duval, épuisé par la lutte, était retombé sans connaissance sur son lit. Quand il revint à lui, je le questionnai avec bonté : « Voyons, mon ami, lui disje, pourquoi avez-vous désiré avec une ardeur qui devait produire une faute, ces graines de haricots?

— Vous le savez, puisque vous m'avez pris la

seule consolation qui me restât en ce monde que je dois bientôt quitter.

— Pour en faire le chapelet que j'ai recueilli au pied de votre lit?

— Chrétien, privé des consolations d'un prêtre catholique, j'ai dû me créer moi-même un objet de dévotion qui m'aidât à mourir chrétiennement. Suis-je coupable?

— Non, mon ami.

— L'infirmier que l'on a emprisonné a-t-il commis une faute passible d'un conseil de guerre?

— Oui; mais le conseil de guerre appréciera. Je vous promets son acquittement.

— Merci! Que le bon Dieu vous entende et vous bénisse, si vous faites ainsi.

Je tins parole. L'infirmier fut acquitté à l'unanimité. Rentré dans la vie active, il se distingua à toutes les affaires importantes où son régiment fut appelé à prendre part. Il est aujourd'hui chef de bataillon.

La position de Duval, l'ardeur de sa foi ingénieuse et naïve, m'avaient vivement intéressé. Je ne passais pas un seul jour sans le voir. Il m'avait pris lui-même en amitié, car j'avais pu lui procurer les consolations d'un prêtre. — Quand je serai là-haut je prierai Dieu pour vous, me disait-il souvent. Et je pensais tout bas que j'en avais bigrement besoin; car je vous avoue, très-cher, qu'à cette époque, je ne pensais pas plus au bon Dieu qu'au Grand-Turc, et que je trempais plus souvent le bec dans un verre d'eau-de-vie que le doigt dans un vase d'eau bénite.

Un soir, c'était un samedi, Duval me fit appeler; il touchait à ses derniers moments. « Je sens, me dit-il d'une voix entrecoupée par le hoquet de l'agonie, je sens que je vais mourir.... Je ne veux pas quitter la terre sans vous donner un gage de ma reconnaissance, un souvenir de mon affection... Prenez ceci. Hélas! c'est tout ce que je possède en ce monde. » Disant ainsi, le pauvre agonisant m'offrit les cinquante-neuf graines de haricots dont il s'était fabriqué un chapelet. Je les acceptai avec gratitude. « Maintenant, reprit Duval, prêtez-les-moi, je vous prie; vous les reprendrez bientôt, après ma mort... Ce ne sera pas long. »

Effectivement, à onze heures et demie, il rendit sa belle âme aux mains de Dieu. Je rentrai aussitôt en possession du pieux héritage qu'il m'avait légué.

. . . .

— Holà, garçon!
— Voilà, monsieur.
— Vos haricots sont excellents.
— A votre service, capitaine.
— Servez-m'en une seconde portion.

— Ah çà ! mon cher, lui dit son camarade retraité, tu vas te flanquer une indigestion de haut-bord.

— Ne crains rien, le souvenir de Duval est pour moi un digestif infaillible.... Un instant après, le capitaine reprit : J'accompagnai le pauvre Duval à sa dernière demeure, et, pour la première fois depuis quinze ans au moins, je retrouvai sur sa tombe le secret de la prière.

Depuis ce jour, une métamorphose complète s'opéra dans mon individu... J'oubliai le chemin du cabaret, par conséquent celui de la salle de police. Je pris goût à mon métier de soldat, en revenant à la pratique de celui de chrétien. Je redevins fidèle aux commandements de la discipline en respectant les Commandements de Dieu. Dans chaque haricot du chapelet, que je ne quittais plus, j'apprenais une vertu nouvelle. Chaque haricot semblait parfois s'animer sous mes doigts, pour me parler de Dieu que trop longtemps j'avais oublié. J'étais plus fier de mon chapelet, que les camarades appelèrent par dérision un chapelet de cuisinier, que de cette croix reçue, comme vous le savez, des mains du général Bugeaud. Aujourd'hui, très-cher, je suis sûr d'être un bon soldat parce que je crois être un bon chrétien. A ta santé, mon vieux !

— A la tienne, mon ancien !

— Et à la mémoire de notre pauvre Duval !...

—Maintenant le petit coup de l'étrier, et partons...

. . . .

III.

— Eh bien ! camarades, que pensez-vous de cette histoire? dit le sergent-major, en reprenant la parole pour son propre compte...

— Nous pensons, répliqua le maréchal-des-logis-chef, que, semés dans une bonne terre, les cinquante-neuf haricots du pauvre Duval ont plus fructifié que tous les pois et toutes les fèves du rusé Normand...

— Vous avez raison, mes amis, ajouta le bon Germainville en levant la séance, car, ne l'oubliez jamais, le bon Dieu bénit toujours les sillons de l'homme qui, dans toutes les conditions de cette vie d'épreuves, appuyé sur la croix, n'est autre chose qu'un laboureur debout sur le soc de sa charrue.

DIX-SEPTIÈME VEILLÉE.

Deux cents francs pour cinq centimes.

I.

De même que l'Église est la bourse du ciel, la charité est l'agent de change du bon Dieu. Les transactions de l'Église fréquentée du matin au soir par la prière des hommes de paix et de bonne volonté, bien loin d'être ruineuses comme celle de la bourse de la terre, jeu de hasard autorisé par les gouvernements, sont une source permanente, inépuisable de richesses. La charité, agent de change du bon Dieu, ne joue jamais ni à la hausse ni à la baisse: ses actions, plus sûres que celles des chemins de fer, sont invariables comme la pensée qui préside à toutes ses opérations ; la charité qui donne aux pauvres est le commis qui tient en partie double les livres du bon

Dieu, et fait d'une croix la clef d'or de la caisse du ciel. Un simple sou de cuivre donné au pauvre honteux qui tend la main le soir au coin d'une rue, est plus fertile pour le ciel que tous les écus des capitalistes, et tous les millions entassés dans les banques d'Europe. Ce pauvre sou, semblable au grain de blé qui produit un riche épi, féconde tôt ou tard la main qui le donne au nom du bon Dieu.

En 1853 un simple soldat du 44ᵉ régiment de ligne caserné à Rueil, un Bordelais nommé Bernadet, remit à M. Germainville une somme de 80 francs destinée à l'OEuvre de la Sainte-Enfance.

A la vue de cette somme, dont le chiffre n'était pas en rapport avec les ressources ordinaires du soldat, M. Germainville ne put s'empêcher de manifester un sentiment de surprise.

« Combien de sacrifices vous avez dû faire, mon ami, lui dit-il, pour amasser une somme si élevée?

— Je n'en suis pas le donateur, répondit Bernadet, je remplis, en vous l'offrant de la part de mes camarades, la mission d'un simple commissionnaire.

— Ainsi, mon brave, vous m'apportez les économies de vos camarades, les vôtres peut-être?

— C'est à mes camarades que l'œuvre de la Sainte-Enfance est redevable de cette offrande, car le seul pauvre sou que j'ai pu y joindre ne mérite pas d'être mentionné.

— Vous êtes dans l'erreur, mon brave, la goutte d'eau offerte de bon cœur, au nom du bon Dieu, au malheureux qui a soif, est la rosée céleste qui fait germer les fleurs et les fruits : avant peu, croyez-moi, votre pièce de cuivre se changera en pièce d'or dans la main du bon Dieu, qui vous la rendra bientôt avec des intérêts composés.

— Puisse-t-il vous entendre, monsieur, et faire ainsi que vous dites !

— Ainsi fait il sera, n'en doutez pas.

— Pourvu que ce ne soit pas trop tard !

— Le bon Dieu ne laisse jamais sonner en vain l'heure d'une échéance.

— Cette heure devient bien longue quand elle est réglée par la faim sur l'horloge des misères humaines.

— Souffririez-vous de la faim, jeune homme ?

— Personnellement, non, car le pain de la caserne suffit à mes besoins de chaque jour..... de la faim de mon père, oui. »

A ces mots, Bernadet mit ses deux mains sur son front pour dérober sa rougeur et cacher ses larmes. M. Germainville, profondément ému à la vue de cette douleur filiale, reprit après un moment de silence :

« Heureux ceux qui pleurent, mon enfant, car ils seront consolés !... Que fait votre père ?

— Je vous l'ai dit : il souffre, il est malheureux, et plus malheureux que lui, je souffre aussi, car je ne puis le secourir.

— Il n'a donc pas d'amis?

— Des amis! le malheur n'en connaît pas, répliqua Bernadet. »

Au-dessus de l'intelligence ordinaire d'un soldat il s'élevait en ce moment au lyrisme de la douleur.

« Il doit avoir des parents, reprit M. Germainville?

— Il avait une fille...

— Serait-elle morte?

— Oui..... car l'ingratitude est le sépulcre du cœur...

— Dieu, qui a ressuscité Lazare, ne laissera pas votre père mourir de faim.

— Oh! ne croyez pas, monsieur, s'écria Bernadet en se relevant tout à coup dans sa fierté d'homme et sa dignité de militaire, ne croyez pas que le malheur de mon père soit mérité.

— Loin de moi cette pensée, répliqua M. de Germainville en serrant dans sa main celle du pieux jeune homme... Et quand cela serait, votre père ne serait pas moins digne de notre intérêt. Au point de vue chrétien, le malheur est comme le feu, il dessèche, il brûle; mais il purifie.

— Grâce au ciel, répliqua vivement Bernadet en redressant son front, il n'en est pas ainsi pour mon père, qui, vieux soldat, s'est trouvé un jour sans ressources, sans moyen d'existence, après avoir passé les plus belles années de sa vie dans les camps ou sur les champs de bataille.

— La main de la France payera les dettes de la patrie.

— La patrie est oublieuse quand elle n'est pas ingrate...

— Ni l'une ni l'autre, quand on s'adresse à son cœur et à ses souvenirs. Jeune homme, mettez-vous à cette table, recueillez-vous un instant, et écrivez sous la dictée de votre âme une lettre *soignée* à l'Empereur.

— Qui la lui remettra..

— Que vous importe, pourvu qu'elle lui parvienne ?

— Écrire à l'Empereur ! je n'oserai jamais... Si j'écrivais au ministre...

— Il vaut mieux, comme on dit, s'adresser au bon Dieu qu'à ses saints... Écrivez à l'Empereur. »

Bernadet se recueillit un instant, il pensa à son père, éleva son cœur à Dieu, et, plein de confiance, il écrivit une lettre émouvante qu'il remit à M. Germainville.

« Il n'y a pas un mot à retrancher, dit celui-ci après en avoir pris lecture, vous avez exprimé avec votre plume le langage de la vérité. »

Bernadet allait se retirer, quand tout à coup, se frappant le front, il s'écria : « Il me vient une idée.

— Dites, mon ami.

— Pour être plus sûrs de réussir, nous devrions faire apostiller ma demande.

— Par qui, mon enfant?

— Par quelque grand et illustre personnage...

— Vous avez raison, s'écria à son tour M. Germainville, il me vient aussi une idée à moi.

— Laquelle?

— La bonne... Venez vite, prenez votre lettre et partons. »

II.

La scène dialoguée que nous venons de décrire se passait au couvent des Carmes. — De la rue de Vaugirard à la place des Petits-Pères la distance est grande, surtout quand il pleut. Or, ce jour-là, le proverbe n'aurait pas mis son caniche dans la rue... et le haut personnage auquel M. Germainville désirait recommander la pétition du brave Bernadet demeurait tout près de la place Notre-Dame-des-Victoires. « Il est cinq heures, dit-il en regardant sa montre; nous aurons juste le temps d'arriver si nous prenons une autre voiture que celle de *la mère*

Thomas... Et arrêtant un remise qui passait en ce moment, il dit au cocher :

Place des Petits-Pères.

— Quel numéro?

— Je vous avertirai quand nous serons arrivés.

— Il suffit, mon bourgeois. »

Bernadet regardait avec un air de satisfaction M. Germainville, enchanté lui-même de sa bonne idée.

« Est-ce un puissant personnage que nous allons voir? demanda-t-il timidement.

— Le plus puissant auquel nous puissions nous adresser.

— Et vous pensez qu'il ne nous refusera pas son apostille?

— Je l'espère... mais pour cela il importe que vous unissiez vos plus ferventes instances à mes sollicitations.

— Si ce grand personnage est un homme, je le prierai comme l'on prie le bon Dieu... Si c'est une femme, je l'invoquerai comme on invoque la Sainte-Vierge. »

Le remise roulait avec rapidité sur le pavé de Paris et laissait loin derrière lui les fiacres, les cabriolets, les voitures de place attelées aux invalides efflanquées de la race chevaline. Il n'y avait pas vingt minutes qu'il avait quitté la rue de Vaugirard,

lorque le cocher arrêta sur la place des Petits-Pères.
« Nous voici arrivés, dit M. Germainville, et prenant Bernadet par le bras, venez, ajouta-t-il venez recommander votre pétition à la puissante protection de celle qu'on n'invoque jamais en vain... Venez, et il le conduisit dans l'Église de Notre-Dame-des-Victoires. Là, prosternés tous deux devant l'image vénérée de la Vierge, consolatrice des affligés, ils déposèrent pieusement au pied de l'autel la lettre récemment écrite à l'Empereur et restèrent durant trois quarts d'heure plongés dans le plus profond recueillement... Bernadet, pensant à son vieux père, priait avec la plus grande ferveur de son âme; M. Germainville, pensant aux misères du vieux soldat, priait de son côté avec le zèle de la plus ardente charité. — Pendant ce temps, la pétition, exposée au pied de l'autel, recevait sans doute l'apostille mystérieuse de quelque ange dépêché du ciel par la Vierge Marie.

Le même jour, Bernadet, rentré au quartier, écrivit avant de se coucher la lettre suivante :

« Cher père,

« Prenez courage... je viens d'adresser à l'Empereur une petition *apostillée* par la plus puissante protection de France. Si comme nous devons en être certains, ma lettre est mise sous les yeux de l'Empereur, j'aurai bientôt le bonheur de vous annoncer de bonnes nouvelles... n'en doutez pas... le pain de votre vieillesse sera désormais assuré. Encore une fois, cher père, ayez courage en vous et confiance en Dieu. »

Sur ces entrefaites, le 44ᵉ régiment de ligne reçut l'ordre de se rendre au camp de Satory. La veille de son départ, Bernadet alla prendre congé de la mystérieuse protectrice qu'il avait invoquée si ardemment pour son père, dans l'église de Notre-Dame-des-Victoires... et qu'il pria de nouveau avec l'effusion de la foi la plus vive. Heureux dans l'adversité ceux qui prient et croient... les grandes douleurs viennent du ciel, mais elles y ramènent. Bernadet pensait toujours à son père, mais il ne pleurait plus... il espérait... il espérait toujours, et cependant il y avait déjà trois semaines que sa pétition avait dû être mise sous les yeux de l'Empereur... et il n'avait encore point reçu de réponse.

Un soir, que sa pensée, vaguement inquiète, escomptait les heures et les jours de ces trois quarts d'un mois, le vaguemestre lui apporta le petit billet suivant, arrivé par le courrier de Paris :

« L'Empereur et l'Impératrice iront passer demain une grande revue à Satory... Priez et espérez. »

Quoique ce billet fût anonyme, Bernadet le pressa sur ses lèvres, puis, rentrant sous sa tente, il s'isola dans le silence de son cœur, il pria, et l'espérance revint dorer les rêves de sa piété filiale ; rêves heureux ! car il se trouvait devant l'Empereur qui lui tendait la main sous les yeux de l'Impératrice, qui lui prêtait un de ses plus gracieux regards ; « Vous êtes un brave et bon soldat, lui disait l'Empereur, je suis content de vous... Vous êtes un pieux jeune homme et un bon fils, lui disait l'Impératrice... puis une voix mystérieuse, douce musique, murmurait à son oreille : Tes père et mère honoreras afin que tu vives longuement... » Un instant après, il voyait une pièce de 25 centimes grandir, grandir, se séparer tout à coup en dix parts, et former dix pièces d'or de 20 francs chacune, et il entendait la voix mystérieuse qui disait : 200 *francs pour 5 centimes!*

Le lendemain matin, le camp de Satory prit un aspect de fête ; les troupes, en grande tenue, formèrent leurs lignes et prirent leur disposition de bataille. A onze heures et demie, une immense acclamation retentit dans l'espace, et le chef de l'État, salué par la voix de bronze de l'artillerie, parut avec l'Impératrice. Le ciel était magnifique, la revue fut superbe ; les troupes de toutes armes manœuvrèrent avec un aplomb digne de leur antique renommée ; leur œil belliqueux, lisant peut-être en ce moment dans les secrets de l'avenir, comme un regard d'aigle dans les tempêtes de la nue... semblait un reflet du soleil d'Austerlitz...

Après le défilé, l'Empereur distribua de nombreuses récompenses, et parcourut à pied, ainsi que l'Impératrice, les longues rues du camp, alignées au cordeau. Parvenu à la hauteur de la position du 44ᵉ régiment de ligne, il entra sous une simple tente de soldat qu'un aide-de-camp venait de lui désigner, et prononça ce nom :

« Bernadet !

— Présent, mon Empereur, s'écria un soldat en prenant l'attitude réglementaire, la tête fixe, la poitrine en avant, le ventre rentré, et le petit doigt sur la couture de la culotte.

— Avancez, mon ami; vous m'avez écrit il y a trois semaines.

— Oui, Sire.

— Pour me recommander votre père ?

— Oui, Sire.

— Un brave et vieux soldat qui a dignement servi son pays pendant 26 ans ?

— Oui, Sire.

— C'est bien : en attendant mieux, remettez-lui ce petit souvenir de ma part... Disant ainsi, il glissa dix napoléons dans la main de Bernadet, immobile, magnétisé pour ainsi dire par l'émotion, le saisissement et la joie.

— Vous êtes un bon et brave soldat, reprit l'Empereur, je suis content de vous...

— Vous êtes un pieux jeune homme, et un bon

fils, ajouta l'Impératrice... nous ne vous oublierons pas...

Vive l'Empereur et son auguste épouse ! s'écria Bernadet; vive l'Impératrice et Notre-Dame-des-Victoires !

III.

Le lendemain, Bernadet profita d'une permission de 24 heures que lui donna son colonel pour se rendre à Paris. Sa première visite fut pour Notre-Dame-des-Victoires... il voulait avant tout acquitter la lettre de change que la Reine du ciel et la consolatrice des affligés venait de lui faire impérialement escompter au camp de Satory. Sa seconde visite fut pour M. Germainville. Celui-ci, devinant à son air joyeux les bonnes nouvelles qu'il apportait, se jeta dans ses bras en disant :

« Heureux ceux qui pleurent... ils seront consolés...

— Mon père n'aura plus faim, répondit Bernadet, et remettant à son protecteur les dix napoléons afin qu'il les envoyât le jour même au vieux soldat, il raconta, en pleurant et riant tout à la fois, son rêve de la nuit dernière, et la scène qui, d'un songe, avait fait une réalité.

. . . .

Je vous avais bien dit, mon enfant, reprit M. Germainville, que le pauvre sou offert à l'OEuvre de la Sainte-Enfance féconderait la main qui l'avait donné.

— Je savais bien, répliqua Bernadet, qu'une bonne apostille ne nuirait pas à notre lettre.

— Hier, pour vous, mon brave, l'Empereur a été le caissier du bon Dieu... »

. . . .

Bernadet est encore soldat au 44ᵉ régiment de ligne... son père est toujours à Bordeaux... mais il n'a plus faim.

DIX-HUITIÈME VEILLÉE.

Dangers d'un mot incompris.

I.

Mes plus doux souvenirs se relient à la vie de collége, qui, semblable à la vôtre, mes chers camarades, s'écoule pendant sept années dans la plus stricte des servitudes, dans la discipline de la règle la plus absolue. Moins séduisante cependant que celle du soldat, caressée par le bruit des armes, harmoniée par les fanfares du clairon et embellie par le prestige de la gloire, la vie du pauvre écolier, réveillé avec le jour, par le bruit criard et monotone d'une cloche fêlée, s'étiole à l'ombre de grands murs, dans de vastes salles privées d'air et de soleil. Là, pendant dix grands mois de chaque année, rivé par la consigne d'un professeur plus ou moins sévère, à la théorie du grec ou du latin, il doit faire l'exercice avec des armes qui sentent la poudre... de l'antiquité, avec des bouquins, pompeusement illustrés des noms de Virgile, Homère, Démosthènes et Cicéron.... Bien heureux quand, sous la main d'un maître d'étude, la férule ne devient pas la shlague du caporal autrichien ! Je ne parle pas de notre salle de police, *la retenue*, de nos corvées, les *pensums*, et de l'ordinaire, composé de mon temps, pendant trois cent cinq jours sans variante aucune, de haricots sans beurre le matin, et de salade sans huile le soir..... Une seule différence grave existe entre la servitude du soldat et celle de l'écolier : elle consiste en ce que lorsque le soldat et l'écolier sont tous deux sous le coup de leur discipline respective, le premier est mis dedans et le second dehors. Pourquoi, malgré ces vicissitudes, mes jours de collége sont-ils marqués avec de la craie rose dans mes souvenirs? Je ne saurais trop répondre à cette question insidieuse..... parce que ces jours-là, sans doute, à l'abri des orages de la vie, s'écoulaient paisibles et calmes loin des luttes qui brisent le corps, loin des déceptions qui dessèchent le cœur, loin des chagrins qui rident le front avant l'âge..... parce que, je crois avoir trouvé le *vrai pourquoi*, parce qu'il est plus facile d'obéir que de commander..... parce qu'il est plus doux de se laisser glisser au courant d'un fleuve sans récif, que de naviguer indépendant dans une mer hérissée d'écueils : en un mot, parce qu'il vaut mieux être voyageur que pilote.

Quoi qu'il en soit, je dois au charme de mes souvenirs de collége une habitude qui, pendant six jours de la semaine, m'assimilant à un écolier de sixième, me fait désirer le *dolce far niente* du jeudi. — Comme autrefois, le jeudi est encore mon jour de vacance, mon jour de promenade; ce jour-là je donne régulièrement aussi congé à ma plume, à moins cependant que mon éditeur ne gronde trop fort, ou que mon lecteur soit trop impatient. Ce jour-là donc, le pied léger comme celui d'un écureuil dans les branches d'un mélèze, le cœur joyeux comme celui d'un enfant dans les branches d'un cerisier au mois de juin, je deviens inspecteur surnuméraire des pavés de Paris... je vais à la recherche des idées. Plus heureux que Diogène, qui n'avait pas la chance de trouver un homme sous les rayons blafards de sa lanterne éclairée en plein midi, j'en rencontre à chaque pas, de toute taille, de toute couleur, de drôles de têtes, allez... des hommes laids, fous ou méchants, on ne voit presque plus que cela aujourd'hui...

— Au fait, au fait, narrateur, me dites-vous, chers camarades.

— J'y arrive.... tout chemin mène à Rome. Il est rare que le jeudi, jour de *flâne* et d'observation pour moi, n'apporte à mon calepin un trait, une excentricité, une esquisse de mœurs, une étude philosophique plus ou moins excentrique. Ouvrons ce calepin au hasard.

Ce jeudi, 31 *août* 1848. — Un gamin assis sur une borne de la rue Saint-Denis, comme un sénateur sur sa chaise curule à Rome, criait à tue-tête : Le journal du soir. — Messieurs, achetez le journal du soir, faut voir les grrrandes variations de la Bourse. Achetez....

Un mauvais plaisant s'approche et lui dit : « Donne-moi le journal *de demain.*

— Impossible à mon cœur, monsieur ! je les ai tous vendus *avant-hier.* »

Ce jeudi, 9 *mars* 1849. « Il ne faut qu'une idée en France, disait ce soir à dix heures, un commissionnaire ivre comme trois Polonais ; il ne faut qu'une idée en France.

— Laquelle, mon brave ? lui demanda un épicier, caporal de la garde nationale.

— *La bonne,* » répondit l'ivrogne.

Ce jeudi, 15 *mars* 1849. — Je me trouvais ce matin dans la boutique de M. Henri, le célèbre oculiste du passage de Lorme ; un lion à tous crins, la main gantée de jaune, le pied ciré en vernis, s'approche de l'oculiste et lui dit : « Je désire un de ces beaux lorgnons étalés en montre.

— Etes-vous *myope ?* lui demanda M. Henri.

— Non, répliqua vivement le lion, je suis *Picard.* »

Ce jeudi, 5 juillet 1849. — Le concierge de la maison habitée par mon ami, Jules Donay, est plus souvent chez le marchand de vin qu'à sa loge; pendant ce temps l'ouvrage chôme et la misère règne chez lui. Ses enfants sont maigres, pâles et fort peu couverts; « Malheureux, lui disait sa femme ce soir, n'as-tu pas honte de te flanquer ainsi *des culottes* quand tes fils n'en ont point? »

Ce jeudi, 13 septembre 1849. — Voici une leçon de prononciation à laquelle j'ai assisté ce matin au marché des Innocents.

Une Allemande. « Comment fous bortez-fous, ma *betite ?*

Une Auvergnate. — Mieux depuis que j'ai pris un *vain* bien chaud.

L'Allemande. — Oh! un vain chaud! fous foulez *tire* un *pain* chaud. »

Ce jeudi, 1er *mars* 1849. — Deux gamins regardaient en riant deux arbres de la liberté, abattus par l'ouragan de la nuit.

« Dis donc, il faut que le vent ait soufflé rude pour avoir *déraciné* ces peupliers-là?

— *Renversé*, tu veux dire?

— J'ai dit *déraciné*.

— Allons donc, farceur, est-ce que les arbres de Février peuvent avoir en France des *racines*? »

Ce jeudi, 8 *mars* 1849. — Le perruquier à qui je confie une fois par mois la taille de mes cheveux est un excellent coiffeur, mais un détestable barbier. Spirituel, mais entêté comme un vrai Gascon, il ne conviendra jamais qu'il a la main lourde, et ce sera toujours sur son rasoir ou sur l'imagination du patient qu'il se rejettera, le cas échéant.

Ce matin, pendant que ma chevelure subissait son opération mensuelle, un brave garde national entre dans la boutique, prend place dans un des fauteuils vacants, et présente son menton au maladroit Figaro qui, du premier coup, lui porte une estafilade longue d'un pouce.

« Aye! s'écrie le patient, prenez donc garde, vous me coupez.

— Vous faites erreur, monsieur!

— Je ne le sens peut-être pas? voyez plutôt; et le garde national lui montra d'un air piteux la serviette teinte de sang.

— Je vous disais bien, répliqua d'un air triomphant le barbier, que vous faisiez erreur, c'est la serviette qui saigne. »

Ce jeudi, 5 janvier 1853. — « Vous devez connaître, demanda à mon ami, Anatole d'Auvergne, un respectable abbé du diocèse de Moulins, votre confrère X...; qui s'arroge le titre de premier archéologue de France?

— X..., répliqua Anatole, tout le monde le connaît à Paris, non pas comme le premier archéologue de France, mais comme un flâneur, un paresseux, ce que les troupiers appellent une pratique, ce que nous appelons, nous, un Bohême. Je ne sache même pas qu'il se soit jamais occupé d'antiquités.

— Je vous demande pardon, répondit le bon curé; à son dernier passage à Moulins, il m'a emprunté à ce titre un ancien pantalon et une vieille lévite qu'il ne m'a jamais rendus. »

Ce jeudi, 26 *janvier* 1851. — Un chef d'escadron, rappelé dans les cadres par la révolution de Février, une vieille culotte de peau s'il en fut, recevait sur les événements de la journée le rapport d'un jeune et brillant officier.

« Rien de nouveau, disait celui-ci, si ce n'est un banc de brisé au corps de garde de police.

— Par qui a-t-il été brisé, lieutenant?

— Par vétusté, commandant.

— C'est bien ; vous mettrez Vétusté quatre jours à la salle de police, et vous lui ferez retenir son prêt.

— Mais, commandant, quand j'ai parlé de vétusté, j'ai voulu dire *vermoulu*.

— Lieutenant, vous devez savoir ce que vous voulez dire, mettez Vermoulu sur votre rapport.

— Mais, mon commandant...

— Silence, lieutenant, vous garderez les arrêts vingt-quatre heures.

— Mais, commandant...

— Quarante-huit heures, monsieur, et le double si vous répliquez. »

Ce jeudi, 26 janvier 1854. — Deux dames de la Halle, l'une grande, l'autre petite, celle-là marchande de poisson, celle-ci fruitière, toutes deux ayant bon pied, bon œil et bon bec, se trouvaient dans le coup de feu d'une explication amiable.

« Ah ! je vous connais bien, disait celle-ci.

— Je ne puis pas en dire autant, répliquait celle-là, car on ne sait pas d'où vous sortez.

— Pas de *Toulon*, j'espère, car vous m'y auriez connue.

— Vous êtes une ci.

— Vous êtes une ça. »

C'était entre ces deux dames un feu roulant de

DANGERS D'UN MOT INCOMPRIS. 299

cris, d'injures, de menaces, de s... accentuées et de f... barrées, à désespérer les flats et les rats d'un tapin à l'heure de la retraite..., à donner la jaunisse de l'envie à l'auteur du vocabulaire poissard... ; il était évident, d'après la volubilité avec laquelle ces dames s'escrimaient, que l'épithète manquerait bientôt à leur colère... : en effet, la marchande de poisson, le poing sur la hanche comme un spadassin en garde, se tut la première pour reprendre haleine. La marchande aux légumes profita de cette tacite suspension d'armes pour lui lancer à la face ce mot qu'elle avait appris de son fils, rhétoricien au collège de Louis-le-Grand, « Vous êtes une *Catachrèse*. »

Je m'arrête là, chers lecteurs, pour donner à ceux d'entre vous qui pourraient ignorer la signification de ce substantif, toutes les explications désirables. Catachrèse, du mot grec Katachrésis, *abus*, formé de Kata, *contre*, et chraomai, *user*, est une figure du discours qui, par un abus de termes, se sert pour exprimer une idée d'un mot destiné primitivement à en désigner un autre ;

1ᵉʳ exemple : *monter à cheval sur un bâton*.

2ᵉ exemple : *ferré d'argent*.

Or, notre marchande de poisson était peu ferrée sur ce mot-là..., il devait donc être bien terrible pour elle, puisqu'elle ne le comprenait pas... A ce mot ses yeux lancèrent des flammes, sa bouche écuma, son poing détaché de sa hanche se crispa... « Ah! je suis une *kataquesse,* s'écria-t-elle, eh bien! tiens voilà pour toi, » et se faisant d'une anguille un fouet de Némésis, elle cingla la figure de la fruitière qui, répétant *Tu n'es qu'une catachrèse,* lui brisa sur la tête un panier d'œufs... Malgré le masque d'omelette qui lui bouchait les yeux et la respiration, la marchande de poisson jeta le grappin d'abordage sur son adversaire, qui s'amarra aussitôt à son chignon.... Les deux bonnets arrachés simultanément volèrent aussitôt dans l'espace et retombèrent, l'un sur la queue en trompette d'un roquet, l'autre sur la tête d'un sergent de ville... « Ah! je suis une *kataquesse,* s'écriait avec un crescendo de rage la marchande qui, sans rougir, avait reçu à brûle-pourpoint les épithètes les plus insultantes ; ah ! je suis une *kataquesse...,* ce mot te coûtera plus cher qu'au marché, tiens donc! tiens... »

Bien attaqué, bien défendu, le combat menaçait de devenir sanglant, lorsque le sergent de ville vint séparer les deux partis adverses.

Pour apaiser la colère de la marchande de poisson, il dut promettre de dénoncer à la justice des tribunaux protecteurs de l'innocence, le fameux substantif catachrèse oppresseur de la vertu. Rassurez-vous, chers lecteurs, j'arrive au fait.

II.

Un soir, un prêtre de l'église Saint-Louis, la paroisse des Français à Rome, reçut la visite d'un carabinier du 13ᵉ léger faisant partie de notre armée d'occupation.

« Que désirez-vous, mon ami, lui dit le prêtre.

— Déposer dans votre confessionnal le trop plein de mon sac.

— Je comprends, vous venez vous confesser.

— Ce sera bientôt fait, monsieur le curé, car vous avez confessé ce matin le carabinier Bonnératte et vous le savez, la confession des troupiers se ressemble comme deux nez au milieu du visage : un ou deux jurons de plus, une ou deux bouteilles de moins, la balance est toujours à peu près la même.

— Parlez, mon ami... je vous écoute. »

Et le carabinier, contrit et humilié, commença une confession qui ne dura pas cinq minutes.

« Oh ! que je suis heureux maintenant, monsieur l'abbé ! s'écria-t-il après avoir reçu l'absolution... si j'osais, je vous demanderais bien encore un grand plaisir.

— Osez, mon ami.

— Permettez-moi de vous embrasser. »

Le prêtre ouvrit ses bras au carabinier qui s'y précipita en répétant : « Oh ! que je suis heureux !

« Ce bonheur est aussi facile qu'il est doux et pur, reprit le prêtre ; maintenant que vous en connaissez la source, vous reviendrez y tremper vos lèvres chaque fois que vous serez altéré. »

— Je reviendrai demain... à moins que... *sufficit*, je me comprends. »

— Le son de voix du soldat, le geste qui accompagnait sa réticence, surprirent le prêtre dont le visage prit aussitôt une teinte grave et sévère... Le carabinier s'apprêtait à sortir, lorsque le ministre de Dieu lui barra le passage en disant : « Expliquez-vous, mon ami... achevez votre pensée... ! *à moins que,* avez-vous dit.

— Je ne reste sur le terrain, c'est possible...

— Vous devez donc vous battre, malheureux ?...

— Comme vous le dites,... demain matin, mais que puis-je craindre maintenant que mes papiers sont en ordre ?...

— C'est donc pour cela que vous êtes venu vous confesser ?

— Quand on est sur le point d'entreprendre un voyage incertain, il faut se munir d'un passe-port en règle,... c'est prudent.

— Vous ne vous battrez pas.

— Il le faut cependant.

— La religion vous le défend.

— L'honneur me l'ordonne.

— Vous êtes chrétien...

— Je suis soldat.

— La croix nous prescrit le pardon des offenses.

— L'épée exige la réparation des injures.

— L'insulte que vous avez reçue est donc bien grave?

— Assez grave pour demander du sang...

— Votre honneur serait-il l'objet d'un doute?

— Il le serait si je ne me battais point... Jugez vous-même. Pacaud m'a traité de *muffeton*.

— Je ne connais pas la racine de ce mot.

— Ni moi non plus, mais c'est une carotte que je ne puis digérer. Je me battrai demain.

— A quelle heure?

— A sept heures, après l'appel.

— A quel endroit?

— Sous les arbres de la villa Pamphili.

— J'y serai, pensa le prêtre. Et il ajouta à haute voix : Que le bon Dieu veille sur vous en vous ramenant à de plus saintes idées! »

Dès que le carabinier fut parti, le prêtre ouvrit un dictionnaire quelconque, et chercha le mot *muffeton*; mais ce substantif, qui tenait la vie de deux hommes suspendues à la pointe d'une épée, ne s'était pas encore trouvé au bout de la plume des immortels : moins heureux que catachrèse, il n'avait pas reçu les honneurs de l'Académie.

« Allons, dit le bon abbé en riant, l'affaire pourra s'arranger... le substantif *muffeton* ne vaut pas la mort d'un homme. »

Le lendemain les deux ennemis, assistés de leurs seconds, furent très-surpris de trouver avant eux au rendez-vous le prêtre de Saint-Louis. La villa Pamphili semblait encore endormie : on n'entendait que le chant des oiseaux réveillés dès l'aube naissante et se poursuivant dans les feuillages des grands arbres verts.

« Bravo ! s'écria Pacaud à la vue de la soutane noire, bravo ! monsieur l'abbé, celui de nous deux qui tombera ne mourra pas, du moins, sans confession : c'est Dieu qui vous envoie.

— Oui... pour vous empêcher de commettre un crime.

— Le duel entre gens qui portent une épée n'est pas un crime, c'est un devoir.

— Au point de vue des passions haineuses, c'est possible, mais jamais au point de vue de la raison... Écoutez ceci, mes amis ; et d'une voix ferme l'abbé lut dans un volume format Charpentier les lignes suivantes :

« Gardez-vous de confondre le nom sacré de l'honneur avec ce préjugé brutal qui met toutes les vertus à la pointe de l'épée, et qui n'est propre qu'à faire de braves scélérats. En quoi consiste-t-il? Dans l'opinion la plus extravagante et la plus barbare qui entrât jamais dans l'esprit humain. Savoir que tous les devoirs de la société sont suppléés par la bravoure : qu'un homme n'est plus fourbe, fripon, calomniateur; qu'il est civil, humain, poli, quand il sait se battre ; que le mensonge se change en vérité, que le vol devient légitime, la perfidie honnête, l'infidélité louable sitôt que l'on soutient tout cela l'épée à la main ; qu'un affront est toujours bien réparé par un coup d'épée, et qu'on n'a jamais tort avec un homme, pourvu qu'on le tue...

« Je regarde le duel comme le dernier degré de la brutalité où les hommes puissent parvenir. Celui qui va se battre de gaieté de cœur n'est, à mes yeux, qu'une bête féroce qui s'efforce d'en dévorer une autre, et s'il reste le moindre sentiment naturel dans leur âme, je trouve celui qui périt moins à plaindre que le vainqueur. »

— Ce n'est pas un soldat qui a écrit cela, s'écria Pacaud, lorsque le prêtre eut fermé son livre.

— C'est un jésuite sans doute, ajouta l'un des témoins.

— Ou quelque moine doublé de flanelle...

— Ni l'un ni l'autre, mes amis, répliqua sévèrement le prêtre... c'est un savant, un philosophe, Jean-Jacques Rousseau.

— Absence complète de ce Jean-Jacques-là dans mon département... connais pas, fit Pacaud.

— Voulez-vous une autre autorité, répondit le prêtre, l'autorité d'un homme que vous connaissez : « Le duel, disait un jour l'empereur Napoléon au général Drouot, n'est jamais une preuve de la justice et du droit, mais il est bien souvent le courage de celui qui n'en a pas. Presque toujours la chance du combat est fatale à la partie outragée et favorable au provocateur.

« Le plus terrible spadassin que j'aie connu était le plus mauvais soldat de mon armée. Il se serait battu volontiers chaque matin avant déjeuner, mais plus volontiers encore, il se serait caché dans un fourgon pendant une bataille rangée. Le duelliste est à l'épée du soldat ce que le bavard est à la parole du sage. »

— Napoléon a dit cela? demanda le carabinier qui s'était confessé la veille.

— Oui, mes amis, et pas un de vous ne récusera l'opinion du grand homme, qui n'était pas un moine doublé de flanelle... mais un capitaine doublé d'Annibal et de César. Etes-vous toujours décidés à vous battre?

— Dame! monsieur l'abbé, répondit Pacaud avec

un son de voix qui dénotait de l'hésitation... je suis aux ordres du carabinier Pidoux.

— Vous l'entendez, Pidoux...

— J'entends bien, fit le carabinier... Pourquoi aussi m'a-t-il appelé *muffeton;* j'aurais préféré recevoir un soufflet.

— Ainsi, c'est pour un mot vide de sens, formé au hasard par quelques lettres, étonnées de se trouver ensemble, un mot qui ne se trouve pas même dans un dictionnaire, que deux hommes de cœur veulent se couper la gorge.

— Etes-vous sûr, monsieur l'abbé, demanda Pidoux, que le *muffeton* en question n'est pas dans le dictionnaire?

— J'en suis sûr, car je l'ai cherché hier.

— Et vous ne l'avez pas trouvé dans le bouquin?

— Il n'y est pas....

— Davantage que dans ton pantalon garance, mon vieux, s'écria Pacaud en tendant la main à Pidoux.

— Bravo! mes enfants, bravo! fit le prêtre en les poussant dans les bras l'un de l'autre... Ce n'est pas tout, ajouta-t-il... à mon tour, maintenant... Comme je ne veux pas qu'il soit dit que nous nous soyons tous dérangés ce matin pour le roi de Prusse, je vous provoque.... à venir entendre ma messe d'abord, et à déjeuner ensuite tous ensemble, adversaires et témoins, en bons et braves amis. *Ça vous va-t-il ?*

— Ça nous va !

— Eh ! bien ! mes enfants, suivez-moi ! En avant, marche !

III.

Après la messe, à laquelle les témoins et les adversaires réconciliés assistèrent avec les démonstrations d'un religieux et sincère recueillement, le prêtre de Saint-Louis-les-Français les conduisit dans une *osteria* voisine, où les attendait un vigoureux déjeuner de circonstance. Le menu, relevé par un appétit réveillé matin, apprêté par une longue promenade et arrosé par un excellent petit vin blanc d'Orvietto, dissipa complétement les nuages amoncelés dans le cœur d'un soldat par un *barbarisme*. Le moyen, je vous le demande, d'avoir soif du sang d'un camarade, quand on se désaltère avec lui à la même bouteille, lorsque les mains s'unissent dans une même étreinte et les verres dans un même choc.

— A ta santé ! Pidoux !

— A ta santé ! Pacaud !

— A la santé de notre bon et brave curé !

— A la vôtre ! mes amis !... à l'oubli de vos ressentiments! à la durée de votre réconciliation! Rappelez-vous toujours, mes enfants, que l'épée, remise en vos mains, ne doit être jamais tirée que contre les ennemis de la France. Je vous propose un toast, mes amis : A la France !

— A la France! s'écrièrent d'une seule voix les joyeux convives ; à la France, reine des nations et fille aînée de l'Église.

. . . , ...

Pidoux et Pacaud ont quitté le service.... Tous deux ont revu leur belle province de la Franche-Comté, et tous deux ont conservé vivace dans leur âme le sentiment religieux qu'ils ont rapporté de Rome. Inaccessibles à la peur du respect humain, ils sont aussi bons chrétiens qu'ils ont été bons soldats. Pacaud est marguillier de l'église de son village. Pidoux, qui a une belle voix de basse-taille, occupe, sans partage, le premier banc au lutrin de sa paroisse. Or, comme le village de l'un n'est pas très-éloigné du bourg de l'autre, ils se réunissent tous les dimanches et toutes les fêtes carillonnées, après vêpres, pour cimenter de plus en plus, le verre à la main, les bases d'une réciproque et sincère affection.

A l'une de ces réunions, Pacaud dit à Pidoux : « Je donnerais bien 3 francs 9 sous pour connaître un académicien de Paris, un vrai académicien.

— Dans quel but?

— A cette fin de le prier de consacrer dans le dictionnaire des immortels le mot que j'aime le mieux.

— Lequel?

— *Muffeton.*

— Pourquoi? Pacaud, demanda Pidoux en serrant les poings et en fronçant le sourcil, pourquoi?

— Parce que je lui dois mon meilleur ami?

DIX-NEUVIÈME VEILLÉE.

Rouge, noir, vert et bleu.

I.

Un soir, l'abbé Faivre reçut la lettre suivante :

« Lyon, ce 12 juillet 1850.

« Mon cher et très-honorable abbé ;

« Les consolations que j'ai trouvées près de vous ressemblent si bien à du bonheur, que j'ai le plus grand désir de les faire partager à un être bien-aimé. Pour cela, il importe que vous m'accordiez un entretien. Permettez-moi de le solliciter de votre bienveillance et de l'espérer de votre inépuisable charité pour vos *bons amis les soldats*. Exempt de service demain, je serai libre toute la journée, et je recevrai avec reconnaissance l'heure que vous daignerez me désigner, depuis six heures du matin jusqu'à dix heures du soir. »

<small>Adolphe, sous-officier de carabiniers,
au 6e régiment d'infanterie légère.</small>

Pendant que l'*ami des soldats* cherche son papier à lettre et taille sa plume pour répondre à la missive qu'il vient de recevoir, permettez-moi, chers camarades, de vous présenter Adolphe... sous-officier de carabiniers au 6e léger. Vous ne serez pas fâchés de faire sa connaissance.

Fils d'un ancien officier de l'Empire, retiré du service en 1815 pour demander au caducée de Mercure la fortune que lui avait refusée l'épée de Mars, il avait commencé de brillantes études au collége de Grenoble. Toujours le premier de sa classe, en thème comme en version, il cultivait avec un succès égal la langue des Dieux, si poétiquement interprétée par Homère et Virgile. Se destinant à la carrière des armes, il recevait à la fin de chaque année scolastique des couronnes de lauriers qui lui faisaient battre le cœur à l'espérance d'en cueillir d'autres un jour, autre part que sur les bancs poudreux du collége. Il terminait sa rhétorique et se préparait à entrer à l'école de Saint-Cyr, lorsque de nombreux désastres commerciaux emportèrent la fortune de sa famille. Hélas! ainsi que la guerre, le commerce a de cruelles blessures! L'ancien officier de l'Empire se trouva un matin complétement ruiné..... ruiné à ce point que le malheureux Adolphe dut renoncer au projet aimé de son cœur : celui d'entrer à l'école pour en sortir avec les épaulettes de sous-lieutenant. Le même jour, les portes du collége de Grenoble et celles de l'école de Saint-Cyr se fermèrent pour lui. Pour comble de malheur, son vieux père, si cruellement éprouvé dans sa carrière militaire et commerciale, perdit presque subitement la vue. Nouveau Bélisaire, il se serait trouvé sur le chemin de la mendicité, si Adolphe, se plaçant de toute la force de sa volonté entre la misère et l'aumône, n'avait, au prix de sa liberté, assuré pour quelque temps l'existence matérielle du pauvre vieillard. Martyr de la piété filiale, Adolphe se vendit et remit à son père le prix de son remplacement. Ce pieux sacrifice fut sans doute agréable à Dieu, car le jour même où le généreux fils quitta Grenoble pour rejoindre son régiment, le père aveugle reçut le brevet d'une pension que des amis inconnus, mais puissants, venaient d'obtenir en sa faveur comme la juste récompense de nombreux et loyaux services rendus à la patrie.

Rassuré désormais sur la position de son père, le jeune remplaçant se mit bravement en route, à pied, le cœur satisfait, mais les yeux un peu humides, et retournant de temps en temps la tête pour revoir une fois encore les belles montagnes du Dauphiné.

Quelques jours après son incorporation au 6ᵉ léger, le colonel le fit appeler ; cet officier tenait une lettre à la main. « Je viens d'apprendre, lui dit-il, les circonstances qui vous ont décidé à servir en qualité de remplaçant : vous avez commis une bonne action ; j'en ai pris note. Soyez sûr qu'elle vous portera bonheur si, comme je n'en doute pas, vous êtes un aussi bon soldat que vous avez été bon fils..... Allez, mon enfant, faites bien votre service, soyez subordonné à vos chefs, évitez les mauvais conseils ; fuyez les mauvais exemples des camarades, en un mot, craignez la salle de police..... Je ne vous perdrai pas de vue. »

Quelques mois après cet entretien, Adolphe, qui chaque jour avait mis en pratique les sages leçons de son colonel, reçut les galons de sous-officier. Ce fut à cette époque que le hasard, ce mystérieux et fantastique serviteur de la Providence, le mit en rapport avec l'abbé Faivre. Ces deux hommes étaient faits pour se comprendre, aussi ne tardèrent-ils pas à devenir deux excellents amis : l'abbé prouva l'affection qu'il ressentait pour son jeune camarade, en complétant son éducation classique par celle de la religion, dont il ignorait pour ainsi dire les premiers éléments. En peu de temps, Adolphe devint aussi fervent chrétien qu'il était brave soldat et qu'il avait été bon fils...

II.

L'abbé Faivre a taillé sa plume; une feuille de papier est sur sa table; un vieux brigadier de cuirassiers, qu'il forme aux exercices de la première communion, répète, à voix basse et tout seul, une leçon de catéchisme.

« *Demande :* Pourquoi Dieu nous a-t-il créés et mis au monde?

— *Réponse :* Pour l'aimer et le servir fidèlement, ainsi que le pays.

— Très-bien, mon brave, lui dit l'abbé Faivre en retenant sa plume prête à écrire, vous complétez la pensée du saint législateur, car le service dû au pays est en quelque sorte le complément de celui qu'on doit à Dieu. Votre *adjutorium* me rappelle un certain village de Bourgogne, composé entièrement de vignerons. Ces braves gens, bons chrétiens du reste, n'ont qu'un défaut : celui de cultiver avec trop d'amour *les vignes du Seigneur*. Ils *s'y mettent souvent*, mais ils ne manquent jamais d'invoquer Dieu soir et matin; ils ne se contentent même pas des prières écrites; ils les complètent au besoin : c'est ainsi que d'après eux, l'oraison dominicale est une oraison vraiment divine, depuis qu'ils ont ajouté à ces mots :

Donnez-nous notre pain chaque jour

ceux-ci :

Et notre petite bouteille à boire.

« Ces braves vignerons-là ne sont pas bêtes, dit en riant le cuirassier, tandis que l'abbé écrit ces lignes :
« Mon cher sous-officier,
« Si vous ne craignez pas un petit vin bleu qui n'a pas un an, une tranche de bœuf qui pourrait bien être de la vache, une omelette sans l'art... d'un cordon bleu, et un morceau de fromage de *Gruyère*, fabriqué en Franche-Comté ; venez déjeuner avec moi, demain à 9 heures *militaires*... nous causerons... tout à vous. »

— Brigadier, dit l'abbé en cachetant sa lettre :

— Présent, mon cap... monsieur l'abbé, veux-je dire.

— Voudriez-vous me faire le plaisir de porter cette lettre ?...

— Au bout du monde pour vous servir.

— C'est trop loin, vous n'auriez pas le temps d'arriver ce soir.

— Faut attendre alors que le chemin de fer soit fait.

— Ce serait trop long, prenez la voiture de la

mère *Thomas*, rue St-Crépin, elle vous conduira tout droit au fort de la Vitriolerie.

— Il suffit, monsieur l'abbé, votre lettre sera remise avant une heure... bonne nuit, monsieur l'abbé !

— Je n'aurai pas le temps de me coucher ce soir.

— Eh bien ! au revoir alors.

— A demain... Le cuirassier partit du pied gauche, et l'abbé se remit de la main droite au travail jusqu'à cinq heures du matin. Alors il se jeta tout habillé sur son lit, et s'endormit du sommeil du juste jusqu'à l'heure de sa messe.

Exact au rendez-vous donné, Adolphe se présenta à 9 heures au modeste presbytère, connu dans tout Villerbanne, sous le nom de la *Maison du bon Dieu!* Le déjeuner était servi, et nous devons dire, pour rendre hommage à la vérité, que le bœuf n'était pas trop dur et le vin pas trop vert... Il est bon que vous sachiez, chers lecteurs, qu'en fait de cuisine, l'abbé Faivre donnerait des leçons à la cuisinière bourgeoise.

« Maintenant je suis à vous, mon brave, dit l'abbé, en versant une rasade d'excellent cognac à son invité, parlez, je vous écoute.

— Vous connaissez mon histoire et celle de mon père, répliqua le sous-officier; il est pourtant une chose que vous ignorez, et que vous devez savoir, puisqu'elle seule a dicté ma lettre d'hier, et me procure aujourd'hui le bonheur de vous voir.

— Quelle est-elle?

— Mon père n'est pas seulement aveugle de corps, il l'est encore d'esprit.

— Expliquez-vous, mon enfant.

— Ses yeux ne sont pas seulement fermés à la lumière du jour qui nous éclaire ici-bas, mais son cœur est fermé au soleil de la grâce qui resplendit là-haut. Mon père, parfait honnête homme au point de vue humain, ignore complétement ce qui constitue le bon chrétien au point de vue religieux.... En un mot, mon père, jeté dans les camps à l'époque où la religion, proscrite de ses temples, était frappée de mort dans la personne de ses ministres, n'a jamais peut-être élevé son âme à Dieu.

— Je comprends....

— Mon chagrin et mon désir, n'est-ce pas, monsieur l'abbé? Vous ferez, j'en suis sûr, pour le père ce que vous avez fait pour le fils ; vous sauverez son âme en l'éclairant, ô vous, dont l'ardente charité s'inspire incessamment aux rayons de la grâce qui vient du Ciel.... Promettez-le-moi, mon père! Disant ainsi, le sous-officier joignait les mains et ses yeux étaient pleins de larmes.

— Je suis prêt, lui répondit l'abbé, à faire humainement tout ce qui dépendra de moi pour satisfaire votre pieux désir.

— Vous irez à Grenoble ?...

— Oui, je vous le promets; j'irai à l'époque des vacances, le mois prochain.

— Oh merci! monsieur l'abbé, s'écria le sous-officier, je vous devrai alors plus que la vie... Je vous devrai le salut éternel de mon père.

III.

Ainsi qu'il l'avait promis, l'abbé Faivre partit, par une belle matinée du mois d'août, pour la jolie petite ville de Grenoble. Son premier soin, dès son arrivée dans la glorieuse patrie du chevalier sans peur et sans reproche, fut d'aller rendre visite au vieil officier aveugle, plus aveugle encore qu'il ne le pensait à l'endroit des choses divines.... Pendant deux heures d'une conversation qui avait roulé sur toutes choses, l'abbé n'avait pu trouver le moindre texte d'abordage pour arriver au but essentiel de son voyage en Dauphiné.

« Je sais, lui avait dit le pauvre aveugle, tout ce que vous avez fait pour mon fils; je vous en remercie, monsieur l'abbé, et je vous prie de disposer de moi pendant votre séjour à Grenoble. Mon état de cécité ne m'empêchera pas de vous servir de cicérone dans l'exploration des lieux que je sais par cœur. L'abbé, de son côté, s'était empressé d'accepter cette proposition, qui devait lui offrir l'occasion d'une première escarmouche. Quel monument désirez-vous visiter aujourd'hui? lui demanda l'officier.

— Nous commencerons, si vous le voulez bien, par le cimetière; car on connaît une ville par ses tombes comme on connaît un homme par ses livres.

Grenoble est une pieuse et sainte ville; elle compte en son sein trente-deux sociétés de bienfaisance, et possède autant de sœurs de charité qu'elle a de femmes d'élite. Aussi l'on ne voit pas sous les funèbres ombrages de son cimetière les inscriptions que l'on rencontre sur le bronze et le marbre au Père-Lachaise; les enseignes de boutique où la *veuve inconsolable* apprend au passant qu'elle continue le commerce de son époux, rue Saint-Denis; la réclame qui demande un client au lieu d'un *de profundis*, l'ignorance qui nie, l'athéisme qui blasphème, le mensonge et l'hypocrisie étalant leur luxe en lettres d'or. Point d'épitaphes impies au petit cimetière de Grenoble; tout y respire un arome de regrets pour ceux qui ne sont plus, un parfum d'espérance pour ceux qu'on est sûr de retrouver dans un monde meilleur, un encens pur qui guérit et console. Comme au Père-Lachaise, la croix n'est pas un article de mode au cimetière de la cité dauphinoise, c'est la chaîne d'amour qui, rivée sur nos tombes, relie la terre au ciel.

Parmi les monuments funèbres qui frappèrent le plus les yeux et le cœur de l'abbé Faivre, il en est un devant lequel il s'arrêta longtemps et trouva de suite le texte qu'il cherchait depuis son entrevue avec le père du sous-officier. Ce monument, fort simple, était élevé à la mémoire de deux sœurs, mortes toutes deux en laissant chacune deux jeunes filles qui, devenues sœurs elles-mêmes par un malheur commun, avaient exprimé ainsi leurs poétiques regrets :

> Bonnes mères,
> Deux pauvres petits enfants sur la terre
> Pensent à vous,
> Au ciel priez pour eux.

Cette simple inscription était tracée en lettres de différentes couleurs :

> Bonnes mères (*lettres rouges*),
> Deux pauvres petits enfants sur la terre (*lettres noires*)
> Pensent à vous (*lettres vertes*),
> Au ciel priez pour eux (*lettres bleues*).

L'abbé expliqua, avec une émotion d'autant plus

vraie qu'elle partait du cœur, les différents symboles contenus dans le pieux arrangement de ces couleurs.

La ferveur, portant en caractères rouges sur ces mots : *bonnes mères ;*

La douleur, caractérisant en lettres noires ces mots : *deux pauvres petits enfants sur la terre ;*

L'espérance, traduite en lettres vertes par ces mots : *pensent à vous ;*

Le bonheur parfait, désigné en lettres bleues par ces mots : *au ciel priez pour eux.*

L'émotion est communicative ; celle du bon abbé trouva un écho facile dans le cœur du vieux officier, qui se fit répéter deux fois l'explication que nous venons de donner. Ses yeux s'étaient mouillés de larmes au doux nom de mère, ce nom que Dieu a fait le plus beau sur la terre ainsi qu'au ciel, en le donnant à la plus parfaite des vierges. La brèche était faite : — l'abbé s'y lança avec son cœur pour couronner le chemin ouvert. Aux mots d'espoir et de vie meilleure, les yeux de l'âme du pauvre aveugle s'ouvrirent comme devant une clarté soudaine ; car, dans son âme, les ombres de l'erreur s'étaient effacées devant les rayons de la vérité : la foi avait remplacé le doute.

Quinze jours plus tard, l'heureux *croyant* reçut dans la chapelle de l'évêque de Grenoble le sacrement de Confirmation; il vit encore et veut unir, jusqu'à son dernier jour, dans une seule bénédiction le nom de son fils et celui de l'abbé Faivre.

VINGTIÈME VEILLÉE.

Pavillon chinois en France, missionnaire français en Chine.

I.

N'avez-vous jamais entendu quelque esprit fort de caserne, quelque philosophe de corps de garde s'écrier en prenant une pose académique : Qu'est-ce que la foi ? Qu'est-ce que la foi ! chers camarades, je vais vous le dire, non pas en théologien, car je ne suis en religion qu'un pauvre pékin, bien simple, bien naïf, mais parfaitement bien convaincu... La foi, en thèse générale, c'est l'alpha des sciences humaines et l'art d'être heureux en ce monde autant que l'on peut l'être sur une terre d'exil.

En thèse particulière, la foi est le feu sacré qui d'un pauvre paysan fait un maréchal de France, qui d'un petit écolier fait un grand poëte, qui d'un simple curé de campagne fait Bossuet, qui d'un berger fait Sixte-Quint, qui d'un pauvre missionnaire fait un martyr et d'un martyr un saint. La foi donne le courage au lâche, l'intelligence au pauvre d'esprit, la force au faible, le succès à la lutte, la résignation à l'épreuve et l'espérance à la résignation.

A. Bernom, le héros de cette veillée, était le plus timide et le plus inexpérimenté des jeunes gens de son âge, lorsque, appelé sous les drapeaux de la France, il quitta Pauillac, son pays, pour être incorporé dans le régiment qui tenait garnison à Bordeaux. C'était un cœur de jeune fille caché sous des vêtements d'homme. Modestement élevé à l'ombre du foyer domestique dans l'exercice paisible des vertus chrétiennes, il allait se trouver tout à coup transporté dans une sphère nouvelle, dans un monde inconnu. En effet, le tambour remplaça bientôt pour lui la voix aimée de son clocher, la caserne remplaça son église, la fumée de la pipe, les parfums de l'encensoir, et les chansons à boire de chaque jour, les hymnes pieux du dimanche. La transition fut terrible; mais Bernom était chrétien; son cœur, inaccessible à la peur du respect humain, car il croyait, était prêt à la lutte.

Soutenu par la foi, il entra donc dans le champclos des railleries humaines, comme ces guerriers du moyen âge, qui descendaient dans l'arène, armés de toutes pièces.

Sans ostentation, mais sans faiblesse, il se montra dès le premier jour de sa vie militaire franchement, carrément chrétien... Les commencements furent difficiles ; la route du bien est toujours plus accidentée que celle du mal ; mais y a-t-il un obstacle assez puissant pour entraver la vertu qui marche dans la foi...? Désarmés par les allures dignes et fermes de Bernom, les railleurs se trouvèrent un jour bien surpris de subir comme malgré eux le prestige qui s'attache à la vertu et change le sarcasme en admiration.

Provoqué en duel ce jour-là par une *mauvaise pratique*, qui l'avait outragé pour le *tâter*, Bernom lui avait répondu :

« J'accepte ; mais comme je suis l'insulté, j'ai le choix des armes.

— Accordé... Votre jour?

— Aujourd'hui même.

— L'heure?

— Dans dix minutes.

— Le lieu?

— A l'hôpital militaire, où l'épidémie, qui sévit avec violence, exige un renfort d'infirmiers.

— C'est donc un cartel d'apothicaire que vous me

proposez? s'écria le provocateur, prenant une pose de clyso-pompe, connais pas cette arme-là.

— C'est un duel de chrétiens, répondit froidement Bernom ; un duel qui aura pour témoins la charité.

—C'est-à-dire des nones embéguinées, qui sentent l'eau-de-vie camphrée. Je sors d'en prendre, merci, je préfère le cognac.

— Ne dites pas du mal des anges, répliqua le provocateur, et regardant l'horloge du quartier, il ajouta : Il est une heure cinq minutes, je vais vous attendre au rendez-vous. » Debout, en faction au chevet des agonisants, Bernom attendit en vain pendant trois jours et durant trois nuits.

II.

La vertu, comme la violette, fleurit dans les sentiers déserts, loin du grand jour et des grands bruits ; elle aime le silence des solitudes et l'ombre des bruyères. On ne la voit pas toujours, mais on la devine souvent aux parfums modestes qu'elle répand autour d'elle. Bernom, le naïf et timide conscrit, trouvant dans la foi le courage qui défie le respect humain, et la force, qui grandit le cœur au niveau de la lutte, eut bientôt découvert à ses côtés les camarades qui, après avoir passé par les mêmes épreuves, avaient reçu le baptême de l'apostolat militaire. Par une rare exception, la musique du 44° de ligne, spécialement protégée sans doute par sainte Cécile, était en grande partie composée d'excellents et pieux jeunes gens. Le cornet à piston allait à confesse, l'ophicléide donnait le ton au lutrin de la cathédrale, la grosse caisse faisait ses pâques; le premier cor, ainsi qu'il le racontait lui-même, en se permettant le calembourg, faisait maigre à *quatre temps;* enfin, il n'y avait pas jusqu'à la petite clarinette, qui ne s'abstînt de canards le vendredi. La musique du 44° de ligne était en quelque sorte au milieu du régiment une oasis religieuse, harmoniée du matin au soir par un accord parfait, auquel Bernom résolut d'apporter son *la*. Or, comme il s'était acquis à Pauillac une certaine renommée artistique, et qu'il disait assez agréablement sur le flageolet *Marlborough s'en va-t-en guerre*, il profita d'un *vide dans la batterie de cuisine* pour remplir d'abord l'office de bouche-trou; le chef de musique le nomma d'emblée premier pavillon chinois. Bernom se consola de ce rôle, plus que secondaire, par la pensée que si tout chemin menait à Rome, le pavillon chinois pourrait bien le conduire à un instrument plus important, à l'ophicléide, par exemple, qu'il se prit à cultiver, afin de pouvoir remplir sa partie dans les chants religieux de l'Église. En attendant il trouva le moyen de parer l'humilité de son instrument, en disant à ses camarades : *Je suis le sonneur de cloches du régiment.*

La garnison de Bordeaux, vous le savez, chers camarades, est douce et facile ; le soldat n'y est pas trop *chagriné de service*, et il peut aisément trouver les moyens d'utiliser ses loisirs. Bernom, qui, tout petit enfant, avait appris cet axiome : L'oisiveté est la mère de tous les vices, se livra avec tant d'ardeur à l'étude de l'ophicléide, que cet instrument n'eut bientôt plus de secrets pour lui. Notre jeune artiste était, pour toutes choses bonnes en elles-mêmes, doué des plus heureuses dispositions : il résolut d'apprendre le latin ; à cet effet, muni d'une grammaire qu'il avait achetée d'occasion sur le quai, il se rendit un soir chez le premier vicaire de la cathédrale et lui fit part de son désir. Le vicaire, loin de lui faire envisager les difficultés d'une langue qui, hélas ! il nous en souvient, nous a coûté bien des larmes, s'empressa de l'encourager dans ce projet et de lui promettre ses conseils. En quinze mois, Bernom profita si bien des leçons du maître, et plia si fortement à l'étude latine l'énergie de sa volonté, qu'il lisait couramment Tacite et Tite-Live. Ces progrès semblaient d'autre part si prodigieux au maître, que le bon vicaire disait souvent à son élève : « Il est impossible que le Saint-Esprit n'ait pas quelque mystérieux dessein sur vous. » A cette époque, les susceptibilités d'un pouvoir, ombrageux à l'endroit des choses saintes, exerçaient une persécution occulte contre les œuvres militaires. L'élu d'une révolution qui s'était faite aux cris de : « A bas les prêtres et plus de Dieu ! » et lui-même la négation la plus complète de l'idée religieuse, avait sanctionné un règlement dont l'effet ultérieur était de priver les soldats de l'office divin le dimanche (1); Bernom et ses camarades surent l'éluder au moyen d'un ingénieux stratagème : tous munis d'une cruche qu'ils avaient achetée à cet effet, ils pouvaient, chacun à leur tour, simulant une corvée d'eau, passer devant le planton et quitter le quartier, pour aller entendre la messe à l'église la plus voisine, et y recevoir le pain des forts.

Ce fut à cette époque qu'ils s'enrôlèrent en grand nombre dans l'OEuvre de la propagation de la Foi, et trouvèrent dans leurs généreux sacrifices le secret de nouveaux mérites. Bernom, à la tête de toutes les bonnes œuvres, était en quelque sorte le chef de file de la colonie religieuse du 44° régiment de ligne. Ses camarades, raffermis par l'éloquence de

(1) Ce règlement existe encore : les soldats sont généralement consignés le dimanche dans leur quartier jusqu'à midi. — Il appartient à l'Empereur, qui comprend si bien les intérêts de la religion intiment unis aux intérêts de la patrie, de modifier ce triste état de choses..... espérons.

sa parole, soutenus par la force de son exemple, l'appelaient leur apôtre militaire, et marchaient résolûment à sa suite dans la voie du bien.

Sur ces entrefaites, le régiment reçut l'ordre de partir pour Paris. Bernom ne quitta point, sans verser quelques larmes de regret, les excellents prêtres qui d'un pauvre conscrit avaient su faire un bon chrétien d'abord, et un savant ensuite. Son maître de latin, l'engageant à la persévérance, lui remit plusieurs lettres de recommandation, l'une pour un prêtre de ses amis, attaché à l'église de Saint-Sulpice, les autres pour les dignitaires de la confrérie de Saint-Vincent-de-Paul. L'œuvre militaire, à Paris, était aux premiers jours de sa création ; Bernom, énergiquement assisté de ses camarades, lui donna une rapide impulsion, et commença ainsi sur une scène limitée la mission difficile qu'il devait bientôt porter sur un plus vaste théâtre, sur une scène sans limites et sans horizons. Pour le former sans doute aux sublimes épreuves de l'apostolat, Dieu ne lui épargna aucune des phases adhérentes à la vie du missionnaire, il lui donna même un avant-goût des joies périlleuses de la persécution. En effet, le gouvernement doctrinaire qui régnait provisoirement alors aux Tuileries, n'avait pu voir sans ombrages la pépinière de héros chrétiens qui se formait sous ses yeux, et grandissait, pleine de sève et de vitalité, sous les plis du drapeau de la France. Ce gouvernement, effarouché par les *banderilleros* du libéralisme, secouant sur sa tête les terreurs attachées au mot du parti-prêtre, voyait des jésuites jusque dans le pantalon garance du soldat qui, par hasard ou avec préméditation, entrait dans une église. L'œuvre militaire, entravée dès ses débuts par la persécution doctrinaire, dut momentanément opérer sans bruit, loin du grand jour, et se réfugier dans l'ombre de ses bonnes œuvres, comme jadis les premiers chrétiens s'étaient abrités contre les persécuteurs dans la nuit des catacombes. Les soldats chrétiens pratiquants continuèrent à se réunir chaque semaine, mais à des jours et en des lieux divers.

Un officier de la garde municipale, qui savait tout son Béranger par cœur, et dont la pensée antipathique au culte de la religion s'était montrée franchement hostile à l'œuvre des soldats, s'introduisit un soir dans une de ces pieuses réunions qu'il appelait une *Capucinière* : Voulait-il se procurer les distractions niaises de la raillerie? ou bien était-il guidé par un motif moins digne encore d'un homme d'honneur, par l'espionnage, sentinelle perdue de la dénonciation? Nous l'ignorons ; mais ce que nous savons de science certaine, c'est que l'officier fut si touché de la piété de ces jeunes soldats, si pénétré des paroles qu'il entendit, si émerveillé du bonheur qui parlait dans la voix et brillait dans les regards des troupiers chrétiens, si surpris de la différence qui existait entre une strophe d'un saint cantique et le couplet risqué d'une chanson érotique, que sans s'en apercevoir, il mit un genou en terre, mêla sa voix à la voix des soldats, chantant les louanges de Dieu, et signa son front, lorsqu'à la fin de la séance un jeune prêtre prononça les paroles de la bénédiction.

Une autre fois, un sapeur, qui jamais de sa vie (il s'en vantait) n'avait prononcé le nom de Dieu autrement qu'en manière de blasphème, et avait blasphémé plus qu'il ne portait de poils de barbe au menton, fut présenté à l'une des réunions de l'OEuvre par un caporal de voltigeurs; mais quel ne fut pas son étonnement de rencontrer, au lieu des *blancs-becs* qu'il s'était figurés, une collection superbe de longues et vieilles moustaches; il y en avait de toutes couleurs, de toutes armes et pour tous les goûts. La barbe éthiopienne du cuirassier faisait contraste avec la barbe nuancée de carmin du lancier; la moustache en croc du gentil hussard se relevait à la d'Artagnan, tandis que celle du sérieux dragon, contournant la lèvre supérieure, retombait mélancoliquement comme deux rameaux de saule pleureur; moins tourmentée, l'impériale du carabinier conservait entre la bouche et le menton un modeste juste-milieu.

«Tiens, s'écria le sapeur, en prenant une de ces poses daguerréotypées sur nature par le spirituel crayon de notre inimitable Raffet, je suis refait,—subtilisé; moi qui croyais venir voir une ménagerie de serins, une collection de Jean-Jean, je me trouve dans un *bocal de sardines,* dans une boutique à vieux galons...

— Et tu n'en es pas plus à plaindre pour cela, mon vieux, lui répondit un tambour-maître en lui frappant une tape sur le ventre.

Soyez le bienvenu parmi nous, lui dit Bernom.

— Ah çà! les amis, répliqua le sapeur, donne-t-on à boire *à l'œil* dans *cette cantine?*

— Oui mon brave, riposta un brigadier de dragons, *à l'œil et au cœur;* et il ajouta en riant :

— Mais cette boisson-là ne grise pas.

— Preuve qu'elle n'est pas malfaisante, fit le sapeur.

— Tu vas en juger, mon vieux.

— Silence dans les rangs, s'écria un maréchal-des-logis-chef.... et, au même instant, un prêtre de Saint-Sulpice, prenant la parole, montra avec tant d'onction et sous de si brillants aspects le bonheur procuré par la pratique de la religion, que, lorsqu'il eut cessé de parler, le sapeur, se présentant, lui dit:
« Enfant du faubourg Saint-Marceau, à Paris, né de parents invisibles à l'œil nu, c'est la première fois

que j'entends parler d'une religion que je ne croyais bonne que pour les moutards, les vieilles femmes et les ignorantins : il paraît que je me suis trompé. »

— Cela est certain, mon brave, lui répondit l'abbé. Voyez tous ces camarades ; ce ne sont pas des ignorantins, des femmes vieilles et des moutards en nourrice : ce sont les meilleurs soldats de leurs régiments, tous libres de cœur et légers de punitions.

— Ma foi ! monsieur le curé, si je n'étais pas si vieux et si je croyais que ce ne fût pas trop tard pour apprendre un métier dont je ne connais pas l'A, B, C, je vous prierais de m'enseigner celui de chrétien.

— On n'est jamais trop vieux pour faire son devoir, et il n'est jamais trop tard pour apprendre la vérité.

— Mais je n'ai point fait de première communion.

— Raison de plus pour la faire bonne et le plus tôt possible.

— Je ne sais que jurer comme un mauvais Polonais en ribotte.

— Raison de plus pour apprendre à prier comme un bon Français à l'église. Voyons, mon ami, voulez-vous franchement revenir à Dieu ?

— Si je le veux ! mille millions de.... Oh ! pardon, monsieur le curé : c'est plus fort que moi ; voyez, je ne crache pas une parole qui ne soit un jurement.

— Bientôt, si vous le voulez énergiquement, vous

n'en direz pas une qui, mentalement, ne soit une prière.

— *Sans vous commander*, monsieur le curé, je le veux.

— Eh bien ! mon ami, venez me trouver demain, et, avant un mois, je vous le promets, vous monterez votre première garde de chrétien, en prenant place à la table du divin banquet. » Trois semaines après, le sapeur fit sa première Communion, et, depuis ce jour, non-seulement il ne jure plus, mais il est devenu l'un des membres les plus fervents et les plus zélés de l'Œuvre militaire.

Revenons à Bernom, qui, sur ces entrefaites, montant en grade, échangea son pavillon chinois contre l'ophicléide et reprit sa grammaire latine pour continuer le cours de ses études classiques, sous la direction d'un généreux ecclésiastique de Saint-Sulpice.

Le terme de son congé militaire approchait : quelques mois encore, et, libéré du service imposé à tout Français valide âgé de vingt et un ans, il allait rentrer dans la vie privée. Ce prochain changement de position était pour Bernom un grave sujet de perplexité. Poursuivra-t-il la carrière des armes, qui lui avait donné tant de consolation? Bourré de sciences et ferré de latin, reprendra-t-il l'humble instrument de sa première profession? quittera-t-il l'épée du soldat pour le rabot du menuisier? les études du savant pour les labeurs du manœuvre? Paris la grande ville pour Pauillac sa modeste bourgade? Telles étaient les questions que Bernom s'adressait à chaque heure du jour, tel était le problème à résoudre dont il demandait à Dieu la solution.

Rien n'est plus difficile que le choix d'une vocation, surtout à cette période de la vie où le cœur, mûri par la raison, flotte incertain entre la jeunesse et l'âge mûr, et se trouve trop jeune encore pour avoir une position faite, trop vieux déjà pour s'en créer une nouvelle. Dans cet état de choses, Bernom, forcé de prendre un parti et plus indécis que jamais, entreprit une neuvaine à Notre-Dame-des-Victoires, pour demander à l'Esprit saint le rayon de lumière qui devait éclairer son intelligence indécise.

Le neuvième jour étant expiré sans que l'Esprit saint se fût révélé par la moindre manifestation, Bernom crut voir, dans le silence mystérieux de la grâce, un motif sérieux de persister dans la carrière que le sort de la conscription lui avait faite, position douce et facile, car il avait trouvé dans son régiment une famille, sous le drapeau son clocher et dans chaque soldat un frère...

Ce jour-là donc, décidé à faire un second congé, il se disposait à remplir les formalités nécessaires, lorsque, passant dans la rue du Bac, il entra dans la petite chapelle des Missions-Étrangères. C'était le soir. Le silence et la solitude du sanctuaire conviaient au recueillement. Bernom s'agenouilla devant l'autel de la Vierge et pria... Celui qui aurait aperçu dans ce moment sa silhouette immobile dans l'ombre comme l'image d'un saint sur une toile, se serait surpris à l'invoquer, tant il y avait d'onction sainte répandue sur son visage. Le pieux soldat pria pendant vingt minutes ; lorsqu'il se releva son front rayonnait ; le feu de son regard, l'assurance de son geste, la fermeté de sa démarche, annonçaient une résolution immuable. Il se dirigea rapidement vers Saint-Sulpice et se présenta au prêtre qui, depuis son arrivée à Paris, lui servait à la fois de père spirituel et de professeur. Cet homme de bien n'ignorait pas l'état d'incertitude auquel, depuis trois semaines, était livré son pénitent et son écolier ; c'était par son conseil que Bernom avait commencé une neuvaine dans l'église de Notre-Dame-des-Victoires. « Eh bien ! mon ami, lui dit-il en lui tendant la main, nous sommes au neuvième jour : l'Esprit saint a-t-il parlé ?

— Oui, mon père, au dernier moment, il y a vingt-cinq minutes, dans la chapelle des Missions-Étrangères.

— Que vous a-t-il inspiré ?

— Une résolution immuable.

— Laquelle, mon enfant ?

— Celle d'embrasser l'état ecclésiastique, si vous me jugez digne d'un pareil honneur. »

Pour toute réponse, le prêtre se jeta dans les bras du soldat et lui dit :

« Venez, mon ami, venez avec moi remercier Dieu. »

III.

Trois semaines après, Bernom changea sa tunique contre une soutane, et fit son entrée au petit séminaire de Saint-Sulpice. Là comme à la caserne il se concilia bientôt, par la douceur de son caractère, l'amitié de ses nouveaux camarades et l'estime de ses nouveaux chefs. Quoique l'abnégation et la servitude soient identiques, la théorie du prêtre est différente de celle du soldat. Bernom dut rompre ses habitudes et plier son intelligence à des exercices inconnus pour lui : mais son désir d'apprendre, activé par les heureuses dispositions dont la Providence l'avait doué, surpassa même en résultats féconds les espérances de ses professeurs en théologie; aussi ce fut sans passe-droit qu'après avoir franchi les différents degrés de la hiérarchie cléricale, il arriva rapidement, même avant le temps voulu pour les promotions ordinaires, au grade, à la dignité, veux-je dire, de prêtre.

Rien ne fut imposant et solennel comme la cérémonie du jour où, disant sa première messe en présence de nombreux soldats, ses anciens camarades, et de nombreux ecclésiastiques, ses nouveaux frères d'armes, il s'enrôla sous l'étendard de la croix. Le lendemain même de son entrée dans les ordres, Bernom, semblable à ces conscrits de l'empire qui, pour coup d'essai, demandaient des Marengo, des Austerlitz ou des Wagram, sollicita et obtint le périlleux honneur d'aller chercher en Chine les labeurs de l'apostolat et au besoin les gloires du martyre. Six semaines après, il s'embarqua et quitta la France en priant Dieu.

Après une traversée longue et pénible, l'intrépide missionnaire aperçut enfin la terre promise à son ardeur.

Terra, terra! s'écria-t-il comme le héros de Virgile, et un instant après, agenouillé sur la plage, il embrassa comme on embrasse une bonne mère et arrosa de ses larmes un sol qu'il devait fertiliser de ses succès, et, qui sait? de son sang peut-être.

IV.

Vous avez lu quelquefois, chers camarades, dans les Annales de la propagation de la foi, coordonnées à Lyon par un prêtre d'un immense mérite et d'une modestie rare, les travaux évangéliques de ces missionnaires au cœur d'or, au corps de fer, qui sèment avec tant d'ardeur la parole divine sur des plages lointaines. Vous les avez suivis par la pensée dans leur vie de lutte et d'épreuves, vous vous êtes associés à leurs tristesses et à leurs consolations, vous les avez admirés dans leur dévouement et dans leurs sacrifices, et vous avez applaudi aux efforts des *pieuses* recrues qui, semblables à Bernom, marchaient bravement sur leurs traces. Bernom, de pavillon chinois en France, devenu missionnaire français en Chine, se mit à l'œuvre, et débuta militairement dans la carrière évangélique. Depuis, faisant de la croix un signe infaillible de ralliement, il emporte d'assaut, sous les feux croisés de sa brûlante éloquence, les cœurs les moins accessibles à la grâce; il opère sur les idoles païennes des razzias à faire prendre les armes au diable... à frapper d'immobilité les tables tournantes.

De temps en temps il adresse à ses chefs et à ses soldats des rapports palpitants d'édification : vous devrez à l'obligeance de M. Germainville le dernier bulletin qu'il a daté de son quartier général, et que je me permets de reproduire textuellement sous vos yeux.

« *Province de Canton-Tchao Theon-Fou.*

Septembre 1853.

. . . .

. . . .

« Chaque fois que mes souvenirs me ramènent en France, ma pensée se rappelle avec bonheur les pieuses réunions militaires qui, d'un pauvre musicien de régiment, ont fait un apôtre évangélique. C'est à ces réunions que je dois une position périlleuse, mais digne d'envie, puisque chaque jour elle me rapproche du ciel; aussi je ne cesse de les bénir et d'appeler sur elles les plus abondantes grâces du Seigneur.

. . . .

Ainsi que je vous le mandais par ma dernière lettre, la Chine n'est pas un pays *doré sur porcelaine,* comme se l'imaginent les Européens; la contrée que je suis chargé de défricher pour y semer la parole de Dieu, forme une vaste zone hérissée de montagnes arides et de rochers abruptes. Les villes et les villages, qui sont très-nombreux, s'élèvent dans les vallées dessinées par les montagnes et le long des rivières.

Des écrivains de mauvaise foi ou fort ignorants ont, au détriment de la religion chrétienne, exalté les mœurs et les croyances de la civilisation chinoise. Leur érudition est en flagrant délit d'erreur; rien n'est hideux comme l'ensemble et les détails de la vie d'un Chinois dressé, le mot est juste, dressé, non point dans l'amour du Seigneur, mais dans la crainte des coups de bâton. Le pouvoir et l'autorité des mandarins consistent dans la force de leur rotin ; leur justice est soumise à la valeur... du droit ? Non, mais à la valeur d'une piastre... Dans tous les cas, ils n'exercent l'autorité qu'avec les formes les plus iniques. Un jour, deux Chinois se présentent à la demeure d'un mandarin pour soumettre à son appréciation l'objet d'un grave différend ; l'illustre magistrat venait de se mettre à table, « Qu'on leur serve à tous deux, dit-il, en attendant le dessert, vingt-cinq coups de bâton. » Cette sentence expéditive eut son exécution malgré les cris de l'un des patients, malgré les protestations de l'autre. Lorsqu'ils furent introduits en présence du juge, l'un d'eux lui demanda avec fermeté pourquoi, sans les avoir entendus, il avait fait administrer une volée de bois vert à l'innocent aussi bien qu'au coupable.

« Parce que dans ce moment-là vous aviez tort tous les deux, répliqua sérieusement le mandarin, l'un de n'avoir pas raison en réalité, l'autre d'avoir le tort de chercher à troubler la digestion du dîner que j'allais prendre... »

Que dites-vous de cette manière d'appliquer la justice ? Orgueilleux, voleurs et jaloux, les Chinois sont les hommes les plus superstitieux du globe ; une éclipse de lune a-t-elle lieu? Les Chinois, convaincus que c'est un dragon ailé, ou bien un chien affamé qui dévore l'astre des nuits, font un tapage infernal avec des tam-tams, et poussent des cris de possédés pour mettre l'animal en fuite.

Leurs temples, véritables sanctuaires à démon, sont une chose hideuse à voir, et dégoûtante à sentir. L'odeur infecte qu'ils exhalent ferait tomber à dix pas le plus robuste de nos sapeurs-pompiers.

Contrairement à l'idée commune qui, de la divinité fait le type le plus achevé du beau, ils ont inventé des laideurs monstrueuses pour en parer leurs idoles. Autant les Chinois plongés encore dans les ténèbres du paganisme sont méchants et dépravés, autant les Chinois convertis au christianisme sont bons et vertueux. Admirable puissance du catholicisme ! il suffit d'une goutte d'eau et de quelques paroles sacramentelles pour opérer de semblables merveilles. Là, dans ce village païen, le fils bat son père, le frère bat la sœur, le mari bat sa femme d'abord et la vend ensuite ; l'ami vole et trompe son ami ; ici au contraire, dans ce village chrétien, la femme, mère de famille, est respectée par l'époux et par ses enfants comme une créature faite à l'image de Dieu. On ne la vend pas, mais on la *loue*, car elle est digne *d'éloges*, pardonnez ce mauvais jeu de mots en faveur de la rareté du fait. Dans cette zone chrétienne, la population à l'abri des vices et des passions humaines, montre l'exemple de toutes les vertus, et se distingue par la foi la plus vive. Matin et soir, les membres de la famille réunie devant un crucifix ou une image sainte, récitent leurs prières à Dieu ; bien souvent même toutes les familles n'en formant qu'une seule devant le Seigneur, chantent de pieux cantiques que j'accompagne avec mon ophicléide. En un mot, la différence entre les deux cultes est tranchée comme celle qui existe entre l'enfer et le paradis.

Somme toute, je suis heureux et satisfait. — Dieu bénit mes efforts et fertilise mes sueurs... Je serais le plus heureux des hommes si parfois le souvenir du séminaire et de la caserne ne venait me rappeler que nulle joie n'est parfaite en ce monde. Parlez de moi, je vous prie, à mes anciens camarades, dites-leur de prier pour moi comme je prie pour eux, comme je prie pour vous qui priez pour moi. Je vous quitte pour aller voir un malade qui demeure à vingt lieues d'ici... Ma paroisse est plus grande qu'un diocèse de France. Je serais bien trop seul si Dieu n'était avec moi. »

Tout à vous,
A. BERNOM,
Missionnaire apostolique.

Comme vous le voyez, chers camarades, votre ancien frère d'armes a conservé le cœur et l'esprit français en Chine. L'esprit et le cœur du soldat français constituent une propriété inaliénable dont la gloire depuis quatorze siècles a pris l'affermage. A l'abri des sinistres politiques et des cataclysmes révolutionnaires qui ont effacé tant de nations sur la carte géographique du monde, cette propriété est garantie par une société d'assurances formée au ciel sous le patronage de saint Louis, roi de France.

VINGT-UNIÈME VEILLÉE.

Le 25 juillet 1809 et 1842.

I.

Le 6 juillet 1809, trois cent mille guerriers et onze cents pièces de canon se trouvèrent en présence dans la plaine de Wagram : les aigles de la France et de l'Autriche, engagées dans une lutte suprême, allaient se livrer un combat décisif sous le commandement de deux capitaines auxquels la gloire avait depuis longtemps conféré le baptême des héros. Du côté de la France l'empereur Napoléon!... du côté de l'Autriche l'archiduc Charles.

Le soleil brillait radieux sur les casques étincelants et sur les aigrettes flottantes des braves qui, le front serein et le cœur joyeux, en grande tenue, parés comme les victimes réservées aux sacrifices antiques, se préparaient gaiement à la plus grande bataille des temps modernes. Après une nuit d'orage illuminée par les éclairs du ciel et par les feux d'une formidable artillerie, — une brise douce jouait à travers les épis et les bluets d'une riche récolte, que la faucille des moissonneurs, remplacée hélas! par la faux de la mort, ne devait point toucher.

Que de pensées diverses ces champs de blés, foulés aux pieds des hommes et des chevaux, durent inspirer aux cœurs de vos aînés en gloire, chers camarades! Que de souvenirs franchissant l'espace se reportèrent tout à coup au village, au foyer paternel, qu'un si grand nombre d'entre eux ne devait plus revoir!.. Que de mélancoliques et mystérieuses images défilèrent alors devant leurs yeux : — celle d'une mère à genou devant un rameau béni et priant pour son fils ; celle d'une jeune sœur, jouant insoucieuse parmi les fleurs du petit jardin modestement encadré par une bordure d'églantiers; celle d'une fiancée, peut-être pâle et rêveuse sous les saules ; — mais, au-dessus de toutes ces figures, l'image de la France, haute et debout, le front ceint de lauriers, dominant de toute la puissance du patriotisme les souvenirs, les espérances, les regrets.

Comme vous, chers camarades, si demain la patrie faisait appel à votre héroïsme, les vétérans d'Austerlitz étaient prêts à faire le sacrifice de leur vie, voilà pourquoi sur cette vaste plaine, de trois lieues de longueur, et que l'épée, stylet sanglant des batailles, doit enregister dans l'histoire sous le nom de Wagram ; voilà pourquoi les soldats de la France attendent fièrement, mais avec calme, le signal du combat.

Le signal ne se fit pas attendre. La plaine de Wagram disparut bientôt dans une vaste atmosphère de flamme et de fumée ; le sol trembla sous les charges de la cavalerie. — Et onze cents bouches à feu vomirent la mitraille et la mort.

Sous les drapeaux de la France et sous le regard de Napoléon embrassant de son œil d'aigle cette grande scène, Oudinot, Masséna, Davoust, Bernadotte, Molitor, Saint-Cyr, Lauriston, Macdonald, Friant, Bessières, Lassalles, Marulaz, font des prodiges de valeur et s'avancent résolûment avec leurs troupes à travers une pluie de fer, sur des chemins où les blés embrasés par l'éclat des obus présentent à chaque pas des laves menaçantes. Sous les étendards de l'Autriche et sous le regard de l'archiduc Charles demandant à son génie les soudaines inspirations qui sauvent les empires, le prince de Liechtenstein, Kollovrath, Klenau, Rovenberg, Bellegarde, d'Aspre, Hesse-Hombourg Rouvroy, Nordmann, Notzen, rivalisent de bravoure et résistent avec l'énergie du désespoir. De part et d'autre on songe moins à s'emparer de drapeaux, à enlever des prisonniers, qu'à vaincre ou à mourir. Sur tous les points où le canon tonne, où la cavalerie s'ébranle, où les carrés se forment, où les colonnes se déploient, le combat prend les proportions d'un immense carnage. Quarante mille morts ou blessés couvrent le champ de bataille.

A trois heures, l'archiduc Charles, convaincu que ses troupes ne pourront tenir davantage devant l'élan irrésistible des Français et craignant de perdre la route de la Moravie, se décide à donner l'ordre de la retraite. A quatre heures, après une lutte acharnée de douze heures, le Dieu des armées avait ajouté un feuillet de plus à l'histoire militaire de la France.

. . . .

Après ce préambule, chers camarades, et sans autre transition, suivons ensemble, par la pensée, l'armée victorieuse sur la route de Hollabrünne; dirigeons-nous avec elle vers Znaym. Nous sommes dans les plus grands jours de l'année, le 25 juillet; la chaleur est extrême, le ciel n'a pas une brise à donner aux braves dont la poitrine, altérée par le feu des combats, devient haletante; le pays, épuisé par de nombreux et d'incessants besoins, n'a point de vivres à offrir à la faim des vainqueurs; sur plusieurs points la victoire affamée s'est faite maraudeuse. Les forces des jeunes soldats, affaiblis par de longues marches, commencent à trahir leur courage... il ne faut rien moins que l'immense ascendant de Napoléon sur l'esprit de ses troupes, pour maintenir dans leur intégrité les lois de la discipline et de la soumission... Mais quel est ce jeune homme étendu le long de la route, sur le bord d'un fossé? C'est un enfant pour ainsi dire, car il n'a pas vingt ans, et la belle chevelure blonde dont les anneaux tombants feraient l'orgueil d'une mère, lui donnerait plutôt l'aspect d'une jeune fille que celui d'un soldat. Cependant, sur son front pâli avant le temps par l'étude, et brisé à cette heure par la souffrance, un œil observateur trouverait les lignes qui constituent les natures d'élite, et révèlent les intelligences marquées pour le bien. Il porte sur son uniforme le collet brodé des chirurgiens militaires; en effet, ce soldat est un disciple d'Hippocrate attaché à l'état-major de l'Empereur, et il n'a pas vingt ans! Il n'a pas vingt ans, et praticien zélé il a mis en pratique, sur le champ de bataille de Wagram, les savantes théories de l'école.

Avant d'avoir vécu pour ainsi dire, il a prolongé ou conservé de nombreuses existences. Cependant à cette heure, peu soucieux de la sienne, il invoque la mort, il l'appelle avec ardeur, car, pauvre enfant, harassé, mourant de faim, épuisé par les privations de toute nature, il ne sent plus ses forces au niveau de son grand cœur. « Je n'irai pas plus loin, » a-t-il dit en se plaçant sur le bord du fossé qu'il a choisi pour tombe, et recommandant son âme à Dieu, après avoir donné une pensée à sa mère, à son pays, il s'était arrangé de son mieux pour voir venir la mort si désirée ! — Il l'attendait depuis une heure, sourd à la voix des camarades qui lui jetaient en passant les uns un sarcasme, les autres un encouragement, tous une plaisanterie, lorsque tout à coup un homme dans la force de l'âge, d'une taille athlétique, entouré de plusieurs officiers supérieurs, et portant lui aussi le noble uniforme de chirurgien militaire, vint à passer à cheval sur la route où le pauvre jeune homme voulait mourir. Frappé par la beauté et la teinte sombre répandue sur le visage de son jeune confrère, inspiré peut-être par une mystérieuse sympathie, le chirurgien-major s'arrêta tout à coup, descendit de cheval, et prenant la main du pauvre enfant reconnut de suite les symptômes du profond découragement qui s'était emparé de son âme.

En praticien habile il comprit qu'il fallait rétablir les forces physiques pour opérer plus sûrement sur la faiblesse morale.

« Vous souffrez donc bien, mon enfant? lui dit-il.

— Oui.... car je sens que la vie m'abandonne.

— Vous avez faim peut-être?

— Je n'ai rien pris depuis vingt-quatre heures.

—A défaut de mieux, mangez lentement ces deux œufs durs. » Disant ainsi, l'habile praticien tira d'un petit sac qu'il portait en bandoulière, les seules provisions qui lui restaient, et les partagea généreusement avec le pauvre enfant. Lorsque celui-ci eut achevé ce frugal repas, le chirurgien lui présenta une gourde et lui fit boire à petits traits la valeur d'un petit verre d'excellente eau-de-vie.

« Eh bien ! mon ami, lui dit-il, comment allez-vous maintenant ?

— Je me sens mieux, docteur.

— Avez-vous toujours envie de rester sur le bord de ce fossé, comme une poule mouillée devant une mare à canards ?...

— Je suis si harassé, docteur !

— Fiction, mon brave ; quand on a passé le 6 juillet par Wagram, les lauriers ne fatiguent pas. D'ailleurs vous portez au collet de votre uniforme des insignes qui ne permettent jamais la faiblesse : quand on a comme nous l'honneur d'appartenir à l'armée par les plus saintes lois de l'humanité, on doit toujours montrer l'exemple de la fermeté..... Vous me paraissez un noble jeune homme ; levez-vous donc, reprenez courage, marchez, et croyez-moi, vous *ferez votre chemin.* »

Reconforté par ces paroles dont chaque mot avait une vibration sympathique, le jeune homme se leva et dit : « Maintenant je vous suivrai au bout du monde ; » puis, d'une voix ferme il s'écria : « Vive le docteur Larrey ! »

II.

Trente-trois ans plus tard, le lundi 25 juillet 1842, à 7 heures du matin, un médecin dont le nom cher aux Lyonnais, est devenu pour tous le synonyme de cœur et de talent, fut invité par le docteur Delocre, chirurgien principal et en chef de l'hôpital militaire de Lyon, à se rendre en toute hâte à l'hôtel de Provence où le baron Larrey, arrivé la veille dans un déplorable état de santé, inspirait les plus sérieuses inquiétudes. Le médecin convié s'empressa de se rendre auprès du patriarche de la chirurgie militaire. Il le trouva entouré de son digne fils (aujourd'hui chirurgien en chef du Val-de-Grâce), de messieurs les chirurgiens militaires Delocre, Poulain, Ducroquet et de M. le docteur Durand, médecin militaire.

Après avoir serré l'illustre main dont chaque pression, correspondant aux plus nobles pulsations du cœur, avait caché un bienfait, il lui dit : « Vous souvient-il du 25 juillet 1809 ?

— Il m'en souvient comme si j'y étais... c'était quelques jours après la bataille de Wagram...

— Ce jour-là, docteur, un pauvre jeune homme que l'amour de la gloire avait poussé dans les camps à l'âge qui réclame encore les soins du foyer paternel, se trouvait dévoré par la faim, harassé de fatigue, démoralisé par les privations, exposé entre le découragement qui précède parfois la mort, et le fossé des grandes routes qui souvent sert de tombe aux soldats démoralisés. Il voulait mourir quand la Providence lui envoya un de ses plus nobles interprètes sur la terre : celui-ci, touché sans doute par le muet désespoir de l'adolescent, prit en pitié sa jeunesse, il lui adressa de consolantes paroles, il releva son courage de même qu'il avait fortifié sa faiblesse, il le grandit à ses propres yeux, en un mot il lui sauva la vie.

— Cet homme-là n'a fait que son devoir, dit le docteur Larrey.

— Comme il le remplissait chaque jour, reprit le visiteur, c'est-à-dire avec le dévouement le plus absolu, avec le plus généreux désintéressement, sous les yeux de l'armée qui l'adorait, sous le regard de l'Empereur qui l'admirait.

— Comment s'appelait cet homme?

— Le baron Larrey.

— Et le jeune homme qui voulait mourir, comment se nommait-il?

— Polinière.

— Polinière ! s'écria Larrey, je me réjouis d'avoir ce jour-là conservé à la science et à l'humanité un cœur d'élite. Je voudrais le revoir puisqu'il habite Lyon.

— Il est devant vous... heureux et fier de pouvoir presser dans la sienne la main de son bienfaiteur... »

Le baron Larrey répliqua par une muette, mais sympathique pression de main.

La situation de l'illustre chirurgien en chef des armées impériales était des plus graves ; le baron de Polinière, frappé de l'altération profonde de ses traits, de la torpeur de ses facultés intellectuelles, de son état général de prostration et d'anxiété, comprit qu'il n'y avait pas une minute à perdre. Aux docteurs réunis immédiatement en consultation dans une pièce voisine, M. Hippolyte Larrey fit un exposé lucide et circonstancié de toutes les phases de la maladie de son père, maladie complexe qui avait atteint son vingt-cinquième jour. Invité par ses collègues à donner son opinion, le baron de Polinière ne put déguiser les craintes qu'il éprouvait, et cette opinion était conforme à celle de ses confrères. Seul, M. Hippolyte Larrey, soutenu par l'espoir qui n'abandonne jamais un sentiment d'amour filial, se refusait à admettre dans toute son étendue un cruel pronostic. Ce fut au milieu de ces sinistres angoisses qu'un coup inattendu et fatal, précurseur de celui qui devait bientôt lui succéder, vint le frapper... Il apprit subitement et sans préparation la nouvelle de la mort de sa mère.

Dans cet état de choses, le docteur baron de Polinière, moins empressé de s'acquitter de la dette de reconnaissance qu'il avait contractée trente-trois ans plus tôt envers l'illustre malade, que, jaloux de remplir un des plus saints devoirs de la science médicale, celui de recourir à la religion quand l'art est impuissant, et de sauver l'âme lorsque le corps est condamné, émit la pensée d'appeler un prêtre. Cette ouverture, favorablement accueillie par ses collègues, notamment par M. Delocre, ne trouva une ombre d'opposition qu'auprès de M. Hippolyte Larrey.

« Loin de moi, dit ce brave jeune homme, la pen-
« sée d'éloigner du lit de mon père les secours
« d'une religion que j'ai toujours aimée et respectée,
« mais ne craignez-vous pas, messieurs, que la vue
« d'un prêtre ne soit fatale à mon père non préparé
« à le recevoir ? »

M. le docteur baron de Polinière réfuta cette opinion et parvint à faire prévaloir la sienne en acceptant les conséquences d'une démarche dont il revendiquait toute la responsabilité. Ayant sur ce point son entière liberté d'action, le baron de Polinière rentrant dans la chambre du malade, lui dit sans préambule : « Monsieur le baron, les chefs de service de l'hôpital militaire m'ont chargé de vous demander une faveur.

— Laquelle, docteur?

— Celle de pouvoir vous présenter leurs hommages.

— Je suis trop souffrant pour les recevoir en ce moment; nous verrons demain...

— Il en est un parmi eux que ce retard affligera, monsieur le baron, car il est pressé et il prétend qu'il a des droits pour être reçu de suite.

— Quel est-il?

— Un brave et digne ami du soldat qui a fait la campagne d'Afrique, un docteur qui, comme vous, a pansé les mourants sur les champs de bataille, qui a disputé les blessés aux balles et aux boulets, qui les a soulagés et guéris avec son scalpel infaillible, la croix! cet homme est l'abbé Sève, l'aumônier de cet hôpital.

— Je souffre bien, répondit le baron Larrey, puis d'une voix affaiblie il ajouta : N'importe, qu'il vienne.

— Merci pour lui, s'écria le docteur, baron de Polinière. » Et quelques minutes après, il lui présenta l'abbé Sève, qu'à sa prière le docteur Ducroquet avait fait prévenir.

« Soyez le bienvenu, monsieur l'abbé, dit le malade en lui tendant la main, je suis heureux de vous voir, car vous êtes un brave et digne prêtre, un véritable ami du soldat. »

Ainsi que le baron de Polinière, l'abbé Sève reconnut, à l'altération des traits du malade, qu'il n'y avait pas un instant à perdre.

« Nous parlerons de l'Afrique quand je serai mieux, » reprit le docteur Larrey. Puis, après un moment de silence, pendant lequel le prêtre s'était recueilli pour demander à Dieu une de ces paroles qui pénètrent et touchent les cœurs, il s'écria : « Oh ! que je souffre ! » La voie était ouverte, l'abbé Sève s'y engagea aussitôt en proposant au moribond un soulagement certain à ses souffrances.

« Quel est-il ? demanda vivement le baron Larrey.

— Celui auquel l'empereur Napoléon recourut à Sainte-Hélène... la religion !

— La religion est une bonne et sainte chose que j'ai toujours respectée.

— Lorsqu'elle eut béni Napoléon, répliqua l'abbé, le grand capitaine, sanctifié par les sacrements de l'Église, éprouva un bien-être de corps et d'esprit tel que, se tournant vers l'un des compagnons de son exil, il lui dit : « Général Montholon, je vous souhaite un jour, lorsque, comme moi, vous serez prêt à paraître devant Dieu, je vous souhaite un pareil bonheur... »

— Je connaissais ce trait, monsieur l'abbé.

— Eh bien ! faites comme l'Empereur, monsieur le baron... la confession ne tue jamais, elle guérit souvent. » L'illustre malade inclina sa tête en signe de consentement, et commença la confession d'une vie mûre pour le ciel.

« Vous aviez raison, monsieur l'abbé, dit-il après avoir reçu l'absolution qui donne la vie éternelle, vous aviez raison comme l'Empereur l'avait à Sainte-Hélène, dans une situation analogue à la mienne : les consolations de la religion font toujours du bien. »

L'abbé Sève l'entretint quelque temps encore des joies célestes, et l'engagea, en attendant son prompt retour, à s'entretenir avec Dieu qui nous a tous créés immortels : le baron Larrey accompagna d'un sourire doux comme une prière de prédestiné une légère inclinaison de tête et prononça cette parole de toute éternité vraie : « Dieu *est bon*.

— Oui, Dieu est bon, répliqua l'abbé Sève, les yeux pleins de larmes, oui, Dieu est bon, et il sera bon pour vous, qui avez été si admirablement bon pour tous pendant toute votre vie. »

Une heure s'était à peine écoulée que le digne aumônier revint auprès du baron Larrey, qu'il trouva mieux.

En effet, sous l'influence de la médication largement révulsive à la peau et des potions expectorantes sous l'influence, surtout de la paix de l'âme, réconciliée avec l'Auteur de toutes choses, une légère amélioration s'était manifestée dans l'état du malade. L'abbé Sève profita de cette rémission des symptômes pour donner la dernière onction des chrétiens à l'homme de bien qui pouvait désormais se présenter sans peur et sans reproche au souverain Juge.

A quatre heures trois quarts, le baron Larrey, les yeux éteints mais la voix forte encore, appela son fils qui fondait en larmes, et demanda une tasse de bouillon dont il but une partie... les forces vitales baissaient considérablement; l'abbé Sève assisté des docteurs Delocre, Boissat (de Vienne) et de M. Hippolyte Larrey, dont la piété filiale en ce moment suprême fut sublime, commença les prières des agonisants.

A cinq heures le baron Larrey appela de nouveau son fils, qui ne l'avait point quitté, mais qu'il ne voyait plus; à cinq heures quelques minutes il s'écria à plusieurs reprises : « oh, mon Dieu! oh, mon Dieu! » puis sans convulsion, il rendit doucement son âme à Dieu qu'il invoquait.

Le baron de Polinière, religieusement incliné sur sa dépouille mortelle, lui baisa la main... Ses yeux étaient humides, son front portait l'empreinte d'une immense douleur, mais trouvant dans l'accomplissement d'un pieux devoir les consolations que seule la religion peut donner, il adressa à l'illustre mort ces paroles qui, sans doute, lui parvinrent au ciel :

« Il y a trente trois ans que vous m'avez sauvé la vie, aujourd'hui j'ai sauvé votre âme.

Béni soit Dieu ! »

III.

Pieuse fut la mort du baron Larrey, chrétiennes furent ses funérailles. Le procès-verbal de l'embaumement, placé dans un tube de verre hermétiquement fermé et déposé dans la bière en plomb, constate que le chirurgien en chef des armées impériales est mort muni des sacrements de l'Eglise. « Un jour, dit le digne prêtre qui les lui a administrés, dans un avenir éloigné, si l'on ouvre cette tombe, ne sera-t-on pas édifié du soin que l'on eut au XIXe siècle d'apprendre à la postérité que l'illustre mort est décédé en chrétien ? »

L'on aurait dû y joindre, sur parchemin, en guise d'oraison funèbre, ces paroles prononcées à Sainte-Hélène par l'Empereur :

« Le baron Larrey est l'homme le plus vertueux que j'aie rencontré ; un constant et héroïque ami du soldat, vigilant, toujours sur pied, toujours soignant les blessés, les visitant, les consolant. J'ai vu Larrey sur le champ de bataille, suivi de ses jeunes chirurgiens, chercher sans relâche un signe d'animation dans les corps étendus sur la terre.

« Larrey bravait tout : les froids, les pluies, les soleils. Il ne dormait jamais après le combat, au milieu des plaintes des blessés ; avec lui, les généraux ne pouvaient jamais abandonner leurs malades. Il fallait qu'ils lui fissent remettre exactement les fournitures que réclamait l'entretien des ambulances. Sans cela, cet homme, que nombre d'officiers supérieurs redoutaient, serait venu à moi se plaindre et en leur présence ; il ne faisait la cour à personne et haïssait les fournisseurs. »

. . . .

Les nombreux visiteurs qui vont chaque jour dans le cabinet du docteur baron de Polinière, les uns pour voir un excellent ami, les autres pour consulter un habile praticien, peuvent voir, dans un cadre en bois de couleur, une mèche de cheveux gris, un ruban multicolore et une épingle de chemise. La mèche de cheveux a été coupée sur le front du baron Larrey, le ruban a été détaché de son dernier habit et l'épingle est la dernière dont il se soit servi. Le docteur baron de Polinière conserve avec vénération ces touchants souvenirs, qui lui ont été offerts par le fils de l'illustre défunt. Le culte des grands hommes, sanctifiés à leur mort par la religion, possède aussi ses reliques.

VINGT-DEUXIÈME VEILLÉE.

Le capitaine Ricard.

I.

Dans les souvenirs très-intéressants d'un aumônier, publiés en 1852 par un prêtre qui, sous sa soutane, porte noblement un cœur de soldat, l'abbé Sève, a fait un article remarquable sur le serment. Son esprit, inspiré par de saintes et courageuses convictions, lui a fourni, à ce sujet, d'éloquentes pages qui ont réveillé dans le nôtre la mémoire d'un fait non moins éloquent par lui-même, et qui sera le sujet de cette Veillée.

Vous le savez, chers camarades, trois mille officiers, fidèles à la foi jurée, brisèrent leur épée, en 1830, et portèrent fièrement le deuil d'une illustre monarchie jetée sur le chemin de l'exil. Parmi ces braves, Frédéric Ricard, n'ayant pour toute fortune que sa cape et son sabre de capitaine de cavalerie, n'hésita pas un instant à en faire le sacrifice au drapeau de Marignan et de Fontenoy. Alors, le cœur libre et la bourse légère, mais satisfait d'avoir dignement rempli son devoir, il se mit en route pour le Vigan.

Avant d'aller chercher sur la terre étrangère une assurance contre les éventualités de l'avenir, il voulut revoir une fois encore le pays qui lui avait donné le jour.

Ceux d'entre vous qui l'ont connu, chers camarades, doivent se rappeler que notre brillant capitaine était d'une taille moyenne, mais bien prise, ses épaules carrées portaient l'indice de la force, de même que les lignes accentuées de son front révélaient une force de volonté peu commune. D'un caractère impétueux, mais cependant, à l'occasion, assez maître de lui-même pour opposer victorieusement le sang-froid aux emportements qui constituent les natures méridionales, le capitaine Ricard possédait d'instinct le sentiment des choses justes et saintes : il avait un bras de fer, mais un cœur d'or; il était fort comme un lion, mais doux comme un mouton, seulement, c'était un mouton qui aurait brisé avec ses dents les ciseaux qui auraient voulu lui tondre la laine sur le dos.

Surpris par la révolution de Juillet à Provins, où son régiment tenait garnison, il traversa une partie de la France, évitant volontiers les grandes routes, pour ne point voir et pour ne point entendre des choses qui rappelaient les plus mauvais jours de la première révolution. Il tournait avec soin les grands centres, pour ne point exposer à l'insulte la redingote bleue, dont la coupe militaire produisait en ce temps-là, sur les masses révolutionnées, l'effet du drapeau rouge sur les taureaux indomptés de la Camargue.

Il dut cependant passer à Avignon, la patrie bien-aimée de Laure de Noves et du mistral. Cette ville, quoique protégée par le bon sens de sa population, était dans une vive effervescence ; ce ne fut pas sans difficulté que le capitaine Ricard, traversant les groupes rassemblés devant la porte de Loule, put gagner l'hôtel du Palais-Royal, qui n'était point alors ce qu'il est devenu depuis, sous l'habile direction de la gracieuse madame Crémieu, le premier hôtel d'Avignon.

Sept ou huit jeunes gens, que l'œil exercé du capitaine reconnut de suite pour des commis-voyageurs, se trouvaient réunis devant une table chargée de verres de différentes sortes et de bouteilles de différentes couleurs. A la vue du nouveau-venu, hermétiquement enfermé dans sa longue redingote bleue, boutonnée militairement jusqu'au cou, les joyeux convives se firent simultanément un signe d'intelligence, qu'un disciple de feu M. l'abbé de l'Épée aurait traduit par ces mots : *Voilà un ultra.*

A cette époque l'*ultra* et le *jésuite* étaient les deux grands chevaux de bataille que les libéraux enfourchaient chaque jour pour attaquer les pékins qui ne savaient point par cœur les poésies plus que légères de Béranger, et les prêtres qui méconnaissaient leurs devoirs au point de recommander le respect dû aux lois et à l'autorité.

Le capitaine prit place à une table vacante et demanda un verre d'absinthe pour préparer, selon son habitude, les voies digestives du dîner. « De l'absinthe, fit à voix basse l'un des commis-voyageurs, une liqueur verte ! nous ne nous sommes pas trompés, c'est un carliste ; qui sait ? un ex-ministre déguisé, Polignac peut-être ? si nous l'arrêtions ? » Pendant ce temps le capitaine, en butte à ces diverses suppositions, distillait lentement la liqueur demandée. De leur côté les commis-voyageurs en vin, accoutumés à faire par métier une grande consommation d'esprit, se concertant, avaient arrêté vis-à-vis du nouveau-venu un système de vexation qu'ils mirent aussitôt à exécution en entonnant ce chœur :

> En avant, marchons
> Contre leurs canons,

A travers le fer, le feu des bataillons ;
Courons à la victoire.

A chaque couplet les chanteurs regardant de travers le capitaine, ajoutaient cette variante oubliée par M. Casimir Delavigne : *Vive la liberté! à bas les jésuites! mort aux carlistes!* Le capitaine était impassible. Encouragés par son silence, attribuant peut-être sa réserve à un sentiment de crainte, les voyageurs en liquide redoublèrent d'audace; les allusions mêmes devinrent si directes que le capitaine résolut d'y mettre un terme : la laine de l'agneau se changeait sous l'insulte en crinière de lion. Frédéric Ricard, le front pâle de colère, mais calme et sûr comme un homme qui a le sentiment de sa force et de son droit, se leva de table et se dirigea lentement vers celui des insulteurs qui paraissait le chef de file ; « Monsieur, lui dit-il en le frappant de la main droite sur l'épaule, je ne suppose pas que vous ayez l'intention de m'insulter, car vous êtes là huit contre un; je vous crois trop bons Français pour vous supposer des lâches... Quoi qu'il en soit, messieurs, vous me permettrez de vous faire observer que des gens bien élevés et qui se respectent, doivent des égards aux personnes que le hasard a réunies sous le même toit : or, comme vos chants me fatiguent, et que nous ne sommes ici ni au théâtre ni dans la rue, vous m'obligerez infiniment de les interrompre.

— Monsieur, lui répondit avec aigreur le chef de file, une voix de ténor fêlée comme la bassinoire de la reine Berthe, nous sommes désolés de ne pouvoir vous être agréables sur ce point; nous ne sommes ni au théâtre ni dans la rue, c'est vrai; mais nous nous trouvons dans un endroit public, où chacun en payant a le droit de faire ce qu'il veut... Nous chantons, dansez si cela vous convient.

— C'est parfaitement juste, répliqua Frédéric Ricard : alors chacun pour soi et Dieu pour tous ; » puis retournant à sa place il acheva son verre d'absinthe, sonna le garçon, et pria qu'on lui servît à dîner. C'était un vendredi, jour d'abstinence.

— « Je suis certain, dit un des commis-voyageurs de manière à être entendu, que le jésuite en redingote bleue va faire maigre.

— Ce sera drôle à voir, ajouta son voisin.

— Nous allons rire, » fit le chef de file, et donnant un nouveau signal, il entonna une chanson ignoble, fort appréciée du répertoire voltairien.

Dans ce moment un orgue de Barbarie jouait sur la place de Loule l'ouverture de Gulistan. Ricard, approchant ses lèvres de l'oreille du garçon de salle qui mettait son couvert, lui dit à voix basse : « Allez-moi chercher l'orgue qui joue sous ces fenêtres, amenez-le de suite ici ; voilà cinq francs que vous partagerez avec lui.

— Il suffit, monsieur, fit le garçon ; vous allez être servi.

— Nous allons rire, » reprit le facétieux voyageur, en pensant au dîner maigre qu'il s'apprêtait à bafouer.

Au même instant le joueur d'orgue, le front rayonnant de joie, fit son entrée dans la salle, et, tournant la manivelle de son instrument, il joua les premières mesures d'un chœur de la *Dame blanche*.

« Veux-tu bien te sauver, gredin ! s'écrièrent les chanteurs, interrompus au plus beau moment de leur chanson.

— Restez, répliqua le capitaine d'une voix habituée au commandement. Et il ajouta : Messieurs, je déteste la musique vocale sans accompagnement ; en revanche j'adore l'harmonie : passez-moi mon petit orgue, je vous passerai vos chansons.

— Mais, monsieur, nous ne sommes pas ici dans la rue.

— J'en conviens ; mais nous sommes dans un endroit public, où chacun en payant a le droit de faire ce qu'il veut. »

La réponse resta sans réplique ; les réclamants devaient supporter les conséquences de la loi qu'ils avaient faite. Ils reprirent, sur un diapason plus élevé, leurs chants interrompus ; mais le son criard de l'orgue, jouant sur les cordes hautes la *Marche des Tartares,* domina et confondit tellement les voix qu'à la suite d'une longue cacophonie l'instrument de Barbarie resta maître du champ de bataille. Non satisfait de cette première victoire, le capitaine, se tournant vers les dilletanti, dont le feu éteint menaçait de se rallumer par un refrain anti-religieux de Béranger, « Messieurs, leur demanda-t-il, aimez-vous les duos? Vous ne répondez pas, qui ne dit mot consent ; alors nous allons vous régaler d'un morceau d'ensemble qui vous donnera la chair de poule. » A ces mots, avisant dans un coin de la salle la caisse du crieur public, il s'en empara, donna un nouveau signal au joueur d'orgue, et tous deux ils exécutèrent à contre-temps, sur l'air de la *belle Arsène,* un vacarme infernal, un véritable charivari. En moins de cinq minutes Ricard avait obtenu un succès tel qu'en adversaire généreux, qui ne veut pas abuser de la victoire, il congédia le joueur d'orgue et son instrument.

Les commis-voyageurs, battus sur leur propre terrain, attendaient l'occasion de prendre leur revanche. Elle se présenta au moment même qu'ils craignaient de la voir échapper ; en effet, ils avaient préparé leurs batteries contre le dîner maigre de leur adversaire ; quelle ne fut donc pas leur surprise lorsqu'ils virent un menu complétement servi en gras! « Nous serions-nous trompés? dirent-ils, en se regardant d'un air mystifié.

— Nous sommes *volés*, fit le chef de file, en voyant le capitaine attaquer d'un vigoureux coup de fourchette une volaille magnifiquement rôtie.

— Je donnerais bien trois francs dix sous, ajouta l'un de ces compagnons, dont la rouge trogne prononcée dénonçait les instincts bachiques, je donnerais même cent sous au garçon pour voir *l'oiseau* se changer en *carpe*... »

Blessé au vif par ce désir qui cachait une provocation, Ricard repoussa l'aile succulente qui parfumait son assiette, et rappelant le garçon il lui dit :

« Enlevez-moi cette volaille.

— Ne serait-elle point cuite à point?

— Elle me semble parfaite au contraire.

— Alors, pourquoi monsieur la refuse-t-il?

— Parce que probablement elle ne me convient pas. »

Les commmis-voyageurs, les yeux fixés sur les deux interlocuteurs, attendaient avec anxiété l'issue de cette scène; l'officier reprit :

« Quel jour avons-nous aujourd'hui?

— Vendredi, monsieur.

— En êtes-vous bien sûr?

— Parfaitement sûr...

— Dans ce cas remplacez-moi cet *oiseau* par une carpe.

— Ainsi monsieur veut-être servi en maigre?

— Oui, mon ami.

— Il suffit.

— Bon, nous allons rire, firent les commis-voyageurs en se frottant les mains; nous avons perdu la première manche, à nous la seconde.»

Ainsi qu'il l'avait demandé, l'officier fut complétement servi en maigre. La carpe, comme vous le pensez bien, chers camarades, reçut à son entrée les honneurs de l'ovation. Nous vous ferons grâce des sarcasmes et des quolibets dont les chanteurs voltairiens assaisonnèrent le menu offert au capitaine; celui-ci, calme et impassible comme un vieux troupier au feu, ne perdit pas un coup de fourchette. Il était superbe à voir, opposant le silence du mépris aux sottes plaisanteries inventées par la haine contre les prêtres et contre la religion; plus les insultes étaient directement lancées contre lui, moins elles semblaient l'atteindre.

« Décidément le saint homme a fait vœu de patience, disait l'un.

— C'est une raison pour qu'on ne lui en serve point au dessert.

— Je parie, disait l'autre, qu'il porte un cilice sous sa redingote.

— Il se donne les allures d'un soldat, ajoutait celui-là, et il n'a jamais servi que la messe.

— Sa main, répliquait celui-ci, est plus habituée au goupillon qu'à l'épée.

— Parbleu! je le reconnais, fit en poussant un gros éclat de rire, un convive qui jusque-là s'était maintenu dans un prudent silence; il était à côté de M. Dupin à la procession de Saint-Germain-l'Auxerrois, et comme lui il portait benoîtement un cierge.

— Garçon! s'écria le capitaine.

— Monsieur!

— Servez-moi le café.

— Oui, monsieur.

— Garçon, s'écria de son côté celui qui décidément tenait le dé de la provocation, n'oubliez pas le petit verre d'eau... bénite.

— Bravissimo, bien touché, » s'écrièrent à la fois tous les insulteurs enthousiasmés par ce trait qu'ils considérèrent comme le coup de grâce.

Le capitaine dégusta lentement sa tasse de moka, puis, quand il eut bu la dernière goutte de cognac que le garçon lui avait versé, il se leva de table aussi calme que s'il se fût trouvé à jeun; cependant deux bouteilles vides gisaient devant lui.

« Enfin, dit le chef de file, nous avons la seconde manche.

— Voyons, à qui la belle, répliqua l'officier, et toisant des pieds à la tête la haute taille de son facétieux adversaire, il lui demanda :

— Comment vous appelez-vous, monsieur?

— Chameron François-Joseph.

— Monsieur Joseph-François Chameron, de quel pays êtes-vous?

— D'un pays où la graine de jésuite n'a pas de racines.

— Dans quelle religion avez-vous été élevé?

— Dans la religion catholique... mais vous, monsieur, à votre tour, comment vous nomme-t-on?

— Frédéric Ricard, pour vous servir.

— Quel est votre pays?

— Un pays où toutes les convictions sont respectées quand elles sont consciencieuses.

— De quelle religion êtes-vous?

— Je suis huguenot... monsieur.

— Huguenot! s'écria le commis-voyageur complétement dévoyé, huguenot! pourquoi donc faites-vous maigre le vendredi?

— Pour donner, en matière religieuse, des leçons de tolérance aux prétendus patriotes ; pour donner, en fait de convenance, des leçons de politesse aux impertinents.... Monsieur Joseph-François Chameron, vous êtes un drôle.

— Monsieur!

— Monsieur Chameron, François-Joseph, et vous messieurs, qui depuis une heure insultez un homme qui ne vous a point provoqué, vous êtes tous des lâches... »

Les commis-voyageurs, foudroyés par cette sanglante épithète et par le regard étincelant de l'officier, gardèrent le silence. L'officier reprit :

« Parmi vous tous, spadassins de l'insulte, il n'y en aura donc pas un seul qui trouvera dans sa poitrine un cœur d'homme pour m'offrir la réparation que je demande...

— Assez, monsieur ! s'écria l'un des insulteurs, à son tour piqué au vif... Quelles sont vos armes?

— Les vôtres seront les miennes.

— Votre heure?

— Celle qui va sonner sera la meilleure.

— Eh bien, partons.

— Je suis à vos ordres; mais avant vous avez un compte à régler, reprit le capitaine en s'adressant à celui des voyageurs dont le visage, orné de la rouge-trogne, aurait fait envie à feu Grégoire.

— Lequel?

— Celui que vous devez à ce garçon.

— A François ?

— Qui pour cent sous a exaucé vos vœux en

transformant en CARPE *l'oiseau* que l'on m'avait servi.

— Ah ! je l'avais oublié, s'écria le voyageur, et d'assez bonne grâce il remit une pièce de 5 francs à François.

— Maintenant partons dit le capitaine. »

. . . .

Un instant après, les deux adversaires se trouvèrent en présence et l'épée à la main dans l'île de la Bartelasse.

« Monsieur, dit l'officier, en désarmant le commis-voyageur à la première passe, quand on ne sait pas mieux tenir une épée, il faut savoir retenir sa langue ; vous avez encore besoin de cinq ans de salle. Allez. »

II.

Cinq années se sont écoulées depuis la scène que nous venons de vous conter, chers camarades, années pleines d'événements plus ou moins bizarres, plus ou moins dramatiques. Frédéric Ricard, le principal personnage de cette histoire, les a traversées avec le stoïcisme qui caractérise l'homme fort. Du Vigan, où il s'était rendu immédiatement après son duel pour y vendre un petit coin de terre et réaliser ainsi quelques fonds, il était reparti pour chercher la fortune sur les grandes routes ouvertes à son ambition. Un instant il crut la trouver en Portugal, sous le drapeau de don Miguel, qui venait de rallier une partie de la brillante jeunesse qui, pour rester fidèle au sien, avait, comme nous vous l'avons dit, brisé son épée en France. Vaine espérance! le courage de l'héroïsme ne suffit pas toujours pour fixer la capricieuse déesse, même sur un champ de bataille. Grièvement blessé à Santarem aux côtés du marquis de Larochejacquelein, mortellement blessé lui-même, il échappa comme par miracle aux représailles du parti contraire.

Guéri de sa blessure, il renonça au noble métier des armes, et revint en France chercher une position nouvelle. Alors il devint tour à tour avocat sans cause, médecin sans malade, avocat consultant sans consultation; il essaya de tout et ne réussit à rien; il serait mort de misère et de faim si l'un de ses anciens camarades de régiment, officier démissionnaire comme lui et retiré dans ses riches vignobles de la Gironde, ne lui avait offert une place dans l'exploitation de ses riches produits. Bizarrerie des choses humaines! le brillant officier de cavalerie est devenu commis-voyageur en vin de Bordeaux. Il se consola de cette métamorphose en pensant, bon royaliste, que le bordeaux était le *roi* des vins. Or, comme il était actif, intelligent, zélé, il se mit rapidement au fait de sa nouvelle position, et se distingua bientôt entre tous ses confrères par une clientèle d'élite qu'il sut créer et par les qualités requises pour faire un bon voyageur de commerce.

La nature de ses affaires l'appelait souvent dans la partie de la province où s'est passée la première scène de cette histoire ; il séjournait même plusieurs fois chaque année à Avignon. Un jour qu'il se rendait dans cette ville, il rencontra pour compagnon de voyage, dans la diligence de Marseille, un prêtre dont la physionomie pleine de franchise et la conversation intéressante provoquèrent de suite ses sympathies. Dès le premier relai, les deux voyageurs étaient sur le pied d'une intimité qui n'existe plus en voyage depuis que les chevaux ont été détrônés par le système de la vapeur. La locomotion a gagné aujourd'hui en rapidité ce qu'elle a perdu en agrément. Aussi ne voyage-t-on plus de nos jours, on se déplace : l'on va plus facilement de Lyon à Paris que l'on n'allait autrefois de Paris à Saint-Germain. Les charges des notaires ont dû perdre considérablement à cette invention nouvelle. La nécessité, je vous le demande, de faire son testament quand le point de l'arrivée n'est séparé de celui du départ que par un simple trait-d'union ? Nos deux voyageurs faisaient ces réflexions au sujet du chemin de fer établi à cette époque dans le département de la Loire, lorsque la diligence s'arrêta devant la porte de Loule : ils étaient arrivés à Avignon.

« A quel hôtel descendez-vous? demanda l'ecclésiastique au voyageur de commerce.

— Au Palais-Royal, répliqua celui-ci ; c'est le meilleur hôtel de la ville, je pourrais dire du pays, car il est impossible de trouver une hôtesse plus gracieuse, plus prévenante que madame Crémieu. Je ne vous parle pas de la table, qui de jalousie ferait trépasser de nouveau le cuisinier de Lucullus, si cet artiste culinaire pouvait ressusciter aujourd'hui : de même que la table, les lits sont excellents, et ce qui n'est pas à dédaigner, les prix sont fort modérés.

— Si vous le permettez, répliqua l'ecclésiastique, je descendrai au même hôtel que vous.

— Nous ferons mieux encore, nous dînerons ensemble.

— J'allais vous en prier.

— A moins que..... reprit le voyageur laïque avec une réticence marquée... à moins que vous n'ayez de la répugnance à vous asseoir à table près d'un homme qui ne partage pas vos croyances en religion. Je suis protestant.

— Je suis prêtre catholique, monsieur, répliqua

l'ecclésiastique, c'est-à-dire votre frère; car tous les hommes, même ceux qui naissent dans l'erreur, sont les fils du même Dieu. A ce titre-là je vous aime, je vous estime; je vous aime davantage encore peut-être, puisque je dois vous plaindre de vivre en dehors de la vérité. Nous dînerons ensemble, monsieur, à moins que vous-même... et le prêtre à son tour s'arrêta sur plusieurs points de réticence... à moins qu'un repas maigre de vendredi ne vous fasse peur.

— Un dîner maigre ne m'a jamais effrayé, répliqua le protestant, et même j'en ai fait un excellent dans l'hôtel où nous descendons; il y a de cela bien des années; mais c'est une histoire que je vous conterai entre la poire et le fromage : peut-être alors me vaudra-t-elle votre estime, comme votre rencontre en diligence m'a valu une sympathie dont je m'honore. »

L'ecclésiastique répondit à ces paroles par un sourire dont l'expression singulière échappa à l'observation de son interlocuteur.

Ainsi que l'avait dit le voyageur de commerce, le dîner du Palais-Royal fut un véritable repas de famille. Ainsi qu'il l'avait promis, il conta l'histoire de son duel; et, ainsi qu'il l'avait désiré, il reçut en échange l'assurance d'une estime à laquelle, quoique protestant, il attachait un grand prix.

— Vous vous êtes noblement comporté dans votre duel, monsieur, lui dit le prêtre, et vous pouvez en être sûr, la leçon que, protestant, vous avez donnée à un mauvais catholique, aura porté ses fruits. Quoi qu'il en soit, le mauvais plaisant que vous avez si spirituellement corrigé aura dû bénir bien souvent votre nom, car vous pouviez le tuer, vous teniez ses jours, sa vie, au bout de votre épée : puisse-t-il de la vie que vous lui avez conservée faire un noble et saint usage ! L'avez-vous revu depuis ?

— Je ne l'ai jamais rencontré ; je le voudrais, cependant, en qualité de confrère, car, ainsi que lui, je voyage pour les vins.

— Alors, certainement vous le retrouverez un jour.

— Franchement, je le désire.

— Pour lui offrir sa revanche ?

— Pour lui offrir ma main.

— Très-bien ! monsieur, vous avez un noble cœur : nous nous reverrons, nous aussi, je l'espère, mais quoi qu'il advienne, vous aurez toujours une grande part à mes prières pour que.....

— Pour que, reprit le voyageur en riant, celui qui, à cette même table, a changé un jour une volaille en carpe, fasse un catholique d'un huguenot, voulez-vous dire, mon cher abbé... ce sera plus difficile?.. je vous en préviens.

— Rien n'est impossible à Dieu. »

. . . .

Les deux nouveaux amis se séparèrent après avoir échangé leurs cartes et s'être promis de se revoir à Paris, où l'un et l'autre étaient attendus : le prêtre pour prêcher le Carême, le voyageur pour visiter sa clientèle.

III.

A son passage à Lyon, Frédéric Ricard voulut monter à Notre-Dame-de-Fourvières pour admirer le magnifique panorama qui se déroule au pied de la sainte colline : le tableau que l'œil du voyageur contemple du haut de la terrasse du pieux pèlerinage est en effet magique. C'est d'abord la ville de Lyon, avec ses beaux quais, ses vieilles églises, ses ponts nombreux, ses deux fleuves et sa vaste place de Bellecour, ornée de la statue équestre de Louis-le-Grand; c'est ensuite la riche plaine du Dauphiné, semée d'élégantes villas, et partagée en deux par la longue route du Dauphiné; c'est enfin, sur le dernier plan, les Alpes dont le front couronné de neiges éternelles sert de baromètre aux habitants de la cité lyonnaise. Lorsque notre ex-officier de cavalerie eut longuement satisfait à son désir de curiosité il entra machinalement dans la sainte chapelle ; c'était un jour consacré à la Vierge, et il y avait grande foule au pied de l'autel réservé, d'où la céleste Mère du divin Rédempteur veille incessamment sur les enfants de sa ville bien-aimée. L'autel était paré de fleurs ; l'image de la Vierge immaculée, revêtue de ses vêtements d'or, rayonnait à travers l'éclat de mille bougies, et un vieux prêtre, le front ceint d'une couronne de cheveux blancs, racontait, du haut de la chaire sacrée, les louanges de Marie.

A ce nom, charmant *anagramme* du mot aimer, Ricard sentit pour la première fois remuer son âme ; pour la première fois peut-être, il comprit tout ce qu'il y avait de consolations, d'espérances, de poésies dans le culte de la mère de Dieu et pour la première fois, il osa secrètement, au fond de son âme, établir entre les deux religions, un point de comparaison qui ne fut pas à l'avantage de la sienne.

Il y avait tant de sérénité répandue sur le front calme des serviteurs de Marie ! tant d'ineffable douceur mêlée aux remuements de leurs lèvres ouvertes par la prière, qu'il ne put s'empêcher lui-même de prononcer un nom que sa mère ne lui avait point appris, un nom qui lui parut plus doux que le plus doux miel.

Le lendemain de ce jour-là, Ricard remonta à Notre-Dame-de-Fourvières, et comme la veille, il éprouva des émotions dont il ne put se rendre compte; la grâce commençait-elle à agir dans son âme? Nous l'ignorons; mais nous savons que, lorsqu'il partit de Lyon, il mit plusieurs fois la tête à la portière de la diligence pour revoir le petit clocher blanc, planté sur la pieuse colline comme un phare de miséricorde entre la terre et le ciel.

. . . .

III.

Dès son arrivée à Paris, l'ex-officier de hussards se rendit à la cure de Saint-Roch, où il devait trouver l'adresse du compagnon de voyage qu'il avait promis de revoir : en effet, on la lui indiqua; le prêtre était descendu à l'hôtel du Bon Lafontaine, rue Grenelle-Saint-Germain; Ricard prit une voiture de place et donna l'ordre au cocher de le conduire à l'hôtel indiqué.

L'ecclésiastique venait de sortir : Ricard s'informa de l'heure à laquelle il devait rentrer. « Fort tard, lui répondit-on, car il doit prêcher à six heures. » Ricard regarda sa montre, elle marquait cinq heures et demie.

— Sauriez-vous me dire, demanda-t-il, où je pourrais le trouver en ce moment?

— A la sacristie de Saint-Sulpice, sans doute...; mais il vous serait difficile de le voir avant la fin du discours qu'il va prononcer.

— Combien de temps ce discours peut-il durer ?

— Cela dépend : une heure peut-être, une heure et demie, deux heures même.

— Deux heures, c'est un peu long, fit Ricard ; n'importe, j'irai à Saint-Sulpice et j'attendrai.

L'orateur sacré venait de monter en chaire ; à l'animation de son geste et de sa voix, à l'énoncé de sa parole tombant de source de ses lèvres et de son cœur, on voyait qu'il était parfaitement pénétré de son sujet. Il avait pris pour thème cette proposition :

Divinité de la religion catholique prouvée par ses œuvres.

Ricard s'appuya contre l'angle d'un pilier et prêta l'oreille à un langage nouveau pour lui.

Après avoir esquissé à grands traits les premiers âges du christianisme, établis si merveilleusement par douze pauvres pêcheurs sur les ruines du vieux monde, l'orateur montra la croix, rayonnante dans les ténèbres du moyen âge, et répandant ses sublimes clartés sur le monde nouveau ; il passa en revue la phalange des docteurs, des philosophes et des saints, tendant une main généreuse à la civilisation ensevelie dans le linceul de la barbarie, et de l'autre relevant l'homme abruti par l'ignorance et l'esclavage : puis, suivant sur la route des siècles, ces sublimes bienfaiteurs de l'humanité, toujours invariables dans leur foi, toujours persévérant dans l'unité, ce caractère divin du catholicisme, il prouva avec une grande puissance de talent, dans une seconde partie, que la religion catholique seule, à la tête des arts et des sciences, avait eu l'initiative de toutes les grandes idées, qu'à elle seule revenait la gloire de l'amélioration des races, et le mérite des œuvres innombrables créées pour le soulagement de l'espèce humaine.

« Montrez-moi, dit-il, dans les mille rameaux dissidents de l'arbre luthérien, un seul fruit qui n'ait une origine catholique ; citez-moi dans le panthéon des grands hommes calvinistes un seul nom qui, prononcé par la charité, fasse écho à celui de saint Vincent-de-Paul ; montrez-moi sous la coiffe d'une quakeresse, un dévouement semblable à celui que l'univers admire sous le voile de nos admirables sœurs hospitalières, et seulement alors je concevrai que l'erreur puisse offrir à la vérité un parallèle entre le catholicisme et le protestantisme. »

Frédéric Ricard, à demi caché dans l'ombre du pilier, écoutait, avec la plus vive attention, l'argumentation brillante, logique, irréfutable de l'orateur. Passant, de son côté, en revue les luttes permanentes, les dissidences des mille sectes protestantes, scindées en autant de camps divers, il comprit que la vérité ne pouvait être qu'*une, invariable, immuable,* comme la divinité dont elle est l'essence ; il comprit enfin que la religion catholique seule possédait ce caractère d'unité, l'une des preuves de la divinité de l'Église romaine.

L'orateur termina son discours par une courte péroraison, démontrant la nécessité de se rattacher à la foi catholique pour mériter, non-seulement les félicités de l'autre monde, mais encore pour jouir, en celui-ci, de la paix de l'âme, qui est l'indice le plus certain du vrai bonheur.

L'éloquent prédicateur descendit de la chaire et se rendit dans la sacristie. Ricard l'y suivit et lui dit, en l'embrassant : « Votre voix a touché mon âme, mon cher abbé. »

L'abbé répliqua : « J'en remercierais Dieu si elle avait ouvert le chemin à la grâce qui pénètre et convertit.

— Nous nous reverrons. . Prêchez-vous souvent ?

— Trois fois par semaine. Pourquoi cette question ?

— Pour me mettre en mesure de pouvoir venir vous entendre chaque fois.

En effet, notre brave ex-officier de cavalerie ne

manqua pas d'assister à un seul discours de l'ecclésiastique, dont le zèle éclairé et le dévouement au salut de ses frères n'avaient pas tardé à changer en affection les sympathies que, le premier jour de leur rencontre, ils s'étaient mutuellement inspirées. Ils se voyaient souvent, car, pour se rapprocher de son nouvel ami, Ricard avait quitté la rue Saint-Honoré et pris un appartement meublé au faubourg Saint-Germain. Le digne ecclésiastique évitait tout ce qui pouvait ressembler à une ombre de propagande; il voulait laisser à la grâce le temps d'agir, avec d'autant plus d'efficacité, qu'elle serait moins influencée. De son côté, Ricard évitait avec un soin égal l'occasion de parler des progrès que la grâce faisait réellement dans son âme. Les fêtes de Pâques approchaient, et Ricard n'avait pas dit un seul mot faisant allusion à la lutte intérieure qui se passait en lui. L'abbé commençait à craindre que l'indifférence adhérente au culte de la religion réformée ne fût la seule cause de la prolongation d'un silence incompris, lorsqu'un matin il reçut la lettre suivante :

« Mon cher abbé,

« Depuis quinze jours, deux adversaires irréconciliables ont choisi mon cœur pour en faire le champclos d'un combat acharné; depuis quinze jours en présence les armes à la main, ils luttent avec une persistance qui n'a rien d'humain, avec une ardeur qui n'a pas encore obtenu un résultat décisif.

— La vérité est dans le catholicisme, dit l'un d'eux, sois catholique.

— Changer de religion, réplique l'autre, est une lâcheté.

— Persévérer dans une erreur reconnue est une folie.

— De tout temps l'apostasie a été considérée comme une chose honteuse et vile.

— Dans tous les temps, la conversion a été reconnue comme une chose louable aux yeux des hommes de bonne foi, et méritante aux yeux de Dieu.

— Toutes les religions sont bonnes, pourquoi vouloir en changer?

— Pour entrer dans le sein de celle-là, qui offre toutes les chances de salut, et qui, seule dépositaire de l'unité, conteste la vérité à toutes les autres. Sois donc catholique.

— Reste protestant, car si tu renies la foi de tes pères, que diront tes frères et tes amis?

— Ce n'est point renier la foi de ses pères que de revenir franchement à celle de ses grands-pères. Le malheureux que le torrent de l'erreur entraîne, fait une chose juste et raisonnable en saisissant la branche de salut que lui offre la vérité debout sur le rivage libérateur. Sois donc catholique.

— Reste protestant.

Seul témoin de cette lutte entre deux influences contraires, dont l'une représente sans doute le génie du bien, l'autre, l'esprit du mal, mon cœur flotte, hésite et chancelle; venez à mon secours, cher abbé, deux seconds sont nécessaires à tout combat régulier; venez ce soir à 9 heures, je serai chez moi. »

Comme vous le pensez, chers camarades, le brave abbé se rendit exactement au rendez-vous... Sa présence sur le terrain changea complétement la face du combat; l'esprit du mal, poussé dans ses derniers retranchements par les arguments irrésistibles du génie du bien, rendit les armes et s'avoua vaincu. Vous me l'aviez bien dit, s'écria l'ex-officier de cavalerie en se jetant dans les bras du vénérable prêtre, rien n'est impossible à celui qui, à l'hôtel du Palais-Royal d'Avignon, a changé une *volaille* en *carpe*..... et qui, répliqua l'abbé, changera demain un huguenot en catholique. »

La grâce, agissant dans une terre prudemment préparée, avait opéré les résultats les plus consolants; en effet, depuis son arrivée à Paris, uniquement occupé de la grande affaire, Ricard avait ouvert les yeux à la lumière, et fermé son âme aux ténèbres de l'erreur; il était prêt à recevoir le baptême. « Mon ami, lui dit le prêtre, en le lui conférant : à votre poitrine ornée d'un noble ruban rouge, il manquait une croix.

— Laquelle, mon père?

— Celle de Notre-Seigneur-Jésus-Christ ; recevez-la de mes mains, et conservez-la toujours en mémoire de moi. »

IV.

Dans le courant des causeries intimes que le prêtre et l'ex-officier de hussards avaient eues avant le jour si désiré de la conversion, Ricard avait de nouveau manifesté plus d'une fois le désir de revoir le commis-voyageur avec lequel il s'était rencontré l'épée à la main.

« Vos désirs seront satisfaits, lui avait dit chaque fois l'abbé, car les montagnes seules ne se rencontrent point. Votre ancien adversaire est à Paris : je le connais, et je vous promets de vous réunir à table avant votre départ, pour reprendre, le verre à la main, le combat interrompu à l'île de la Bartelasse. »

Cependant les jours s'écoulaient et la réunion projetée n'avait point lieu. Ricard venait de fixer l'époque de son départ au jeudi de Pâques, lorsqu'un soir il reçut le billet suivant :

« Mon cher ami,

« Si vous persévérez toujours dans votre désir de voir avant de quitter Paris, le commis-voyageur dont vous avez généreusement épargné la vie sur l'île de la Bartelasse, venez dîner avec moi, demain à six heures.

« Tout à vous de cœur. »

Le lendemain, six heures sonnaient à l'église de Saint-Sulpice, quand Ricard se rendit à la gracieuse invitation du digne abbé. La table était dressée et il ne manquait plus qu'un convive.

« Lui accorderons-nous le quart d'heure de grâce? demanda l'abbé.

— Nous lui en donnerons deux, répondit Ricard, car les distances sont longues à Paris, et les clients sont durs à la détente. »

A six heures et demie le convive attendu n'était point arrivé.

« Mettons-nous à table, dit l'abbé en souriant, et ne soyez pas ainsi désappointé, mon cher capitaine; je vous promets qu'il viendra.

— Vous en êtes sûr?

— Vous le verrez au dessert. »

Le dîner fut bientôt servi. Une carpe magnifique, étalée sur un plat de porcelaine orné de fleurs, figurait au premier service. L'invité remercia du regard l'amphytrion d'une attention qui lui rappelait un doux souvenir.

« Depuis que je connais l'histoire de votre duel, dit l'abbé, la carpe est le poisson que j'aime le mieux.

— Pourquoi? demanda Ricard.

— Parce que je ne puis m'empêcher de considérer en elle le mystérieux apôtre dont la Providence s'est servie pour préparer le salut de deux âmes.

— Lesquelles?

— La vôtre d'abord; car, croyez-le, capitaine, on ne joue pas en vain avec la grâce. Le jour où, protestant, vous avez rempli le rôle d'un bon catholique pour donner l'exemple de la soumission aux Commandements de l'Église; ce jour-là, le bon Dieu vous a béni; il vous a ouvert les trésors de sa miséricorde, et il vous a fait dans le sein de son Eglise la place que vous occupez aujourd'hui.

— Vous m'avez parlé d'une autre âme également sauvée, quelle est-elle?

— Celle sans doute du commis-voyageur, esprit fort qui, doutant et se moquant de tout, se croyait permis d'insulter autrui, parce qu'il savait par cœur le répertoire de Béranger; ce jour-là, capitaine, je le répète, la carpe que vous avez demandée en remplacement d'une volaille, uniquement pour satisfaire aux lois d'une église qui n'était point la vôtre, cette carpe a joué dans l'histoire de votre conversion un rôle plus grand que vous ne le supposez. Sous la main de Dieu, les plus grands effets proviennent souvent des plus petites causes.

— Vous verrez que mon ancien adversaire ne viendra pas, s'écria Ricard ; car, si je ne me trompe, nous sommes au dessert.

— C'est juste, dit l'abbé, et se plaçant aussitôt devant le couvert inoccupé, il se leva, présenta son verre plein d'un excellent vin de Bordeaux à celui de son convive et dit :

— Capitaine Ricard, regardez-moi bien, me reconnaissez-vous?

— Oui pour un excellent et digne prêtre que j'estime et aime de tout mon cœur...

— A charge de revanche, capitaine... voilà pourquoi l'adversaire auquel j'ai promis de vous réunir aujourd'hui est en ce moment devant vous, le verre à la main, pour vous demander raison du coup d'épée que vous auriez pu me donner à l'île de la Bartelasse.

— Comment, vous seriez...

— Le commis-voyageur irréligieux et insolent auquel le capitaine Ricard, huguenot, a donné une leçon de tolérance et de politesse... Disant ainsi, le bon abbé se jeta dans les bras du capitaine qui se croyait sous le coup d'une étrange hallucination...

— Oh! c'est bien moi, regardez-moi bien, » reprit l'abbé, et il raconta dans ses plus petits détails la scène que nous avons contée nous-même dans la première partie de cette Veillée.

A la prière du capitaine, au comble de l'étonnement, il compléta son récit par l'explication de la conversion sincère qui, des voitures publiques, des grandes routes, l'avait porté dans un séminaire, et du séminaire dans la chaire sacrée.

— Depuis ce jour-là, dit-il, *je ne blague plus à 3 francs par tête* dans les tables d'hôte, mais j'enseigne aux hommes de paix et de bonne volonté les consolantes vérités de notre sainte religion. En un mot, je me trouve cent fois plus heureux depuis que les cantiques du Seigneur m'ont fait oublier les chansons de Béranger. »

Les deux convertis, oubliant les heures, causèrent dans la plus parfaite intimité jusqu'à près de minuit; le capitaine se leva le premier, et prit congé du prêtre qu'il ne devait plus revoir en ce monde. Le zélé prédicateur partit six mois après pour les missions du Levant.

. . . .

Le capitaine Ricard est toujours de ce monde; retiré des affaires, il vit à la campagne dans l'amour du Seigneur et dans une honnête aisance. Il est ma-

rié et père de plusieurs beaux petits enfants.....
il ne manque jamais d'avoir, les jours maigres, une
carpe sur sa table.

FIN.

TABLE DES MATIERES.

Avant-propos	1
Première veillée. Héros et Martyr.	9
Deuxième. La Blessure d'un grenadier du 49e, ou la première pierre d'une église	15
Troisième. Un Tambour du 54e régiment de ligne. . . .	31
Quatrième. Un Brave du 25e léger. . , ...	43
Cinquième. Une Adoption militaire en 1848.	57
Sixième. Le Musicien Pierrot	73
Septième. Une Charité à propos de bottes.	89
Huitième. Un Duel de curé	111
Neuvième Une Exécution militaire à Vincennes. . . .	127
Dixième. Souvenirs du camp de Sathonay.	143
Onzième. Vingt-cinq minutes pour deux âmes. . . .	177
Douzième. Le Garde municipal du 24 février.	189
Treizième. Où donc est le bonheur ?	203
Quatorzième. Mater admirabilis (*Mère admirable*). . .	225
Quinzième. Un Brevet de prospérité.	237

Seizième. Histoire d'un sac de pois et de cinquante-neuf haricots. 264

Dix-septième. Deux cents francs pour cinq centimes . . 277

Dix-huitième. Dangers d'un mot incompris. 294

Dix-neuvième. Rouge, noir, vert et bleu. 311

Vingtième. Pavillon chinois en France, missionnaire français en Chine. 325

Vingt-unième. Le 25 juillet 1809 et 1842. 349

Vingt-deuxième. Le capitaine Ricard. 367

Ouvrages du même Auteur.

HISTOIRE DES RÉVOLUTIONS DE L'EMPIRE D'AUTRICHE, années 1848 et 1849, 2ᵉ édition, revue et augmentée du portrait de l'auteur par Raffet. 2 vol. in-8°.

HISTOIRE DE LA GUERRE DE HONGRIE, pendant les années 1848 et 1849, pour faire suite à l'HISTOIRE DES RÉVOLUTIONS D'AUTRICHE. Un vol. in-8°, avec une carte des opérations militaires.

En ce moment où tous les regards sont tournés vers l'Orient, ces deux beaux livres, écrits par l'auteur sur le théâtre même des événements, présentent un intérêt immense, intérêt d'actualité par les détails précieux qu'ils contiennent touchant les personnages remis en scène sur les bords du Danube.

HISTOIRE DE LA RÉVOLUTION DE ROME en 1846, 47, 48, 49 et 50, 4ᵉ édition, 2 vol. in-8°

HISTOIRE POLITIQUE ET MILITAIRE DU PEUPLE DE LYON pendant la Révolution française. 3 vol. grand in-8°, édition Curmer, illustrés par 30 gravures des premiers maîtres.

Pour paraître prochainement :

LES VEILLÉES MARITIMES.

Imprimerie de W. REMQUET et Cie, rue Garancière, 5.